精神保健福祉士の実践知に学ぶソーシャルワーク**3**

社会資源の活用と創出における思考過程

［監修］公益社団法人
日本精神保健福祉士協会

［編著］**田村綾子**

［著］**上田幸輝**
岡本秀行
尾形多佳士
川口真知子

中央法規

はじめに

　目の前のクライエントや現代社会の抱える課題に向き合い，もっと力をつけたいと感じている精神保健福祉士は多いことでしょう。クライエントの希望や人生の歴史，また能力や環境などをふまえ，常に唯一無二の支援を展開するソーシャルワークにおいては，各職場の特性や利用者のニーズ，状況に見合った支援を展開する応用力や創造性が求められます。そのためには，年月をかけた経験の蓄積に加え，実践と省察を繰り返しながらソーシャルワーカーとしての価値・理念と知識や技術を調和させ，自己の力量として定着させていかなくてはなりません。そこで，本シリーズは，多くの実践経験や丁寧な教育を受ける機会をもつことができず，机上の学習経験に頼らざるを得ない初任者が，ベテランの実践知から学ぶことはできないかと考え企画しました。

　熟練した精神保健福祉士は，クライエントや場面・事象に即応する際，頭の中では情報収集や分析を瞬時に行い，ソーシャルワーカーとしての思考を巡らせて検討した支援方法を発言や行動・態度に表して支援を展開しています（詳細は，本シリーズ第1巻『ソーシャルワークプロセスにおける思考過程』第1章参照）。この実践を初任者が間近で観察していても，表出されない思考の過程やその根底にある価値・理念を推測し，汲み取ることは難しい場合もあるかもしれません。そこで，本書では，通常は表現されないレベルのベテラン精神保健福祉士の思考過程を可視化することにより，初任者には未体験の経験知を提供しています。

　読者のみなさまには，ベテランの精神保健福祉士が「社会資源」をどのようにとらえ活用しているのか，また政策提言や社会資源の創出はどのような実践に端を発しているのかを知り，こうした思考を意識してみることで実践力を向上させてほしいと願っています。やがて人間の仕事の多くがAI（人工知能）に代替される時代となり制度やサービス，施設・機関などの情報収集は容易くなるでしょう。しかし，それだけではなし得ないクライエントの自己実現や共生社会の実現を促進する力を獲得し，ソーシャルワーカーとしての実践力を向上するために，本書が自己学習の一助となれば幸いです。

　2019年8月

　　　　　　　　　　　　　　　　　　　　　　　　執筆者一同

シリーズ刊行の趣旨と本書の構成

本書の企画意図

　本書は，精神保健福祉現場において「どのように仕事をしたらいいかわからない」「自分の実践に自信がもてない」という声が少なくないことに課題を感じ，わかりやすいテキスト，現場ですぐに使える実務書が待たれているのではないかという声を受けて企画したものです。専門職団体が刊行するテキストの意義について協議を重ね，精神保健福祉士として精神障害のある人からの相談に応じ，生活支援を行い，他方で社会に向けて何かを発信し創出している実践者が，全国で無数の経験や専門職としての研鑽を日々重ねている強みを活かし，それらの実践からの知見を集積してわかりやすく提供したいという結論にたどり着きました。

　私たちは，これらの実践知を特に新人や初任者が専門職として成長するために使える道具に仕立てたいと考え，そのためには自分たちの実践だけでなく，それらを繰り出す頭の中（思考）を同時に見せることが必要ではないかと着想し，精神保健福祉士の実践知の可視化を試みることになりました。取り上げる切り口は，「クライエント（個人・集団）と，その取り巻く状況からの情報収集やアセスメントおよび働きかけ（1巻）」「適切な面接技法の選択と用い方，および記録法（2巻）」「多様な社会資源の活用と創出（3巻）」としました。

　実践知の記述にあたっては執筆者同士が自らの実践と思考を言語化して披瀝し合い，専門職としての相互批判と省察を重ねてブラッシュアップし仕上げました。この過程で執筆陣は互いに学び合う苦しみと喜びを体験しています。同様の体験を読者とも分かち合えることを期待して刊行するものです。

事例に登場する5人の精神保健福祉士について

　本シリーズでは，精神保健福祉士の支援対象が広がっていることをふまえ，多様な職場・利用者像・状況や場面における事例を網羅しました。そのため，執筆には想像力と応用力を働かせ，執筆者自身が勤務したことのない職場での事例も相互点検を重視して検討し，実践知の記述に努めました。

◇◇

　このように架空事例における実践の言語化と相互批判を繰り返す過程で，私たちは二つのことに気づきました。まず，職場が異なっても，精神保健福祉士の専門性は共通しているという自明の事実，次に，各々のかかわりには精神保健福祉士として共通する専門性に加え，一人ひとりの個別の傾向，味わいが見られるということです。私たちの支援の固有性は，クライエントや場面・状況の個別性のみならず，精神保健福祉士としての経験内容や年数，職場特性をはじめ，人格や嗜好など個性の影響にもよります。この世に二つとない「かかわり」を展開していることの証しでもあり，ソーシャルワーカーが用いる道具の一つは自分自身であることの所以といえるでしょう。

　近い将来，多くの仕事がAI（人工知能）に代替される可能性が指摘されていますが，私たちは精神保健福祉士が「AI時代」を生き抜くカギは「かかわり」とそれを支える「思考力」であると考えています。本書では，自身を道具としてかかわるなかでフルに思考を働かせる精神保健福祉士像を描いています。

　なお，本シリーズの各所で，5人の架空の精神保健福祉士が異なる職場のPSWとして登場します。その5人のキャラクターを登場順にご紹介します。

●白浜PSW（50代女性）

　福祉系大学を卒業後，この業界へ。精神保健福祉士の制度化と共に資格取得。PSW経験30年（途中で大学院に進学）。人物や状況をよくよく観察する。クライエントと共にとことん現実に向き合い，あきらめない。
☆ポリシー：「芽を伸ばし，花を咲かせるかかわりを」

●玉川PSW（30代男性）

　大学を卒業後，サラリーマンを経て専門学校で学び，精神保健福祉士の資格を取得。PSW経験15年。腰が低く目の前のクライエントに対してどこまでも誠実。丁寧な仕事ぶりで，手抜きをしないので残業することも多い。
☆ポリシー：「WISH（願い）の実現のため，粘り強く全力投球！」

◇◇◇

●鷹野 PSW（50 代女性）

　福祉系大学を卒業後，この業界へ。精神保健福祉士の制度化と共に資格取得。PSW 経験 31 年。非常に細かいことまで気がつき思慮深い。手堅い仕事に周囲からの信頼も厚い。

☆ポリシー：「クライエントの小さな変化に大事な徴候をとらえる」

●海堂 PSW（30 代男性）

　福祉系大学で精神保健福祉士養成課程を修め資格取得。PSW 経験 19 年（途中で大学院に進学）。おおらかで思いやり深い。常に先へとスケジュールを見通しながら行動する。調和とバランスを大切にし，多職種連携への関心が高い。

☆ポリシー：「多様性の尊重（respect for diversity）」

●阪井 PSW（40 代男性）

　福祉系大学を卒業後，この業界へ。精神保健福祉士の制度化と共に資格取得。PSW 経験 26 年。自身の言動が与える影響について，人一倍，熟考してから発言する。後輩への指導にも気を遣っている。

☆ポリシー：「クライエント・ファースト！」

●第 3 巻：社会資源の活用と創出

　第 3 巻では，ソーシャルワーカーの力量の課題が大きいとされる「社会資源の活用」やその先にある「社会資源の創出」を取り上げます。

　ソーシャルワーカーが有する道具の一つに，社会資源に関する知識があります。この知識量が多ければ多いほど支援の道すじは多様になり，クライエントの選択肢を増やすことができます。一方，社会資源は時代や政策や財源，地域や機関などによる多寡があり，利用要件や費用，クライエントの特性等により対象外となることもあります。また，法制度や施設・機関などの社会資源は，経年での見直しや地域開発等に応じて刻々変化するため，情報を更新しないとクライエントに

◇◇

不利益をもたらすこともあります。

　しかし，法制度の改正内容や対象要件，手続き方法や費用，各地域のサービス提供機関一覧などはインターネットで検索すれば比較的容易に把握できるようになりました。いずれは人工知能（AI）が代替する仕事になるかもしれません。

　精神保健福祉士は，制度・サービスや機関にクライエントを結びつければよいのではなく，クライエントの自己実現にとって役立つ社会資源は何かを考え，それがどこにあり，どのように活用するとよいかを支援経過の中で考察し実行します。例えば同じ施設を利用するにしても，クライエントの特性や希望に応じて使い方や目指す効果は異なります。また，社会資源が悪影響することもあり，使い勝手が悪ければクライエントに合わせて変え，活用に値する資源がなければ新たに創ることも必要です。そこにはソーシャルワーカーの価値判断が伴います。

　本書ではそもそも「社会資源」とは何かを問い直すことから始め，精神保健福祉士としてそれをどう活用し，またどう改善や創出すべきなのかを事例に沿って考えます。そのため，社会資源に関する解説を，支援経過や精神保健福祉士としての思考過程とともに記述しました。そこでは，私たちが「資源」としてとらえたあらゆるものについて「使えるものはなんでも資源になる」という発想で解説しています。読者が一般的に社会資源として思い浮かべることは少ないと思われる事物や状況も「資源」として取り上げ，その概要と合わせて事例中の支援経過における意義や活用の留意点などを記述しました。さらに，社会資源の活用や創出において，精神保健福祉士であれば大事にすべき視点や支援の姿勢，有しておきたい知識・技術やコツなども事例に即して解説しています。

　本書は，いわゆる用語集や社会資源マップとは異なり制度や施設について解説するものではなく，精神保健福祉士の専門的な思考過程を「社会資源の活用と創出」という切り口から表わしたものです。

目　次

はじめに‥‥‥‥‥‥‥‥‥‥‥‥‥‥‥‥‥‥‥‥‥‥‥‥‥‥‥‥‥‥‥‥‥‥‥ 1

シリーズ刊行の趣旨と本書の構成‥‥‥‥‥‥‥‥‥‥‥‥‥‥‥‥‥‥‥‥ 2

序章　精神保健福祉士が社会資源を活用・創出する際の思考 ‥‥‥‥‥‥ 11

第1章　地域移行支援を通じた病院と地域への働きかけ

第①節　[浮かべる，絞る]
地域移行支援の依頼を受ける‥‥‥‥‥‥‥‥‥‥‥‥‥‥‥‥‥ 26

第②節　[つなぐ]
退院した患者さんとの友人関係を支援に活かす‥‥‥‥‥‥‥ 38

第③節　[使う，活用する]
地域移行支援により，南さんがアパートを借りて退院 ‥‥‥ 50

第④節　[創る]
南さんの地域移行支援が生み出したもの‥‥‥‥‥‥‥‥‥‥ 62

目次

第2章 働きたい思いに寄り添い，地域の障害者雇用への機運を高める

第①節 ［浮かべる，絞る］
相談者のニーズに寄り添いながら，社会資源を吟味する……82

第②節 ［つなぐ］
相談者と協働しながら，就労支援機関につなぐ……94

第③節 ［使う，活用する］
社会資源を活用しながら，働くことを支える……106

第④節 ［創る］
ネットワークを構築し，地域課題として街全体を巻き込む…118

第3章 高齢者領域の社会資源とつながり，偏見のない地域づくりへ

第①節 ［浮かべる，絞る］
日頃のかかわりのなかでニーズを発見し，社会資源を絞る…136

第②節 [つなぐ]
つなぐ過程で，受け身のクライエントを
主体的な相談者に変身させる ………………………… 146

第③節 [使う，活用する]
クライエント自身が，新たな支援者や
支援機関を使いこなせるように ………………………… 158

第④節 [創る]
年齢を重ねても，
精神障害のある人が安心して暮らしていけるように ………… 172

第4章 法を活用した退院支援とソーシャルアクションの展開

第①節 [浮かべる，絞る]
退院請求という資源活用を想起するものの，
クライエントのニーズのアセスメントを優先させる ………… 188

第②節 [つなぐ]
制度を上手に活用するために，丁寧な調整を意識する ……… 200

第③節 [使う，活用する]
クライエントに寄り添いながら，制度を積極的に活用する … 212

第④節 [創る]
かかわりを振り返りながら，
ソーシャルアクションを展開する……226

第5章 慣れ親しんだ人の支援を受けながら
一人暮らしがしたい

第①節 [浮かべる，絞る]
制度や社会資源の紹介を行いながら，ニーズを引き出す……244

第②節 [つなぐ]
クライエントが社会資源につながるように支援する……256

第③節 [使う，活用する]
クライエントが希望どおりの生活を送れるよう，
自立訓練事業を活用する……266

第④節 [創る]
新たなサービスを創り，
クライエントの地域生活支援を継続する……276

著者紹介……288

精神保健福祉士が社会資源を活用・創出する際の思考

第**1**節 「社会資源」を再考するための問い

　初任者の精神保健福祉士（以下，PSW）から「社会資源」に関する苦手意識が語られることは少なくない。一方，ソーシャルワーカーであるPSWの商売道具の一つとして「社会資源」はよくあげられる。当事者や家族，多職種等からもPSWは社会資源に詳しいものと期待され，知識や情報の提供が当然のように求められる。

　また，ソーシャルワークにはソーシャルアクションが含まれているように，社会資源を創出，開発することはPSWの役割として認識されている。しかし，特に初任者にとって制度改革や施設・機関の新設といった大掛かりな取り組みは，自身には縁遠いことと思いがちかもしれない。

　ここでは「社会資源の活用と創出」におけるPSWの実践知をあらためて考えるにあたり，いくつかの問いを立ててみた。まずはこれらの問いを共有するところから，自身の実践における社会資源との向き合い方を見直してみてほしい。

1．社会資源に関する知識は十分か

　社会資源に関して多くの知識を有するソーシャルワーカーは，支援経過においてクライエントが利用できる法制度やサービスの選択肢を広げることができる。反対に，知識が乏しければクライエントに不利益をもたらしかねない。なお，法制度やサービスは，新設され改正が重ねられるのが常であり，ソーシャルワーカー自身が社会資源に関する知識や情報を常にアップデートすることは欠かせない。さらに，クライエントの生活課題は多様であるため，PSWとして網羅すべき知識には，精神医療保健や障害者福祉に関するものに限らず多様性が求められる。

　これらの知識を私たちは机上の学習で一定程度習得しているが，実際に活用する際はクライエントの利便性を考え，どこにどのような資源があるのかといった具体的な知識が欠かせない。こうした「生きた」知識も含めて，自らの実践知として蓄積されているだろうか。

　一方，法制度は成立した時点ですでに矛盾や不備を内包している。なぜなら，利用したくとも要件を満たさないために適用されない人が存在したり，実態とし

て運用主体の裁量に幅があったり，施設や機関が偏在しているために資源にアクセスできない例など，法制度の目的や規定どおりに進まない事態は容易に起こるからである。さらに，利用者にとって使い勝手がよくないことや，社会資源を使ってもニーズが充足されない場合も生じる。したがって，法制度の目的が実際に達成されているのかどうかは常に再評価されなければならない。

法制度の運用面での実態把握という観点からも活用できる知識を有しているだろうか。

2．この社会資源を活用する根拠は明確か

PSW がソーシャルワークを展開する過程で社会資源を活用する際，その多くは利用者・クライエントの支援目標に基づいている。例えば「お金がない」という相談者の経済的安定を目指して「障害年金制度」を紹介することや，「働きたい」という利用者の就労支援のために「ハローワークの障害者相談窓口」に同伴するなどのように，である。

社会資源は，それを使うこと自体が目的なのではなく，使うことで何を達成しようとしているか，つまり活用目的があることが前提となる。例えば，お金がないという相談者の生活状況に照らして，障害年金の受給により，どの程度のニーズを満たせるか，またその金銭管理能力に課題はないかなどを併せてアセスメントしていることが年金申請の前提となっているはずである。利用者が「働きたい」というとき，給与収入，社会参加の機会，好きなことに取り組む，一人前に見られたいという願望など，そこに込められた利用者の思いは多様に考えられるが，ハローワークの障害者相談窓口への同伴が，その希望を叶えるための最善の方法であると結論づけられたからこそ具体的な行動に移しているはずである。

一方，ソーシャルワーカーとしての経験年数が長くなるとクライエントの課題に対して「あの時の利用者と同じだ」と感じることは珍しくない。あの時はこれでうまくいったから今回もこの社会資源を紹介しよう，と直感することもある。しかし，私たちがソーシャルワーカーであって，単なる「制度やサービスの紹介業」でないのなら，果たしてそこに，個別性に応じた的確なアセスメントがあるか，多くの社会資源を吟味したうえでの最善の選択か，そして何よりも本人が主体的に選択した利用希望か，といった観点を欠かすことはできない。

社会資源を使っても利用者のニーズが満たされないとき，そこには，提供した資源の問題以外にも資源の選び方，すなわちソーシャルワークにおける見立て違いはないだろうか。

3．社会資源活用の手立てを検討し，工夫しているか

　法制度に基づく社会資源は，定められた要件を満たさないと利用することができない。例えば，障害年金は，年金保険への加入，保険料の納付状況，傷病の発生年齢および初診日の状態，現在の障害の程度などすべての要件を満たす場合にのみ支給される。障害者雇用制度を使って就労するには，障害者手帳を所持していなければならない。利用者が「自分は精神障害の状態にある」と思っていても，医師の診断による障害の程度が軽く，精神障害者保健福祉手帳の交付対象とならなければ制度上の障害者として雇用されることは不可能である。

　このように，制度適用に至るには，要件を満たしながら各種手続きをクリアしなければならないことも多い。さらに，この過程では多様な支援者が携わることも珍しくないが，各支援者の立場や役割などによってそれぞれの意見や裁量，思惑は異なるかもしれない。利用できると見立てたことが意に反して異なる見解に阻まれてしまわないよう，いわゆる「根回し」の一手間をかけることが有効な場合がある。また，正攻法では制度の対象とならないおそれがあっても，頼る相手を選び説明に工夫を凝らせば申請を通せることもある。

　クライエントに社会資源を紹介する際，周到な作戦に基づく根回しや工夫を含め，社会資源の利用にこぎつける手順や手続き，道筋や方法を想定することができているだろうか。

4．社会資源は十分にあるか，ない場合はどうするか

　社会資源は誰もが等しく利用できるものとは限らない。それは，一人ひとりの利用者を取り巻く環境，すなわち家族形態や所属先，居住する地域や利用中の施設・機関，かかわっている支援者などが，フォーマルにもインフォーマルにも個別性の高いものであることも一因している。社会資源の活用においては，これらの個別性を加味したうえで，その必要性を検討することになる。さらに，既述したように社会資源は時々刻々と新たなものが生まれ，また廃止や改正されていくほか，クライエント自身が獲得したり失ったりしているものでもある。

　社会資源の種類や量が十分かどうかを考えているだろうか。そして，目の前のクライエントの支援に使える社会資源の選択肢が十分でないとき，どのような手立てを講じているだろうか。

　また，社会資源の一つひとつについて使い勝手の良し悪しが吟味されたり，必要十分な質・量の整備がなされているとは限らない。各利用者のニーズに合わせたオーダーメイドでない限り，利用要件その他の制約に加え，地域偏在もあるた

め，ニーズの多様性に総て応えることのできる社会資源はほぼないといってよい
だろう。なお，精神障害のある人々が「障害者」として福祉法の対象となったの
は法律上では障害者基本法（1996年）以降のことであり，他障害に比べて資源
の乏しさが指摘されてきた経緯を考えても，需要と供給との不均衡があることは
否定できない。さらに，地方分権化による市町村単位での福祉の実現は，一方で
地域間格差の拡大も生じさせている。人口減少や人口ピラミッドの変化，所得格
差の増大や差別のはびこるなかで，精神障害のある人，メンタルヘルス課題をも
つ人々を支える社会資源に対するニーズも多様化している。

　こうした社会状況や地域特性を，時宜に適ってとらえる発想をもっているだろ
うか。そのうえで，不備があればそれを改善したり，必要な資源を新たに創り出
したりするための取り組み（ソーシャルアクション）までをPSWである自身の
役割として認識しているだろうか。

5．社会資源とは何か

　ここで「社会資源」とは何かをあらためて考えてみる。一般的には，法制度と
サービス，施設や機関，人（専門職や家族・友人・知人）などを指すとされてい
る。これらは必ずしもフォーマル（公的）なものに限らず，インフォーマルなも
のも含むことは周知のとおりである。

　これらの量の多寡や質の良し悪しが，支援の良し悪しを左右することは考えら
れる。では，社会資源が「少ない」「良くない」場合，良い支援はできないのだ
ろうか。言い換えれば，「社会資源」の不足や不備は，良い支援ができない理由
になるのだろうか。

　また，社会資源とはそもそも何と何を指すのだろうか。クライエントの支援を
真摯に追求していく過程で創意工夫し，思いもよらないところに資源を発掘でき
ることがある。時には新聞やインターネット等で取得できる情報や，クライエン
トの傍にいる友人の持ち物，他分野・他領域で当然のように使われている施設や
手法，利用者とともに創り上げる活動，他機関や他県で実施されている独自の取
り組みなどが，見方や使い方によっては，目の前の支援課題において十分に機能
する資源となるのである。ここで必要なことは，柔軟な発想で使えるものを探そ
うとすることや創意工夫して使えるようにアレンジすることである。

　さらに，こうした営みを重ねるなかで度々ぶつかる障壁があるとしたら，そこ
を打開するために制度や仕組みを改革したり，新たな資源を創出したりすること
にも取り組むべきではないだろうか。

第**2**節 「社会資源」を
再考するためのヒント

　前節で掲げた問いに対して，ソーシャルワーカー一人ひとりの答えがあると思われる。ここでは，本書の第1章以降の事例をとおして筆者らが見せようとしたPSWとしての思考内容を述べてみたい。

1．社会資源の活用はクライエントの選択と決定に基づく

　当たり前のことであるが，社会資源の活用は目的ではなく手段である。わかりやすくいえば，クライエントの願いや希望または課題の解決などに向けて，必要に応じて「使う」ものである。それを使うのがクライエント本人である以上，使うかどうか，何をどう使うかを選択するのもクライエントである。

　ただし，多くの場合クライエントは社会資源に関する知識や情報に乏しい。そこで，PSWはクライエントの選択肢を広げる役割をもつことになる。

　例えば，障害のある人が就労を希望している場合，雇用形態として一般雇用と障害者雇用の選択肢があり，就職先として一般企業や特例子会社，就労継続支援A型事業所などがあり，障害者トライアル雇用事業やジョブコーチの利用などの支援策も考えられる。どのような形態，方法がいいかの選択肢を広げるためにPSWは多くの資源を頭に浮かべることが必要である（第2章）。

　あるいは，退院後の生活への希望について意思表明できないクライエントに対して，就職活動や大学受験，医療サービスや障害福祉サービスをはじめとした支援制度など，クライエントが自分で考えるために多数の情報を選択肢として提示することもある。活用を実際には想定していない場合でも，資源が多様にあるという「事実の情報」によってクライエントの意思表明を支援する，という使い方である（第5章）。

　こうした本人の自己決定を尊重したかかわりのなかから，クライエントが自身のニーズを満たせる資源を，満たせる方法で活用することを選択するというプロセスが展開される。また，この支援プロセスにおいてPSWはクライエントにとってどの資源が必要かを検討し，並行して，活用を想定した資源を吟味し評価しているのである。

2．支援目的を追求し，使える資源を探す

　社会資源の活用は，支援のための一方法に過ぎないことは前述したとおりである。ここでは，支援目標に適う資源を探そうとする柔軟な発想が必要となる。例えば，一人暮らしを希望している長期入院者が，退院後の地域生活の具体的なイメージを描けないときに，このイメージ作りを支援するために使える資源は何か考えてみる。外泊を受け入れてくれる家族がいたり，生活訓練を体験的に行える事業所が近くにあったり，入院中の病院の付属施設として退院準備に使える居室があるなどの場合は，それらを使うことになるかもしれない。しかし，これらの資源がない，または活用できない場合や本人が利用を希望しないこともあり得る。そこでこのクライエントの周囲を見渡し，何か使えるものはないかと考え，クライエントが有する資源として「先に退院した仲の良い人の家を訪ねる体験」を思いつく，といった発想である（第1章）。

　このように，既存の資源の不足や欠落により支援に行き詰まりを感じた場合も，クライエントの周囲の環境やPSWが所属する機関の特性によって固有に提供できる資源が見つかることがある。資源を見出すには，支援目標を追求して使えるものを探す思考が不可欠である。

3．資源の使い勝手を吟味し利便性を高める

　社会資源は，それがフォーマルなものであればあるほど，利便性や使い勝手の良さなど融通性に欠けることも多い。クライエントに切実な問題や願いがあるとき，使えそうなものがあればすぐに使いたいと思うのは当然の心理である。しかし，一般的には依頼したり申請手続きや要件を確認したあとに，利用可否の裁定などを待たなくてはならず，クライエントには待つことが強いられる。

　このようなときに，資源を紹介するだけで支援を終えるのではなく，クライエントの立場に立って利便性を高めるための働きかけをすることもPSWの役割である。例えば，強制的に不当な入院をさせられたとして「退院請求」を訴えようとする患者に，少しでも早く請求に基づく審査が開始されるために本人の行動を支え，主治医や審査会事務局を急がせるような働きかけである（第4章）。

　また，依頼，申請した相手が支援を引き受けてくれたときに，情報提供や根回しをすることで，こちらの想定どおりに支援してもらうことが資源を使いこなすうえでは重要である。例えば，精神障害のある人とのかかわりに慣れていない高齢分野の支援者につないだ後，先方にクライエントの困りごとや希望を間違いなく汲み取ってもらうための仲介を必要十分な範囲で行うといった働きかけである

（第3章）。スムーズな支援を行うには，手続き方法や時期を適切に目測しておくことが望ましく，目指す資源を利用者が確実に活用できるよう，時として根回しや作戦を周到に行っている。その際，クライエントに関する情報を他者に提供するにあたり，本人の同意が前提であることは言うまでもない。

4．疑問や不全感を課題意識に変え，主体的に働きかける

　1980年代以降，精神保健福祉の業界には精神科病院における不祥事や，社会の発展に影響を受けて変革がもたらされた。精神保健及び精神障害者福祉に関する法律の成立と改正や，障害者総合支援法の制定などにより，精神科医療と福祉の制度施策は年代を追って確実に増えてきている。では，それらがなかった時代の精神科ソーシャルワーカーは，社会資源がないことを理由に手をこまねいているだけだったかといえば，否である。

　募金活動や民間人の協力を得て地域に小規模作業所を創り出し，退院したばかりの精神障害者の日中活動や憩いの場を用意しようとしたり，中小企業の雇用主に働きかけて精神障害者を訓練的に雇い入れる仕組みを設けたり，空き家の一部屋ずつを病院から退院する人の住まいとして提供し，日常生活の世話を適宜行いながら地域生活を支えるなど，いまとなっては在ることが普通になっている資源のなかにも，かつての先人が創り出したものが多数ある。こうして，社会に資源を創り出すこともソーシャルワークの重要な機能であり，私たちがソーシャルワーカーであるなら，どのような職場で働いていても発揮すべき機能である。

　社会資源を創出する際，当然ながら大きな取り組みには仕掛けが必要である。それは，所属職場のミーティングで提案して同僚 PSW の合意を得ることや，職場内の多職種の理解を得るための根回し，法人経営者への企画書の提出などをはじめ（第3・5章），他機関の PSW との協働や，自立支援協議会や職能団体など地域の協議体におけるネットワークも活用した関係機関への働きかけ（第1・2・4章）を，クライエントのいないところで，また「日常業務」の枠を少し越えた能動的な行為として実践していくものである。

　このようなソーシャルワーカーの主体性の根底には，従来の業務遂行において抱く多様な疑問や，クライエントの希望を実現しきれなかった不全感などがあり，それらを感情的に完結させることなくソーシャルワークの課題として認識し直し，機をとらえて改善，改革しようとする意識的な思考がある。このソーシャルワーカーの思考が，社会資源の量と質を増す原動力となっているのである。

まとめ：自身が資源となり，協働できる仲間を増やす

　本書の全事例には複数のソーシャルワーカーが登場する。事例中のPSWに共通しているのは，他のソーシャルワーカーとの協働である。そこでも，同じ職業的価値観を有する専門職として協働できそうかを時に「値踏み」したり（第1・3・5章），過去に連携したことのあるソーシャルワーカーを次の支援においても頼りながら（第2・3・4章），私たちは協働できる仲間を増やしている。つまり私たち自身も他のソーシャルワーカーにとっての資源になっていくのである。

　なお，この協働は専門職同士のみの関係に閉じられたものではない。当初は支援対象であった利用者との協働や，その地域に在住在勤する人々を巻き込んだ連帯へと発展させることができる。その輪は，精神保健福祉領域に限定されるものではなく，当事者，家族を含む市民との協働へと広げていくことができる。本文中には記述されていないが，例えば障害者雇用された当事者が，今後障害者を雇用しようと考えている企業関係者に対して，いずれ体験を語る日が来るかもしれない（第2章）。初めて精神障害者との賃貸契約に応じた家主が，さらに別の業者を紹介する形でネットワークが広がることもある（第1章）。高齢の親をもつ精神障害者とのかかわりは，地域住民の8050問題へのアプローチとしてもとらえることができる（第3章）。

　このように，精神疾患や精神障害をもちながら地域で暮らし，働き，病み，衰えることがふつうになるよう，私たちPSWも当事者や住民と協働する社会資源となっていくのである。

※本書に掲載した5事例には，それぞれシリーズ1巻『ソーシャルワークプロセスにおける
　思考過程』，2巻『ソーシャルワークの面接技術と記録における思考過程』の舞台となっ
　た職場やクライエントが登場している。
　第1章：1巻4章1節
　第2章：1巻2章2節，2巻1章19
　第3章：1巻3章1節
　第4章：1巻2章1節
　第5章：1巻2章3節，2巻1章22，23，24

序章　精神保健福祉士が社会資源を活用・創出する際の思考

（註）

1. 本書で用いている事例は，すべて架空のもので特定の個人をモデルにしていません。また，本シリーズの1～4巻まで共通に用いる事例です。

2. 登場するクライエントにはすべて仮名をつけています。これは架空の人物とはいえ，私たちがソーシャルワークを実践するパートナーとして一人ひとりを大切に扱いたいとの思いから匿名や記号で表示することに違和感を覚えたためです。なお，仮名がクライエントを指すことをわかりやすくするため，すべて一文字の名前としています。

3. 本書では，精神保健福祉士を「PSW」と略記している箇所があります。

4. 精神障害のある人や支援の対象となる人のことは，「クライエント」「利用者」「メンバー」「当事者」など文脈に応じて書き分けています。

5. 取り上げているサービスや施設名称のなかには，特定地域の独自事業や実在しない本書オリジナルのものも，資源創出の自由な発想に基づき掲載しています。

6. 都道府県・市町村の責務として障害者自立支援法に規定された「自立支援協議会」は，障害者総合支援法で障害当事者とその家族の参画を明確にし，名称を「協議会」へ変更していますが，「協議会」と呼称される他の会議との混同を避けるため，本書では従前の名称を使用しています。なお，特に記載のない場合は，市町村協議会を指しています。

7. 解説では，社会資源について取り上げている項目は **01**，社会資源の活用における PSW の視点や支援姿勢，技術やコツなどを取り上げている項目は **01** として区別しています。

第1章

地域移行支援を通じた病院と地域への働きかけ

事例:白浜PSW(相談支援事業所勤務)

本事例の舞台

▶ クライエント情報，主な登場人物

南さん：62歳・女性。会社経営者の両親のもとに3人きょうだいの第3子，次女として出生，高卒後は不動産屋の営業職に就くが20代後半に双極性障害（躁うつ病）を発症。30歳で躁状態によりA精神科病院に入院し32年間経過。現在は任意入院で開放病棟にて生活している。同じ病棟で仲良くしていた巽さんが退院したことをきっかけに自分も退院したいと考えるようになった。

巽さん：南さんと同じ病棟の元長期入院者。南さんより高齢だが，生活保護の退院促進支援を受けてヘルパーを利用しながら単身でのアパート生活に移行して1年近く経つ。A病院に通院しており外来受診の後，面会に来て南さんに退院を勧める存在。

柳下PSW：A病院で勤続10年になる精神保健福祉士（PSW）。南さんを担当している。あまり問題意識をもつこともなく勤めていたが，南さんへの支援を通して自身の所属するA病院のあり方について批判的にみる発想をもち始める。

その他の登場人物：A病院の主治医，病棟の看護師長や担当看護師をはじめとする病院スタッフ。白浜PSWが勤務するB相談支援事業所の非常勤ピアスタッフ湊さん，地元の不動産業者であるY不動産のYさん，J建設のJ社長など。

白浜PSW（筆者）：B相談支援事業所に勤務する南さんの担当PSW。

▶ PSW所属機関の情報：設置母体・規模・定員数

B相談支援事業所は，社会福祉法人を設置母体としており，一般相談支援，特定相談支援，自立生活援助の指定を受けている。所長以下4名の常勤職員とピアスタッフが非常勤で1名勤務している。法人は，かつて精神障害者授産施設と地域生活支援センターを運営していたが，障害者自立支援法施行後に相談支援事業所と地域活動支援センターに移行した。このため今でも精神障害者を主たる支援対象としているが，近年は知的障害や発達障害の相談も増えてきている。

▶ 地域特性

　Ｃ市は人口16万人，私鉄沿線の工業地帯である。旧来居住する住民同士の結び
つきは強く，かつての「隣組」制度の名残もあるが，近年の宅地開発により若年
世帯を中心とする新興住宅街も形成され，単身世帯も増えている。生活保護率は
全国の平均レベルで高齢世帯や単身世帯の受給者が多い。高齢化率は県内の平均
値に近いが，高齢者施設数が多く県内全域からの利用者もいる。

　精神科病院は市内に３か所あり県内でも精神病床数が多い地区のため，他市か
らの入院患者も多い。精神科クリニック４か所，市立総合病院１か所，精神科デ
イケア，ナイトケアを実施している機関は病院とクリニックを合わせて４か所あ
る。精神障害者を対象としたグループホームは市内に２か所，就労継続支援Ｂ型
事業所４か所，ほかに市社会福祉協議会を中心とした精神保健福祉ボランティア
や保健所を中心としたピアグループ，精神障害者家族会が組織化されている。

　相談支援事業所は８か所あるが，精神を主たる対象にしているのは医療法人Ｘ
病院の事業所とＢ相談支援事業所の２か所のみ。自立支援協議会は市単独で設
置し，年に３回開催されている。精神障害部会があり地域移行支援や就労支援の
展開などをテーマにしている。市内の精神保健福祉関係機関はすべて名を連ねて
いるが，精神科医療機関からの参加率は芳しくない。

　高齢者施設は特別養護老人ホームやリハビリ専門病院をはじめ，認知症グルー
プホームや小規模多機能型施設などもあるが，精神障害のある高齢者が利用しや
すい施設は多くない。また居宅介護事業所も増えてきているものの，精神障害者
支援には苦手意識が根強く，介護事業所との連携はこれからの課題である。

▶ あらすじ

第１節　地域移行支援の依頼を受ける

　院長交代を機に地域移行に取り組み始めたＡ病院の柳下PSWより，南さん
の地域移行支援の依頼を受け，Ｂ相談支援事業所の白浜PSWが計画相談と地域
移行支援を担当することになった。Ａ病院では柳下PSWのマネジメントにより
主治医・病棟看護師長・担当看護師等も連携し，Ｂ相談支援事業所とともに南さ
んの退院支援に取り組んだ。

　南さんはアパートで一人暮らしをしたいというが，長期入院していたことから
地域での生活スタイルの選択肢を広げようと考え，白浜PSWはグループホーム

をはじめとする施設見学や同伴外出などをピアスタッフ湊さんとともに実施した。しかし，見学したグループホームに南さんは難色を示し，アパート暮らしに強い思い入れを見せた。そのため白浜PSWは柳下PSWをはじめ院内スタッフとも相談し，独自の発想で資源を活用して支援に取り組むことにした。

第2節　退院した患者さんとの友人関係を支援に活かす

　生活保護の退院促進支援により，先に退院した元長期入院者の巽さんは，A病院の外来に来るたびに南さんに面会し，南さんの退院意欲を喚起する存在であることがわかった。そのことを知った白浜PSWは，両者の友人関係を活用しながら南さんの「地域生活」のイメージづくりを展開することにした。

　南さんは，当初は支援者に頼り切っており生活感覚も現実離れした発想が目立っていたが，巽さんの協力も得ながら外出泊の体験を繰り返し，しだいに主体的に退院を目指すようになっていった。また，社会復帰支援に積極的な病棟看護師長が中心となって，A病院としての新たな取り組みを後押しした。

第3節　地域移行支援により，南さんがアパートを借りて退院

　南さんは親の遺産が高額にあり経済的な心配はないが，アパートの賃貸契約に必要な保証人がいなかった。そこで白浜PSWは既存のネットワークも活用して不動産業者を新規開拓し，支援開始から約9か月後に南さんの単身アパート生活が実現した。退院後はB相談支援事業所からの自立生活援助や地元の居宅介護事業所のホームヘルプサービス，A病院の外来と訪問看護を利用している。巽さんとはお互いの家を行き来しながら，のんびりと在宅生活を楽しんでいる。

　柳下PSWは，南さんの家族間調整に早くから介入していなかったことを反省し，PSWとして支援者チームのコーディネートにおける根回しや，南さん中心の支援のために主体的に働きかけるようになっていった。

第4節　南さんの地域移行支援が生み出したもの

　今回の連携でA病院における長期入院者への支援全般に対する問題意識を強めた柳下PSWは，白浜PSWの助言を受けながらA病院の地域移行支援を加速させるための働きかけを開始した。一方，白浜PSWは柳下PSWと作戦を練る過程で，南さんへの支援を通じて見出した地域課題についても自立支援協議会で話題にし，市内の3病院とともに取り組み始めようとしている。

PSWの着目ポイントと社会資源活用の意図

相談支援事業所の白浜PSWは、計画相談支援契約者を担当する一方、精神障害者の地域移行支援を兼務し、これを積極的に進めるのがPSWの使命だととらえている。

↓

これまで地域移行支援にあまり積極的ではなかったA病院から、南さんの地域移行支援の依頼があり、A病院との連携強化による地域移行の活性化も狙って引き受けることとした。

↓

南さんには、B相談支援事業所が作成した地域移行支援ツールを活用するほか、柳下PSWに働きかけ、A病院の利用者や南さんの友人など、既存のネットワークから社会資源を創出して活用した。

↓

南さんの地域移行支援を通して柳下PSWの意識が変わったのを機に、A病院長期入院者の実態の可視化を促した。自立支援協議会での結果報告が題材となり、地域資源のさらなる充実が検討された。

↓

A病院を改革しようとする柳下PSWを側面からサポートし、C市の地域課題として、地域移行支援の促進と障害福祉サービスの充実に取り組む連携関係を構築した。

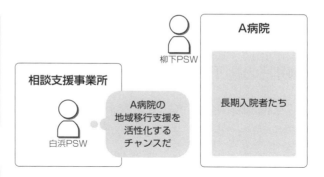

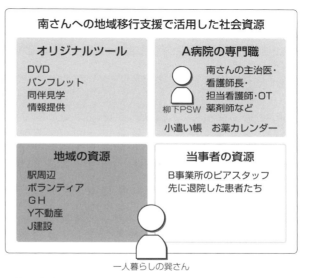

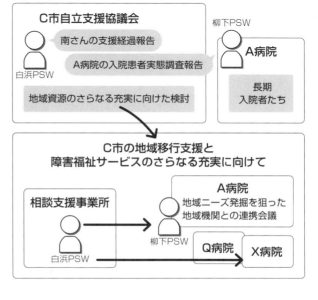

第1節 ▶ [浮かべる，絞る]
地域移行支援の依頼を受ける

A病院の柳下PSWより地域移行支援の依頼を受ける

「双極性障害の躁状態で30歳からの長期入院。病状的には退院可能ですが頼れるキーパーソンがいません」という。概要は「入院前は当市で資産家の両親と生活していた。一人暮らしの経験はないがアパートへの退院希望。家族の協力は得られないが，遺産があり金銭的には問題ない。若い頃に就労歴はあるが，現在は外出や院内のプログラムにも不参加」とのこと。一度訪問して本人の意向を確認し，主治医やPSWからの話も聞いたうえで検討したいと返答した。

デスクで電話しながら考え，病院訪問を決める

A病院から3件目か。社会復帰に熱心にはみえなかったが，院長の交代後，退院支援に取り組み始めた印象で，デイケアやSST（社会生活技能訓練），訪問看護も行っているようだ。事業所のマンパワーは厳しいが連携して地域移行支援ができればと思う。退院支援委員会には呼ばれないが関係性はあるし，利用者は地元の人のようだ。引き受ける前提で病院を訪問しよう。

A病院訪問前に事業所内で情報収集する

A病院と連携したことのある他のスタッフに，以前地域移行を支援した人の経過を尋ねた。また，支援を引き受けることにならなくとも情報提供できる可能性を考え，市内のグループホーム（GH）の現在の空き状況を一応確認した。

A病院の訪問に向けて考えを整理しておく

A病院のPSW[03]は複数いて，県の精神保健福祉士協会[04]の会員のようだが地域では目立たず，会議や勉強会でも見かけない。相談業務や退院支援もしているようだが，入院患者への積極的な働きかけには至っていない印象。当事業所の前回の利用者は看護師のカンファレンスから支援対象にあがったそうだ。

解説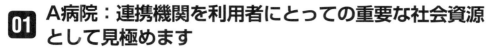

01 A病院：連携機関を利用者にとっての重要な社会資源として見極めます

　事業所の利用希望者は南さんで，A病院は今後その支援のために連携する機関ですが，南さんが現在利用中の社会資源でもあります。そこで，病院の機能に加え，これまでのかかわりや地域内の評判等をふまえた見立てをします。ただ，例えばこれまでに関係性がないとか，評判が芳しくない施設や機関だとしても，利用者からの希望を直接確認せずに諾否を判断することはありません。

02 グループホーム（GH）の空き状況：使える社会資源の検討はクライエントの希望をもとに行います

　支援の依頼を引き受けるか未確定ですが，多様な可能性を想定し，利用できそうな資源について情報収集することはインテークの前でも行えます。また面接時に具体的な質問等を投げかけることも可能となります。ただ，ここでは「利用者が一人暮らしを希望している」と伝えられていることから，グループホームや自立訓練施設への入居ありきで地域移行支援を考えてしまうことは自己決定の尊重に反し，避けなければなりません。

03 A病院のPSW：利用者にとっての重要な人的資源を評価します

　依頼元のPSWは，今後の支援で連携することやクライエントにとっても重要な資源であるために見定める発想が必要ですが，まだ会っていないため，これまで見聞きしていることを中心に，どのようなPSWか推測する程度に留めます。

04 県の精神保健福祉士協会：仲間であるPSWもクライエントにとっての重要な資源と考え，資質を高め合います

　都道府県ごとに設立されている精神保健福祉士協会は，日常的な連携関係をサポートしてくれる組織でもあります。互いに研鑽して質を向上させたり，お互いに顔の見える関係づくりをすることで以降の仕事上での連携にも役立ちます。
　A病院のPSWがここに所属している事実は，白浜PSWにとっては連携相手としての一定の信頼感をもたせる要素となっています。

今回の方はアパート希望というが，生活訓練施設やGH利用もあり得るだろう。市内のGH入居は比較的容易だ。それに安価な賃貸物件もある。**生活能力や身体状態のアセスメントの結果しだいで居宅介護事業所を検討**[05]する必要もあるかもしれない。A病院を訪問したら行うことをリストアップする。

・地域生活に対する本人の希望やイメージの聴き取り
・自炊能力や金銭管理能力など生活能力の見極め
・**A病院で行える退院支援メニューの概要**[06]確認
・精神障害に慣れた居宅介護事業所は少ないが，A病院の連携先を確認
・主治医や看護スタッフ，PSWの意見聴取
・家族と疎遠だというが，住居の賃貸契約時の保証人の有無を確認

1週間後，病棟で柳下PSW同席でのインテーク面接を行う

南さんから生い立ちを聞いたのち退院希望の意向を聞くと「巽さん（仲のよかった同室患者）みたいに退院したい。家賃8万くらい，2部屋でエレベーターとバルコニー付きがいい。ドレッサーと姿見を置いて洋服ダンスも必要」と言う。

当事業所への依頼は「看護師のカンファレンスで名前があがった頃，南さんも主治医に退院希望を申し出た。主治医は看護師長からも話を聞き賛成。頼れる家族はなく，同室で親しかった患者（巽さん）が生活保護の退院促進支援を受けて退院する姿を見ていたこともあり，地域移行支援の利用を相談した」とのこと。

主治医より「ヘルパーなどの支援があれば退院可能だが，服薬を中断すると躁状態になり浪費や多弁，迷惑行為のおそれはある。糖尿病は検査のみで治療不要」との説明。柳下PSWより「きょうだいとは疎遠。利用社会資源はなく住民票は当院。病院で障害年金受給の通帳を預かり金銭管理も代行」と伝えられた。

過去の支援例を紹介すると，南さんは利用を希望されたため引き受けたいと考え，**計画相談支援と地域移行支援のC市への申請手続き**[07]を柳下PSWと南さんに依頼。支給決定が下りる頃に**支援計画書案**[08]を持ってくると約束した。

 インテーク中に観察や考察を重ね，南さんの地域移行支援の見通しを立てる

南さんは，古びているが派手な色のセーターがよく似合い，華やかな印象で愛想もよい。集団管理された生活に馴染み，**パーソナルスペースのない6人部屋**[09]で長年寝起きしている。夜間施錠される開放病棟では，ホールで患者同士

05 居宅介護事業所の検討：アセスメントのうえ，南さんの能力に応じた社会資源の導入を想定します

　南さんのように長期入院者の一人暮らしにヘルパーの利用は珍しくありません。その際，家事全般をどの程度自力で行えるかを見極めることや，退院支援の過程での練習や訓練によって力量が上がることも見込んで，要する支援量を考えます。インテーク前なので導入する可能性のある資源としてヘルパーを想定し，同時に地域の居宅介護事業所について漠然と頭に浮かべる段階です。

06 A病院の退院支援メニュー：病院や病棟によって特色が異なるため概要を確認します

　A病院ではどのような支援が提供されるのか，つまり入院中の南さんがどのような資源を有しているのかを早い段階で把握します。一般的なものは，服薬の自己管理訓練や病状悪化時の対処法の習得などの医療的支援と，金銭管理や自炊，清掃などの生活訓練，ほかにSST（社会生活技能訓練）などが考えられます。

　A病院で提供されず不足している資源を把握し，南さんの力量や希望に応じて地域の関係機関やサービスから適したものを探すことになります。

07 計画相談支援と地域移行支援：市町村に利用申請し支給決定を受けます

　B相談支援事業所は，指定一般相談支援事業者と指定特定相談支援事業者の両方の指定を受けており，南さんの計画相談支援と地域移行支援の両方を担うことができます。南さんが障害者総合支援法による給付を受けるためには南さんがC市に申請し，支給決定を受けることが必要です。そこで柳下PSWにそのサポートを依頼しました。

※本事例では，このあと地域移行支援の経過を記述していますが，計画相談支援としても同
　事業所で白浜PSWがかかわっています。

08 支援計画書：利用者のニーズを中心にして作成し，支援目標や方法を利用者と確認するために使います

　計画相談支援ではサービス担当者会議を開きサービス等利用計画を，地域移行支援では個別支援会議（ケア会議）を開いて地域移行支援計画を，それぞれ書面で作成します。そこでは南さんが見てわかりやすい記述を心がけます。

の談話や日課のレクリエーションが行われているほか作業療法もあるそうだが，南さんはほぼ不参加らしい。巽さんの面会や同室患者とのおしゃべりが楽しみだという。活動的ではないが社交的な人らしい。単身生活の希望は現実離れしている気もするが，昔の生活レベルの高さがうかがわれる。

　主治医[10]は気さくだが病状や治療方針，予後など医学的説明は乏しい。数年前から南さんを担当し退院に積極的ではないが「みなさんでどうぞ」という姿勢なので連携しやすそう。**看護師長**[11]はてきぱきした男性で，院外活動への誘導や自立訓練のため洗濯，身辺整理の声かけを増やすといい，社会復帰支援に前向き。病棟担当の**柳下PSW**[12]は，南さんとはかかわっていなかったそうで生育歴も把握していない。南さんとの対話は自然だがやや馴れ馴れしい印象を受ける。**家族**[13]に関しては前任者からの申し送りを鵜呑みにして連絡を取っていないらしい。長期入院ではありがちな話だが，アパートの契約やGH入居などが本格化する際は協力要請してもらってみよう。

事業所でインテークを振り返り，支援計画を検討。過去に活用した資源を思い起こす

　南さんはコミュニケーション力があり退院希望も強いが，具体的な生活スタイルの希望は不明瞭だ。生活能力は不明だが，主治医がヘルパー利用を勧めたのは看護師の意見も加味したためだろう。集団生活に適応し社会との接点が乏しそうなので，地域生活の情報提供や同伴外出で暮らしのイメージをつくりながら希望を具体化していこう。退院前に一人で寝起きしてみるのも有効だ。いまは月2万円のやりくりだが，病状悪化時の浪費や多額の遺産を考えると金銭管理支援も必要か。多様な資源の活用可能性を想定してみる。

・当事業所とD地域活動支援センター，いつもお世話になっているY不動産や利用者さんが複数居住しているYアパートなど
・GH（市内2か所）への体験宿泊の活用と，場合によっては利用契約
・外出にかかる交通費軽減を想定して障害者手帳の取得を検討
・地域移行支援のDVDや当事業所で行っている体験発表会への参加
・成年後見制度の利用や日常生活自立支援事業の活用も先々検討
・南さんの希望の明確化への支援はもとより，当事業所のマンパワーの面からもピアスタッフの面会や同伴外出をいずれ導入するとよさそう

　柳下PSWには，南さんが望んだ場合の同居や外泊の受け入れ，単身生活の

09 パーソナルスペースのない6人部屋：今後の住まいを検討するため，現在の環境にも目を向けます

南さんは退院先を有しないため，居住の資源が必要です。どのような環境で長年生活しているかを把握することで，南さんの思い描く世界を理解することにつながります。2部屋ほしいという南さんですが，具体的な暮らしのイメージがもてているのかどうか，白浜PSWは疑問をもち始めています。

10 11 12 主治医・病棟看護師長・柳下PSW：南さんにとっても白浜PSWにとっても重要な資源となる多職種との連携を考えます

南さんの支援にあたり，入院中最も身近な支援者である院内の多職種の職員と白浜PSWはチームを組むため，この人たちがどのような力量，姿勢，人柄かを見極め，南さんにとってどのように機能しているかを把握します。

主治医の人柄や看護師長の姿勢が好印象であることに連携しやすさを感じる一方，柳下PSWの言動には同じPSWとして心もとない思いをもち，白浜PSWは連携のしかたに工夫を要すると感じています。

13 家族：南さんへの協力の可能性を確認し，場合によっては代替機能も検討します

長期入院者と家族の関係性は経年で変化することも考えられますし，退院に向けた協力の可否によって，活用すべき資源の検討内容も変わります。南さんの場合は住居賃貸借契約の保証人や施設入所の際の緊急連絡先など，家族に期待する役割もあるため，いずれ明確にする必要があることを想定しておきます。無理な場合は，自職場を含めて代替機能も検討します。

コラム　地域移行支援のために使える資源の開発

地域移行支援が盛んになり始めた2005〜2006年頃からの全国各地の先進的な取り組みの一つに，長期入院者への働きかけのためのツール開発があります。退院に向けた動機づけを高めたり支援内容を紹介したりするためのチラシやリーフレット，退院者の声を届ける体験発表会，地域生活を送る当事者の姿を紹介したDVDや社会資源マップ等が制作されました。これらは，後に地域移行支援に取り組むPSWにとっても活用できるツールとなり，改良されながら現在に至っています。

保証人などの協力について家族に確認してもらい，主治医に糖尿病での内科通院の必要性をいずれあらためて確認してもらおう。

支給決定とケア会議を経て支援開始へ

　柳下PSWより，南さんと市役所で計画相談支援と<u>地域移行支援</u>⓮の申請をして調査を終え，地域移行支援の支給決定を受けたとの連絡あり。A病院へ出向き，支援計画書案を南さんに説明後，合意したため署名をもらい支援開始となる。

　初回ケア会議では，柳下PSWのマネジメントで南さんを囲み院内スタッフと支援計画書を共有し，1か月間の支援メニューを確定させた。以降は月1回ずつ<u>地域移行支援会議（ケア会議）</u>⓯を行い，その間は当事業所では私とピアサポーターが，またA病院では院内スタッフそれぞれが計画に沿って支援した。地域移行普及啓発のDVDを貸出して院内で観てもらったり，駅周辺に同伴外出し当事業所やD地域活動支援センターを見学したりした。

 アセスメントを重ね，GHの体験利用を想定

　南さんは，外出時にはおしゃれをして派手な化粧やマニキュアを塗るようになった。初対面でも愛想よく話すことができる反面，社交性がときに度を超し，人に気を遣い過ぎて本音を出せず精神的ストレスとなる傾向もみえた。支援計画で合意した目標を後で覆すことが何度かあり，"周囲に気を遣って人の提案に同調し，本音は違うことを後で訴える"というパターンのため，本心をしっかり引き出すような働きかけを特に重視して支援を組み立てる必要がある。単身生活のイメージの具体化や，利用すべきサービスの検討に向けて生活能力を測る目的で<u>GHの体験利用</u>⓰を想定し見学を勧めた。

GHの体験宿泊も視野に入れ，見学の調整

　ケア会議を経て南さんとの合意により市内のGH（EホームとFハイツ）に電話。概要を伝え，入居希望に至るか不明だが見学の受入れを依頼。体験宿泊に備えて空室状況や諸費用も確認した。比較的空いているEホームを先に見学することになり，南さんと柳下PSWの外出可能日を調整して見学日を決めた。

32

🔢14 地域移行支援：C市の給付決定を受けることにより支援がスタートします

地域移行支援は，指定一般相談支援事業所が精神科病院等に入院している人に対し地域生活への移行準備のための外出同行や，居住先への入居のための支援を行う個別給付サービスです。利用期限はおおむね6か月間ですが，状況に応じて更新が認められることもあり得ます。

柳下PSWは，B相談支援事業所へ支援の打診を直接しましたが，市の給付決定が下りなければ利用できないため，まず市役所へ支給申請のための相談をして指定一般相談支援事業所を紹介してもらうこともできます。

🔢15 地域移行支援会議（ケア会議）：南さんにとって利用資源を調整するための会議といえます

南さんへの支援を本人の意向に沿って適切に行うためには，支援者全員が有機的な連携のもとに動く必要があり，ケア会議はそのための調整の場です。現段階では，院内の出席者の調整は柳下PSWが担い，会議の進行管理は白浜PSWが行い，退院支援に携わる関係者であるA病院のスタッフを中心に開催されています。会議の呼称は，ケア会議，個別支援会議，地域移行支援会議，ケースカンファレンスなどさまざまです。計画相談支援におけるサービス担当者会議と出席者が重複するときは同時開催も可能です。

🔢16 グループホームの体験利用：南さんの支援にとって何が必要かを考え，使えそうなものを多様な目的で利用する発想です

30年以上生活していた病院から居場所を移すということは，南さんにとって相当に大きな変化であり，行先を決めることは容易ではないと考えるのが妥当です。白浜PSWは，これまでのかかわりを通して南さんの障害特性や人柄をアセスメントし，それをふまえてGHの見学や体験利用を提案しました。入居を前提とした本来の体験入所とは違い「試しに病院の外で寝泊まりしてみる機会」を提供し，そこからアセスメントできることがあると考えたのです。

体験利用には費用がかかることもありますが，長期入院によってさまざまな体験の機会に乏しかった人にとっては実施してみる意義があるといえます。

南さんにとってのEホーム活用の意義を考える

　Eホームは県内でも古い施設で，障害者自立支援法への移行前は**援護寮**[17]だったため，食堂や風呂が共同，狭い居室に簡易ベッドと衣装棚だけの設備で「自分の部屋」という雰囲気は乏しい。しかし，職員の面倒見がよく自立訓練のような支援をしている。希望者には退所を支援してくれて「**通過型GH**[18]」ともいえるので，南さんのように単身生活の経験がない長期入院者がアパート暮らしに移行するための中間施設的な使い方が考えられる。

Eホームで世話人の説明を受けながら見学する

　南さんは世話人に愛想よく挨拶し，質問に応じる姿も見られた。世話人は丁寧に説明しながら案内してくれて，利用料や現在の利用者の様子も話してくれた。

事業所でGH見学を振り返り，次のケア会議に備える

　南さんの表情は明るかったしEホームを気に入ったかもしれないが，一人暮らしにはほど遠い環境なのが気になる。過剰適応傾向もあるので，体験宿泊については担当看護師や柳下PSWから感想を聞いてもらったり，時間をあけて意向を尋ねるとよいだろう。世話人は，希望すれば諸手続きをすぐに進めてくれるとのことだった。南さんのしっかりした様子は支援しやすいと思われただろうし，通過型の利用もできると見極めたのだろう。

4回目のケア会議で南さんにEホーム利用の意向を確認

　Eホームの感想を尋ねると「施設には行きたくない」「一人暮らしをしたい」と強く主張し「アパートを見つけてください」と繰り返した。**サテライト型グループホーム**[19]のFハイツの見学も提案したが拒否感が強い。病院スタッフによると，**巽さん**[20]が「一人暮らしは気ままでいい。南さんも早く退院したほうがいい」と面会に来るたびに一人暮らしを強く勧めていることがわかった。

17 18 19 多様なグループホーム：利用者の目的に合わせて選択します

グループホーム（GH：共同生活援助）は制度上は，「介護サービス包括型」「日中サービス支援型」「外部サービス利用型」の3類型で，いずれも利用者個々のニーズに合わせた支援が世話人より提供されます。居住形態はさまざまで，南さんが見学したEホームは，かつての精神障害者生活訓練施設（援護寮）の名残りをもつ共同生活の形態をとり，生活に必要な訓練を行ってさらなる移行を目指す中間施設的な要素ももっています。このようなGHは東京都では「通過型GH」と呼ばれ，数多くみられます。

後から見学を提案したFハイツのようなサテライト型GHは，1棟または複数のアパートの各室に一人で入居しつつ，入居者同士が集い食事をともにしたり集団活動を行う部屋があるもので，より単身生活に近い住まい方になります。

各施設の特徴について，運営主体や成り立ちの背景などを含めて把握することで，各クライエントの目的に適った選択ができます。

20 巽さん（入院中に仲良くしていた患者）：南さんと病院以外の社会を結ぶ重要な資源として着目します

入院中に親しくしていても，退院後はそれぞれの暮らしがあり疎遠になることも珍しくありません。しかし，巽さんは南さんへの影響力をもった友人であり続けていることから，南さんの退院後にも関係を持続することが想定できます。地域社会になじみのない南さんにとって心強い存在といえます。

21 退院した患者数人との交流場面：組織的な当事者活動ではなくても,同様の機能をもった場を設定することができます

地域からの働きかけとして，退院者が体験を発表したりピアサポーターが病院を訪問することは比較的よく行われています。地域移行支援が広がり始めた2005～2006年頃に行った当事者への調査でも，先に退院した人の話を聞いて「自分にもできるかもと思った」という声は多くありました。この発想で院内を見渡し，南さんに同じA病院から退院した患者，つまり同じ体験を有する患者仲間（ピア）を引き合わせる機会がつくられました。

> ### ここまでの支援の成果を振り返り，単身生活のイメージづくりに有効な資源を再検討する
>
> 　柳下 PSW からは「院内で**退院した患者数人との交流場面**[21]を設定。南さんは熱心にアパート生活の話を聞いていて退院に意欲的」との電話もあったが，A 病院には個室や集団生活以外の体験をできる設備はない。地域移行支援を紹介する DVD 視聴も，南さんがリアルに自分の生活を検討するには至らなかった。きょうだいは 2 人とも他県に居住していて疎遠だったうえ，両親の死後は空き家になった家を処分され，遺産相続協議後は縁がなくなったも同然とのこと。南さんの泊りがけの訪問は実現困難である。
> 　GH の体験宿泊は，南さんにとっての「一人暮らし」と，E ホームの居住形態とのギャップが大きく拒否された。GH に対する「施設」イメージが固定し，ほかの GH の見学も拒否している。F ハイツの見学は時間を空けて勧めるか。**一人で駅前のビジネスホテル**[22]に泊まる方法もあるが，生活の実感はわかないだろう。手詰まりだが，GH の体験宿泊は保留にして当面は外出支援をしよう。
> 　退院した患者等との交流が増え，南さんはよく話を聞いているらしい。特に，巽さんからの一人暮らしの勧めは強力みたいだ。それなら，巽さん宅へ遊びに行くとか，場合によっては泊まりにいく，つまり「巽さん宅への体験外泊」はどうだろうか。そうすれば，支援を受けながら一人で自分らしく暮らしていくことの具体的なイメージがわくかもしれない。今度，南さんに尋ねてみよう。

巽さん宅への外出泊について話題にする

　ピアスタッフの湊さん[23]と南さんを訪ね「GH 見学は，久しぶりに病院の外で寝泊まりしてみてほしかったから」と説明し，退院先は南さんの希望に合わせて考えるつもりであることをあらためて伝えた。そのうえで，一人暮らしの場を見ることは必要な支援や物品を検討する参考になるから，**巽さん宅へ遊びに行かせてもらって**[24]もいいかもしれませんねと話題にした。南さんは，「巽さんも『家にお茶でも飲みに来たら』って何度も誘ってくれてます。……でも無理ですよ」と言うため，「行けたら楽しそうですね，柳下さんにも今度相談してみましょう」と答えた。柳下 PSW は「外来患者宅への外泊は前例がないが，南さんと巽さんの関係ならよいアイデアかも……」と反対ではないようだった。そこで実現に向けて作戦を練ることにした。

22 駅前のビジネスホテル：視野を広げ，街中にある既存の資源に活用できそうなものを探します

　長期入院者のなかには，複数人の部屋で常に寝食をともにしているため，一人きりで過ごす生活のイメージがわきにくい人もいます。寝泊まりするだけであればビジネスホテルも使える資源の一つといえます。ただ，南さんには食事や家事についてどの程度の手助けが必要かも考えてもらう必要があり，今回はビジネスホテルでの宿泊の体験では不十分だと白浜PSWは判断しました。

23 ピアスタッフの湊さん：障害をもち地域生活を送る体験をもとに，暮らしの工夫や地域の情報を伝える存在です

　湊さんは，当事者ですが事業所のスタッフでもあるため，ほかの支援者と連携し責任をもって南さんを支援します。さらに，南さんが親近感をもって相談し，助言を身近に聴くことが期待できます。ピアスタッフを雇用していなくても，市や圏域で養成されたピアサポーターを支援に活用している場合もあります。

24 巽さん宅への訪問：一人暮らしの実態を間近で見られる資源を求めて自由に着想します

　一人暮らしの実感をイメージするために使える既存の資源がない，あっても南さんが利用を希望しないという事態に至りましたが，まだ別の方法はないかと真剣に検討し，これまでの経過を振り返って浮かんだアイデアが巽さん宅への訪問という方法でした。この時点では実現の可能性は低そうに思えますが，白浜PSWは南さんの意向を確認しながら方策を検討しはじめています。

まとめ　▶ ▶ ▶　社会資源の活用は「適時適量」であること

　南さんへの支援では，使える資源の量で支援の幅も質も決まる側面があります。一人暮らしを目指す南さんに対して，白浜PSWは選択肢を増やすことに力点を置き，数多くの社会資源を思い浮かべます。ただし，使えるものをありったけ組み合わせればよいわけではありません。南さんの希望，力，変化する考えなどを推し量り，理解して受けとめながら過不足なく資源を活用することが望ましい支援といえます。「巽さん宅への体験外泊」という斬新な思いつきの実現には，作戦が必要になりそうです。次節では，そのための仕掛けづくりを考えます。

第2節 ▶ [つなぐ]

退院した患者さんとの友人関係を支援に活かす

> **巽さん宅への訪問の実現について考える**
>
> 　南さんは長期入院の影響か，友人宅を訪ねる発想はないらしいが，地域生活に<u>人とのつながり</u>[01]はつきものだし巽さんも誘ってくれているようなので，行動範囲を広げ街中での生活も見てきてほしい。確認事項をリストアップし，柳下PSWと実現に向けた作戦を立てよう。
> ・A病院における<u>患者間の交流</u>[02]の促進や制限の有無
> ・A病院での退院前訪問看護の実施状況
> ・巽さんに対する柳下PSWの見立て（個人情報を私が聞くことはできないが，南さんが訪問や宿泊することについての考えを聞く）

巽さん宅への外出泊について，電話で柳下PSWの意見を聞く

　「えっ？ 本気でしたか」と驚く柳下PSWに支援経過をふまえた見立てを説明し賛同を得た。A病院では入院患者同士の外出は各主治医の許可が必要だが任意入院患者は基本的に許可され，時折"グループ外出"も行われている。ただ記憶にある外泊の前例は1件のみ。結婚予定の2人が家族の同意を得て，先に退院した患者宅へ行ったという。巽さんの病名等は言えないが南さんとは別の主治医が長年みている。南さんとの面会時に巽さんが「うちへお茶飲みに来たら」と誘っているのを聞いたことがある，あれは率直な思いだろう，と話してくれた。
　<u>精神科退院前訪問指導</u>[03]は，病棟の看護師とPSWで行うことがわかった。

> **電話を切った後，巽さん宅への外出泊の実現について考える**
>
> 　南さんのA病院からの外出は毎回希望どおりに許可される。外出泊に出る患者も相応にいるようで，開放処遇に努めていることもわかってきた。次の同伴外出で駅前の不動産屋回りのときに南さんの考えを再度尋ねよう。
> 　巽さん宅への外出泊の実現に向けた道筋を立てるには，来月のケア会議で話

解説 **01** は社会資源, **01** は PSW の視点や技術を解説しています。

01 人とのつながり：支援者以外の人とのつながりができると，地域生活に広がりがでてきます

　南さんの退院が実現するとどのような暮らしになるか白浜 PSW は想像しています。仲のよい友人がいれば互いの家を行き来することは当然あり得るでしょう。とすれば，入院中であっても南さんが知り合い宅を訪ねることは自然な発想といえるでしょう。そして，それは南さんが有しているインフォーマルな資源としてとらえることができます。

02 患者間の交流：A病院が人間関係構築のための取り組みを積極的にしているかどうか確認します

　白浜 PSW は，外来患者宅への南さんの訪問を実行するにあたり，A 病院はこうした発想が受け入れられやすい医療機関かどうかを把握しようとしています。患者同士の交流，すなわち築かれた人間関係は無形の資源ともいえますが，専門職が意識的に仕掛けることでその関係構築を促進することもできます。

03 精神科退院前訪問指導：退院前の外出泊に対する不安を軽減するために活用できます

　退院予定の場所へ患者が出向いたときなどに医療機関の看護師や精神保健福祉士が訪問し相談に乗ったり，生活環境の把握や退院後に向けた助言等を行ったりする医療サービスです。家族のみが対象でも実施できます。A 病院の場合，南さんの外出泊先へ病棟の看護師や担当である柳下 PSW が訪問し，その場で相談に乗ったり退院後に必要な支援を検討することになります。白浜 PSW は，いずれ活用することを想定し，A 病院に実施可能かどうかを早めに確認しました。

コラム　　グループ外出（入院患者同士の外出活動）

　グループ外出は，特に長期入院者の多い病棟で行われていることがあります。私が勤めていた病院では，患者同士が連れ添って街中へ食事やショッピングに出かけたり，カラオケボックスやパチンコを楽しんでくることなどもありました。職員が付き添う場合もありますが，社会との接点をもつ貴重な機会でもあります。病状的に退院可能でありながら，長期間入院生活を継続しているがゆえの活動ともいえるでしょう。

題にするのが妥当だ。巽さん宅への外出泊の目的をはっきりさせ，南さんが希望したら行うことになる。巽さんには南さんから直接尋ねてもらうのがよい。職員から頼むと負担感を与え断りにくくさせてしまう。2人で話してもらい，行くことになったら介入しよう。そのために想定しておくことを列挙。

- <u>リスクの回避策</u> [04]。南さんと巽さんの病状悪化時の対応，巽さんへの影響（心理的・金銭的負担）などが想定される。
- <u>費用負担の考え方</u> [05] を整理する。
- <u>外出泊時の訪問等の支援者</u> [06] を決める（頻度，役割，費用負担の有無等）。
- 主治医や病棟の看護師の意見を柳下PSWから確認してもらう。

南さんとの外出（不動産屋回り）

バスの最後列に南さんと並んで座り，退院後の生活を想像してもらうように「どんなアパートがいいですか？」「毎日何をして過ごしたいですか？」等を尋ねていくと「やってみないとわからないことがたくさんある」ことが実感された。

「巽さんのお宅に遊びに行く話，どうですか」と尋ねた。参考にもなると思うのでと勧めると「何回も誘ってくれるけど先生がいいとおっしゃるかしら」と懸念を口にした。そこで，戻ったら柳下PSWにも相談してみましょうと応じた。

<u>不動産屋</u> [07] 回りは，アパートの家賃相場を知ってもらう目的もあった。南さんは自分の所有財産額を知らず，1か月の生活費も想定できていなかった。

南さんとの外出中にアセスメントする

南さんは，巽さんが誘ってくれている手前，訪ねてみたいと同調しているだけかもしれない。病棟に戻ってから**落ち着いて話を聴く** [08] 必要がある。

不動産屋での受け答えはしっかりしていたが，障害を隠しての賃貸契約は難しそうだ。預金管理に無頓着だったようだが，残額を確認し日常生活自立支援事業なども検討しよう。家族が保証人になってくれるかも明確にしたい。

病棟に戻り南さん，柳下PSW，病棟看護師長と話す

外出を振り返り，退院後の生活費や一人暮らしの実感がもてないことを説明し，巽さん宅への外出泊について尋ねた。南さんは「いつも誘ってくださるの。

04 05 06 リスクの回避策・費用負担の考え方・外出泊時の訪問等の支援者：資源活用のための作戦を練っておきます

　入院中の患者が退院に向けた体験宿泊先として外来患者宅を活用することは，白浜PSWのなかでは経過をふまえた周到な検討に基づく提案です。しかし，聞かされる側にとっては少しばかり珍しい発想といえるでしょう。南さんが希望し，巽さんが了承することが前提ですが，実現するには医療スタッフの賛成を得られるかどうかがカギになります。そこで白浜PSWは巽さんの住まいというインフォーマルな資源の活用に向け，南さんや他の支援者から出されるであろう疑問も想定して多角的に対応を考えておこうとしています。

07 不動産屋：賃貸物件の情報収集に加え，今後の支援方針を検討するための場としても活用できます

　現在はインターネットでも物件情報を集めることはできますが，直接不動産屋へ行くことで，南さんがどのような言動をするか見極めたり，自分で家賃の相場を知り生活費を具体的に想定しながらどのような物件を借りたいか考えてもらったりする機会にすることもできます。そのプロセスをともにしながら，白浜PSWはこの先の支援について検討しようとしています。

08 落ち着いて話を聴く：利用する社会資源の検討は本人の意向を中心に行います

　支援者として妥当だと考える資源を思いつくと，速やかに利用を勧めたくなりがちです。しかし白浜PSWは，南さんに過剰適応の傾向があり周囲の意見に同調しやすい性質であることを，これまでの支援によって理解しています。そのため，間髪入れず前に進めるのではなく，時間をかけ南さんが本音を語りやすいと思われる他の支援者も活用して丁寧に意向確認を行おうとしています。今回は南さんだけでなく外来患者の巽さんにも負担をかけることでもあるため，特に慎重な配慮が欠かせません。

お茶飲みに行きたいわ」と言い，看護師長は「いい機会ですね。ぜひ行ってきたら」と反応がよかったが，巽さんの主治医に一言伝えたほうが安心だと柳下PSWに助言していた。さらに，体験宿泊をイメージして巽さん宅に泊まる話もしたが，現段階では保留，次回のケア会議で主治医にも尋ねてみることになった。

　柳下PSWに南さんの預金額を尋ねると，病院の貸金庫で管理している通帳の定期預金は約1500万円，毎月の費用を引き落とす普通口座に数百万円あるとのことで南さんは目を丸くした。私も「そんなに高額を病院で一括管理？」と杜撰(ずさん)な管理に驚き問い返したが「うちの経理はしっかりしてますよ」と返ってきた。

> **病棟のナースステーション内で話し合いの最中**
>
> 　看護師長の机の脇で話し合ったため他の入院患者が出入りし，看護師の対応の様子も聞こえた。ここまで中に入れてもらえたのは私たちを関係者として受け入れてくれたからだろう。ただプライバシーの点からは問題も感じる。
>
> 　看護師長は，社会復帰支援に積極的だし，主治医を後押ししてくれるだろう。南さんは，単純にお茶飲みが目的のようだが，結果的に一人暮らしの様子を見聞きできればいい。私は巽さん宅への外泊も想定して可能な準備をしよう。次のケア会議での話題の出し方を事業所に戻って検討しよう。
>
> 　高額な財産を病院の金庫で管理するとはかなり杜撰だ。古い体質の残った病院だし，柳下PSWも疑問視していないのは大問題だ。退院後の金銭管理は，**成年後見制度の補助類型**[09]に該当する可能性，家族に管理を依頼，**日常生活自立支援事業**[10]の利用，当事業所の**自立生活援助**[11]などがあるか。金銭管理の訓練は，院内でも考えてもらって能力をアセスメントしたい。

柳下PSWより巽さんの担当PSWからの情報が知らされる

　「巽さんの主治医に入院患者が遊びに行くと伝えると『たまには変化があっていいね』との反応だった。また，巽さんの担当PSWから，『息子は飛行機で年1回訪ねてくるかどうかで疎遠。巽さんは通所施設等の利用はないが，ヘルパーが来る日は南さんの訪問を避けたほうがよいのでは』と聞いた。次回のケア会議前に巽さんが外来に来るため，南さんから訪問したい旨をあらためて伝えてもらって了承を得ておくことにしたい」とのことだった。

09 成年後見制度の補助類型：退院後の金銭管理について資源の活用を検討します

親の遺産があるとは聞いていたものの，高額の預金通帳を病院に預けたままでいる南さんの無頓着さを知り，白浜 PSW は成年後見制度の利用を検討する必要性を感じています。ただ，これまでのかかわりを通して南さんの意思表明の力や判断力も把握できたため，契約の代理や取り消し権限のある後見や保佐類型には該当しないであろうと推測し，補助類型の可能性を検討しようとしています。

10 日常生活自立支援事業：金銭管理に関する支援を多様に検討します

白浜 PSW は，日常的な金銭管理は今後の訓練で修得できる可能性もあると判断しつつ成年後見制度に該当しない場合も想定し，市町村社会福祉協議会が行っている日常生活自立支援事業の利用契約も視野に入れています。本事業には所得に応じた利用料がかかりますが，南さんは市民税が非課税で利用料が助成されるため安価に利用でき，契約能力もあると考えられるため利用要件にも該当するものと思われます。

11 自立生活援助：定期的な訪問や随時訪問して支援できることから金銭管理の支援も可能です

地域移行支援での退院直後に，引き続き B 相談支援事業所が提供できるサービスとして，南さんには自立生活援助が適していると白浜 PSW は考えています。1 週間から10日に 1 回程度訪問し，銀行へお金の引き出しに同行したり，家賃支払いや生活費の出納状況の確認なども支援することが可能です。

金銭管理以外にも，日常生活の不安軽減のための助言や病状悪化時の医療機関との連携など支援を柔軟に提供できます。利用期間は原則 1 年間ですが，市町村の審査会で個別に必要と判断されれば更新も可能です。

入院中から退院後の支援を連続して行うことは，この地域において A 病院以外になじみの支援者をもたない南さんにとっても心強いことと思われます。

柳下PSWからの電話中

　主治医は適度な距離感で巽さんを診ているようだし，巽さんの家族に報告は不要そうだ。訪問日は2人で相談してもらうが，南さんが<u>ヘルパーの支援を見る機会</u>⓬も有意義だと思う。外出には南さんの主治医も反対しないだろう。外泊の可能性までケア会議で賛同を得るため，南さんの訪問中に巽さんが調子を崩した場合や，両者間でのトラブル発生時のことを考えておこう。

1か月後，5回目のケア会議（南さんと院内スタッフが同席）

　主治医に外来患者宅への外出泊を提案すると「外泊はちょっとあれだけど，遊びに行くのは制限できないよね？」と看護師を見て言った。私は「外泊は『あれ』とは？　巽さんが了承してくださったらいずれ外泊もお願いして一人暮らしを体験しながら見せてほしいと考えています。宿泊訓練の施設がないので，巽さん宅は身近なよい資源だと思います。今は南さんも外泊まで望んでいませんが」と述べた。「うーん，ダメじゃないけどね，大丈夫かなぁ。行きたいの？」と主治医が尋ねると，南さんは「はい。お茶飲みにいらっしゃいって言ってくださるし」と答えたため，巽さん宅への単独外出を当面の支援課題として確認した。

 ケア会議後に，南さんの外泊訓練について再考する

　宿泊に主治医が躊躇するのはもっともだ。南さんも希望していないし。でも，30年も入院していたのに，いきなり一人で寝起きできるのかな。住居が決まれば外泊訓練は当然できるが，南さんは一人暮らしの"気ままさ"をどう想像しているのだろう。これまで支援した人たちは，一人暮らしの経験者や，GHの体験宿泊などの機会があった。病棟生活から単身生活に進むには，少しステップがあってもよいように思う。当市ではそういう施設が足りない。<u>自立支援協議会</u>⓭でも話題にしたい。A病院ではどうしているのかも知りたい。

南さんの巽さん宅への訪問外出が実現

　2人は相談し，巽さんの外来受診後に連れていってもらうことになった。看護

12 ヘルパーの支援を見る機会：利用するメリットや利用希望を明確にするために有効です

　白浜 PSW は，南さんの単身生活にはヘルパーの利用が必要だろうと推測していますが，南さん自身がその便利さや使い方を想像することは難しいでしょう。そこで，巽さんがヘルパーの支援を受けている場面を実際に観察し，その様子を見聞きできる機会が得られるとよいと考えています。

13 自立支援協議会：精神障害部会の地域移行支援に関する協議で，地域課題として検討します

　自立支援協議会は障害のある人の地域生活を支援するうえで，その地域の実情をふまえて課題を共通認識し，解決のために協議する場です。

　白浜 PSW が南さんへの支援を通して感じた単身生活へのステップの課題は，実は C 市の精神障害者への地域移行支援の課題ともいえます。今後も長期入院者がこの地域で単身生活を目指すのであれば，その暮らしのイメージをつくることや日常生活に必要な力の訓練を必要とする人はいるはずです。南さんに対しては巽さん宅への外出泊というアイデアで乗り切ろうとしていますが，今後の地域移行支援の展開に向けて新たな資源創出の必要性を感じているのです。

コラム　長期入院者は，一人では静かすぎて眠れない？

　かつて，南さんと同じような長期入院者が退院を希望し，早々に家族がアパートを借りてスムーズに退院できた人がいました。新築のアパートに家財道具もそろえてもらって意気揚々と退院しましたが，1 週間足らずで深夜に救急車で病院に戻ってきて，本人の強い希望で任意入院となりました。

　翌朝病棟で話を伺うと「部屋が静かすぎて全然眠れなかった。誰もいない部屋で一人でご飯を炊いても美味しくないし，周りに人がいないと不安になっちゃって……」と言うのです。集団生活に慣れきってしまい，単身生活とのギャップが大きいことが想定できていませんでした。退院前にアパートに外泊することも思いつかなかったその人と私の失敗談です。

師の助言もあり南さんはお茶菓子を買って出かけたりして，2週間に1回，計3回実施。スーパーでお弁当を買ったり巽さんがご飯を炊いてくれて買ってきたおかずをご馳走になったとうれしそうに話した。「早くアパートを借りて退院したいわぁ」と言い，GH見学も再度提案したが「勘弁してください」と言われた。

> **次回のケア会議に向けて：巽さん宅への外泊の実現をめざす**
>
> 南さんは単独外出にも慣れてきた。退院への思いも，人に何かしてほしいとの表現から，自分がどうしたらいいかを尋ねるようになり自発性を感じる。巽さんに拒否されれば無理だが，巽さん宅に南さんの精神科退院前訪問指導を実施できるかA病院に検討してみてもらおう。当事業所からの訪問に対する巽さんの意向も聴きたい。ケア会議前に柳下PSWに電話で頼んでおこう。

6回目のケア会議（院内スタッフと巽さん宅の外泊を検討）

以前見学したEホームの体験宿泊を再提案するも南さんは拒否。そこで巽さん宅への外泊を提案すると「泊まりたいわ。こないだも帰るって言ったら，お夕飯食べて泊まっていけばって言ってくださったんです」と両者の関係性にも進展のあることがうかがえた。主治医は「柳下さんにも聞かれたけど大丈夫かなあ，なんかあったらどうします？」と及び腰だが，看護師長が「退院前訪問で行けますし，病棟に電話をくれれば<u>夜勤者</u>⑭も対応します。万が一，具合が悪くなったら救急車呼べばいいでしょう」と言ってくれた。<u>薬剤師</u>⑮より，<u>お薬カレンダー</u>⑯を使い「週渡し」で<u>服薬の自己管理訓練</u>⑰が進んでいると報告があった。

「巽さんのご承諾がなくては無理ですが，当事業所も9時〜21時は訪問や電話で対応します」と私も後押しし「やってみましょう」と大筋で合意した。

> **ケア会議中に，ここまでの支援の成果をモニタリングする**
>
> Eホームの体験宿泊の日程調整も準備していたがやはり拒否だ。けれど，巽さん宅への外泊は南さんも希望しはじめていたようだ。前から何度も話題にしていた成果かな。何度か出かけるうちに自信もついたのだろう。
>
> 柳下PSWは，主治医だけでなく<u>看護師長</u>⑱にも根回しをしてくれたようだ。社会復帰に積極的だし主治医にも口添えしてくれて頼もしい。薬剤師も計画ど

14 夜勤者：入院中の患者に対して，24時間体制で医療スタッフが対応してくれる心強さがあります

　外泊先で日中何かあったとしても，白浜PSWの事業所やA病院の柳下PSWをはじめとする支援者が迅速に対応できることを想定しています。外出には特段の心配をしなかった主治医が，巽さん宅への外泊をためらう最も大きな要素は夜間の対応だと思われます。しかし入院中の患者である南さんには，日々の状態をよく把握してくれている看護スタッフがいて，夜間も含めて24時間体制で対応してもらうことができます。入院病棟のある病院を利用するメリットの一つといえるでしょう。

15 16 17 薬剤師・お薬カレンダー・服薬の自己管理訓練：退院後の自己管理に向けて入院中から訓練することができます

　南さんの病状の安定を維持するために，退院後も服薬を自己管理することは重要な課題です。A病院に限らず入院中の患者には，看護師が毎回薬を手渡して服薬を確認するのが一般的ですが，退院後は自分でこれを行う必要があります。そこで薬剤師が支援経過に合わせて南さんに薬効や飲み方，万が一副作用が出たときの対処法などを説明したり，飲み忘れや混乱なく管理できるような訓練をサポートしています。

　お薬カレンダーは，カレンダーにポケットがついていて飲み忘れを防ぎ正確に服用できるよう自己管理するためのツールの一つで，街中の雑貨店等でも見かけるようになりました。

18 看護師長：スムーズに作戦を遂行できるよう，支援者チームの中に有力な理解者を増やしていきます

　A病院では，この病棟の看護師長が南さんの退院支援を積極的に行い，主治医や柳下PSWからの信頼も厚いことはこれまでのかかわりのなかでわかっています。巽さん宅への外泊について主治医の同意を得たいと考えている白浜PSWにとって，柳下PSWが今回のケア会議に向けて看護師長への根回しをしておいてくれたことは大きな後押しになりました。また，このことから柳下PSWも病棟の看護師長を連携できる有力な他職種としてみていることもわかります。

おりに服薬管理指導を行ってくれていた。主治医は，薬をやめると再発するといつも言うが，お薬カレンダーでの管理は，几帳面な南さんにはピッタリだ。

南さん，柳下PSWと病棟の談話室で確認したこと

　南さんから泊まりがけで伺う件を巽さんに相談する。巽さんに経費の面で迷惑をかけないため，食事代を支払う想定で4000円持参して2人分の食料を買うか外食を申し出る。柳下PSWから巽さんに病棟看護師とともにお宅へ訪問する旨の了承を得ることとし，費用は南さんの精神科退院前訪問指導で算定する。巽さん宅への当事業所からの訪問は，柳下PSWから私を巽さんに紹介してもらい顔合わせしておく。ただし，巽さんの了承が得られない場合は，事業所の車ででかけ，巽さん宅の近くに停車して車中で南さんと話すことなどを考えた。

> **事業所に戻ってから支援の妥当性を検証する**
>
> 　GHの体験利用は1泊2食付きで5000〜6000円が相場なのをふまえ，以前から漠然と考えていた4000円の持参を提案したが妥当だったろうか。2人の<u>友情</u>[19]に金銭が介在することで不協和が起きなければよいが……。でも南さんの外泊でお金はかかるし食事代を負担する発想はありだと思う。直接尋ねたいが，南さんがどう交渉するか結果をみてから考えよう。
> 　南さんは<u>精神障害者保健福祉手帳</u>[20]を持っていないが，退院後の生活に向けてそろそろ取得を勧めてもいい頃だ。

その後(柳下PSWより電話で伝えられたこと)

　「巽さんは南さんの依頼を快く了承された。後で南さんの退院訓練の一環でもあると説明して一緒に頭を下げ，食事代の説明もした。巽さんは白浜さんの訪問も了承されたが，まずは当院から精神科退院前訪問指導を実施することとした。
　担当看護師が外泊の荷造りを手伝い，南さんは○日の朝食後に出かけた。同日の夕方に病院から訪問すると，2人は居間でお茶を飲みながらテレビを観ており夕飯はお寿司を買ってきたという。翌日は予定より少し早めに帰院。主治医は，南さんが無事戻ったのを確認し安心したようだった。南さんは少し疲れたように見えるが薬の飲み忘れもなく『楽しかったです』と。職員一同もほっとした。」

19 友情：支援に活用することがこれまでの関係性に影響 することを考慮します

南さんと巽さんは同じ病室で長年過ごすなかで友人関係を育んできました。退院後も２人が交流をもち続けることは，お互いの地域生活も豊かにすると思われます。白浜PSWから南さんが２人分の食事代を持参するよう提案をしたのは，南さんの退院前の体験外泊に巽さん宅を使うことで，２人の対等な友人関係に何らかの貸し借りを生じさせかねないと考えたためです。友情という無形の資源を，南さんの意図しないところで失わせないための考慮とみることができます。

20 精神障害者保健福祉手帳：活用を想定している時期に 合わせて申請します

入院中に精神障害者保健福祉手帳を活用する機会は，生活保護の障害者加算や各種税控除，外出時の交通費の軽減などを除くと多くはありません。南さんに関しては入院生活においてほとんど使う必要がなかったものと思われます。しかし，退院が近づいて外出も増え，単身生活を始めれば電話や光熱水費の減免申請することを見越し，申請手続きを勧める時期だと考えています。

手帳の取得には診断書料がかかり，有効期限が２年間であることも考えると退院直前に取得するのが効率的です。申請から交付まで数か月かかることを見込み，申請するのにちょうどよい時期を見計らっているのです。

まとめ ▶ ▶ ▶ 利用者の意向に沿って柔軟に資源を使う

南さんのように一つのイメージが固定してしまうと，他を受け入れられない反応というのは珍しくありません。最初に見学したGHを気に入らなかったとしても，強く説得すれば２か所目のGHに見学に行く可能性はあります。ですが，白浜PSWは，南さんの強い拒否感をみて，勧めることをやめました。「退院」だけを目標にすれば，手っ取り早く空いているGHに入居を決めることは容易かもしれず，使える資源が身近にあると利用者をそこへ当てはめたくなるものです。しかし，南さんの意向に沿ってこそ支援といえます。柔軟な発想で使えるもの（本節では巽さん宅）を探し，周到な検討により最善の使い方（本節では友人宅への外泊訓練）をしてこそ資源も活きるのです。次節では，いよいよ南さんの退院先確保に向けて動くことになります。

第 **3** 節 ▶ ［使う，活用する］

地域移行支援により，南さんがアパートを借りて退院

支援開始から5か月経過し，次のケア会議に向けて考える

C市の障害福祉課 **01** へ支援期間の延長を認めてもらおう。職員 **02** にもA病院へ同行してもらい，退院後の支援の必要性も理解してもらっておこう。

・ヘルパー **03** の必要性と内科受診の要否判断：栄養指導の現状や調理能力のアセスメントと，身辺整理や整容面の支援の要否を確認する。
・金銭管理に関する支援の要否判断：1か月単位の生活費の金銭管理が可能かどうか，また財産管理方法の方針を決めたい。
・家族 **04** 協力の有無の確認：アパートの保証人や財産管理，緊急時の対応など，柳下PSWによる家族関係の調整の状況を確認する。
・訪問看護等の必要性の検討：服薬管理指導の状況を確認する。
・精神障害者保健福祉手帳の障害の程度に該当するか主治医の意見を聞く。

7回目のケア会議①退院に向け，南さんの意思確認

南さんのほか，柳下PSW，主治医（途中参加），担当看護師，薬剤師，栄養士，作業療法士（OT） **05** が同席し，ピアスタッフ湊さんも私とともに出席した。

南さんは「巽さんのアパートは家賃が5万円ですって。私もお願いします」と言い，「巽さんのお宅ではどんな過ごし方でした？」と尋ねると「お茶飲んでテレビ観て……」とのこと。湊さんが「地域活動支援センターはどうですか」「ヘルパーさんもお勧めですよ」と述べた。「巽さんのお宅に来てたわ。お願いできますか？」と尋ねられたため「その確認もするつもりでした。ヘルパーさんが必要だとしたら何をしてもらうか，南さんのお力にもよるので検討しましょう」と応じた。

ケア会議中に南さんの利用資源に関して考える

ヘルパーは必要だと思うが，家事能力との兼ね合いも含めて見当をつけた

解説　01 は社会資源，01 は PSW の視点や技術を解説しています。

01 02 C市の障害福祉課・職員：支給決定を受けて支援を行っているため経過を共有し,必要性を理解しておいてもらいます

　南さんの地域移行支援はC市の給付決定を受けて行われています。原則6か月間という期限があることから，南さんの支援状況に鑑みて白浜PSWは延長申請を想定しています。行政機関の担当職員は非専門職である場合も多いですが，給付決定の権限を有していることや当該地域の精神保健福祉の向上を共に担う人的資源であることをふまえ，適宜情報を共有したり支援経過を理解してもらう努力が欠かせません。

03 ヘルパー：単身生活の実現が近づいてきたため,これまでの支援をふまえて具体的に検討します

　最初にA病院を訪れたときからホームヘルプ（居宅介護）の利用は話題になっていました。南さんは入院中にできる生活訓練も行っており，巽さんの家ではヘルパーと遭遇するように計らうなど，南さん自身が利用について具体的に考えられる素材は提供してきました。そこでヘルパーを実際に導入するかどうか，またどのような支援が必要なのかを具体化する時期がきたと白浜PSWは考えています。

04 家族：協力を得たい事項が明確になってきたため,その可否を検討する時期にきています

　家族との同居や退院に向けて日々の支援に協力を求めることが無理でも，南さんの単身生活を側面から支える存在として，家族に協力を求められるかどうかを確認しようとしています。その可否によっても，今後導入すべきサービスが異なり，そろそろ見当をつける時期だと白浜PSWは判断しているのです。

05 作業療法士（OT）：病棟での生活訓練の担い手であり,退院後も継続してかかわる可能性があります

　以前のケア会議で白浜PSWは南さんの家事能力について，可能な範囲で病院でも訓練してほしいと伝えていました。そこで今回はチームの一員としてケア会議にも加わってもらっています。作業療法士は集団や個人へのアプローチとして具体的な作業を通して表現力や生活力の向上，再獲得を支援する専門職で，訪問看護やデイケア部門に所属している場合は退院後もかかわります。

い。あとは日中の過ごし方だ。**D地域活動支援センター**[06]があるが，前に見学したときは単身生保の男性が多かった。南さんにはマッチしない気がする。

7回目のケア会議②入院中の訓練状況から支援を検討

看護師[07]は「洗濯は業者です。ベッド回りは比較的キレイだけど衣装持ちでねぇ，お化粧品も多いし。買いすぎかなぁ」と南さんに向けるように言った。「そんなことないですよ，古いものばっかり」とムッとする南さんに**作業療法士**[08]が「調理実習で久しぶりに包丁を使ったそうですが，昔はお料理したでしょう？」と話を変えた。「もう無理よぉ」と情けない声だったが，「手つきは悪くなかったし，便利な食材を使えば自炊できそうですね」と評価が述べられた。

「ご自分でもできます？」と尋ねると「ヘルパーさん，お願いしますよ」と繰り返すため「計画しますね。でも入院中に訓練もしてくださいね」と結んだ。

次に「生活費のやりくりや，お家賃や光熱費の支払いはできますか。お買い物は？」と尋ねると「そんなに買ってませんよ」と答える横から，看護師が「カタログでよく注文するじゃない。私より買ってるわよぉ」と追い打ちをかけた。そこで「お金の使い方はご自由ですけど，必要なものを買えなくなったり，月々のお支払いが心配ならお手伝いが必要でしょうか。**家計簿**[09]はつけてます？」と尋ねると南さんは首を振った。私は南さんと看護師を交互に見ながら「これから1か月間，お小遣い帳で家計簿をつける練習をしてくださいますか」と伝えた。

退院時期は準備状況に応じて決めることを確認。糖尿病は非常勤医が診ているが，A病院に通院する場合は主治医が外来で検査データを診ることになった。

 生活能力をアセスメントし，ヘルパーの必要性を検討する

洗濯は支援が入れば自宅でやれるだろう。自炊は，糖尿病の持病もあるし外食やインスタントばかりなのは避けたいから，入院中は訓練を継続してもらおう。能力的にはできそうだがヘルパーに頼りたい気持ちもわかる。精神障害に慣れたヘルパー事業所は多くないけど，すぐ65歳で介護保険の対象だし介護事業もやっているHケアかI事業所でもよいか。依存的な面はあるが意思疎通は良好なので，精神障害といっても構えず支援してもらえるだろう。買い物にも支援が必要かな。掃除やごみ捨ては入院中のアセスメントが難しい。

化粧品の買いすぎはともかく，生活費のやりくりはどうかな。南さんの金銭

06 D地域活動支援センター（D地活）：退院後の日中活動の場として南さんが使えそうな資源を見渡しています

地域活動支援センターはフリースペースや日中活動プログラム，食事サービスなどを提供しています。スタッフとのかかわりもありますが，利用者同士の交流機会も多く，また利用者によってセンターの雰囲気がつくられています。白浜PSWは南さんがD地活の雰囲気に馴染みそうかどうかを想像しています。

07 08 看護師・作業療法士：南さんを中心とした支援チームが情報を共有します

白浜PSWは南さんの日常生活能力を把握するために，医療スタッフからの情報を活用して退院後に必要な資源の検討を具体的に行おうと考えて今回のケア会議に臨んでいます。A病院の医療スタッフと白浜PSWはこれまでケア会議を重ねてきたこともあり，南さんを中心として自然な形でそれぞれの支援において見聞きしていることや見立てたことを述べ合っています。

09 家計簿：他人任せで金銭管理をしてきた南さんに，退院後は自己管理する自覚をもってもらうためのキーワードとなります

入院生活では1か月2～3万円程度の「小遣い」を自己管理している人もいますが，南さんは自分のお金の使い道に無頓着であり白浜PSWは退院後に向けた訓練の必要性を感じています。そのことを提案するにあたり，あえて「家計簿」という言葉を使って生活感を出そうと考えているのです。

コラム　介護保険制度と障害福祉サービスについて

障害者総合支援法第7条の規定により，障害福祉サービスの利用者も65歳になると原則として介護保険サービスの利用が優先されます。この原則には賛否あり，また利用者の状況や必要なサービス内容によっては障害福祉サービス給付が継続されることもあります。障害福祉サービスの介護保険との一元化が目指されたゆえの制度設計といえるかもしれません。一方，障害福祉サービスと介護保険サービスの両方の指定を受けた事業所があれば，慣れた支援者や事業所を高齢になっても使い続けることができます。精神障害者も年をとれば高齢者ですから，障害と高齢の垣根を取り払うための事業所側の工夫も待たれます。

感覚の判断は難しい。<u>通販</u>❿は，出かけないと利用しがちだが安易に注文してしまうかも。小遣い帳を見て，日常生活自立支援事業も考えよう。

<u>老齢年金</u>⓫ももうじき受給対象だ。加入状況を調べ受給要件を確認しよう。

柳下PSWより，家族調整の結果を南さんとともに聞く

「残念ながら保証人は無理でした。兄はマイナス感情はありませんが，遠いしもう歳だって。姉は，家族に南さんのことを話してない，父親の遺産相続で相応のお金を渡して勝手にしてもらってる，なんで今さらって。すいません，ちゃんと把握していなくて。もっと早く調整するべきでした……」とうなだれた。ほかに親戚もなく，保証人なしで借りられる物件を探すことにして，じっと聞いていた南さんに「退院したらお知らせしましょう」と言うと黙ってうなずいた。

財産管理は病院にお任せしますと南さんが言い，退院後は通帳を預かれないと柳下PSWに言われると「盗まれないかしら……預かってもらえますか」と私の顔を見上げた。「一人暮らしのお年寄りや障害のある方の不安としてごもっともですね。お手伝いする仕組みのご利用を考えましょう」と提案すると安心された。

 協議中に考えたこと

兄姉への南さんの心情をこれまで聞いたことがなかった。保証人の依頼という唐突で重い話だから拒否も仕方ないが，どう受けとめたのだろう。

かつて南さんは医療保護入院で<u>父が保護者</u>⓬だった。<u>兄姉</u>⓭との交流は希薄だったし，長期入院の弊害ともいえる状況は今さら埋められない。疎遠なきょうだいは珍しくないし南さんの兄姉の反応は当然か。でも柳下PSWは責任を感じている。今後の患者さんの家族への働きかけには反映してほしいな。

その後〜アパート探しを始める

市役所へ半年以内に退院見込みと伝え，地域移行支援の延長が承認された。

南さんはピアスタッフとの外出や巽さん宅への外出泊を重ねつつ，調理実習や看護師の支援で小遣い帳もつけはじめた。「無理です」「わからなくなっちゃった」などの弱音を口にしながらも退院希望を維持し，支援者皆で支えた。

２か月後のケア会議で居住先を設定する時期に来たことを確認。他の利用者が

🔟 通販：外出しなくとも必要な物が買えますが, 浪費しないよう利用することが大事です

　南さんに限らず長期入院者のなかには, 外出の機会がなく病院内の売店ですべて賄っている人もいます。南さんの退院後の生活を考えた場合, 通販を上手に活用できるようになることも有益だと白浜PSWは考えています。ただ, 通販は選択肢を増やし生活を豊かにしてくれる反面, 不必要なものまで注文してしまったり, いつのまにか多額を費やしていることもあるため, 金銭管理がうまくできるかどうかで益にも害にもなる資源といえます。

11 老齢年金：今後の生活を支える経済的資源の一つとして受給の可能性を見積もっておきます

　南さんは若いときに就労しており, 現在は障害厚生年金の2級を受給していますが, 65歳になると老齢年金の給付対象になるため年金加入状況によってはどちらかを選択することができます。南さんが老齢年金の受給要件を満たすかどうかは, 年金保険料の納付または免除されている期間などを南さんの住所地である市の年金窓口で調べる必要があります。

　高額の預金があり, すぐに経済的な心配はありませんが, 将来を見据え, 使えそうな資源について検討しておくことは選択肢を増やすことになります。

12 13 父（元保護者）・兄姉：関係性や法的役割によって期待できる協力内容は異なるため, 現状に即して活用の可否を考えます

　かつて医療保護入院には「保護者制度」が適用されていましたが, 2014（平成26）年4月施行の精神保健福祉法改正で, 高齢化した家族の過重負担などを理由に廃止されました。南さんはそれより以前からすでに任意入院のため, いずれにしても精神保健福祉法に義務規定された保護者はいません。

　柳下PSWは自分の調整不足を反省していますが, 白浜PSWは血縁だけを根拠に兄姉を頼るより, 家族をあてにしない発想で別の資源活用を考えようとしています。ただし, 柳下PSWが今回の反省を活かして今後の自身の役割として家族間調整を意識するようになることは, 疎遠になりがちな家族との関係性の維持に貢献できる場合もあるでしょう。

住むアパートの家主の <u>Y不動産</u>[14] に相談したが，空室がないからと知人のＪ建設社長を紹介してくれた。そこで南さんの同意を得て交渉することになった。

退院先の設定に向けたＪ建設社長との賃貸交渉について

　Ｊ社長は市内にアパートや貸家をもつ地主らしいし，保証人なしの賃貸契約を交渉しよう。南さんが気に入る手頃な物件があればいいな。当事業所の定期訪問と緊急時対応や，預金があり家賃滞納の心配はないことを説明しよう。ただ，単身高齢者だし，念のため <u>保証人協会</u>[15] の活用にも言及すべきか。

Ｊ建設で社長Ｊ氏に挨拶し交渉する

　事業所の <u>パンフレットと名刺</u>[16] を持参し，身寄りが少なく保証人はいないが親の遺産がある，入院中の障害者のため家探しを手伝っていると説明した。

　Ｊ社長は高齢の女性で，そろそろ経営を息子に引き継ぐため面倒は避けたいがＹさんとは長い付き合いだから厄介がなければ考えてもいいと言われ「もう体はいいの？　なんの障害？　自分で家探しもできなくて一人で暮らせるの？　保証人がいないんじゃ，なんかあったら誰が責任とってくれるの？」と次々聞かれた。

　「今度はご本人と一緒に参ります。保証人は……」と言うと「あんたは？」と返された。「私どもは市役所の委託を受けて支援させていただきます。定期的に訪問し家賃を滞納しないよう確認したり，緊急時の対応もいたします。ただ，職員は異動もありますし，保証人としてはお手伝いできないんです」と答えた。

　「ふん，じゃあとにかく連れていらっしゃい。保証人のことはそれから考えるから。おたくがちゃんと責任もってくれることは間違いないのね？」

　「ええ，支援者としてできることはさせていただきます」と応じた。

Ｊ社長と交渉しながら戦略をめぐらせる

　Ｙ不動産は家賃さえ払ってくれればいいと言うし，障害のある人をいたわる人情味がある。長年のお付き合いで理解もしていただけているが，Ｊ建設は手広く事業展開している普通の不動産業者だ。でもＪ社長は太っ腹で姉御肌な感じもするし，脈があるから諸々尋ねてくるのだろう。精神障害についてどこまで理解してもらえるかはまだ判断がつかない。入院中とは伝えたが精神科とは

14 Y不動産：これまでに開拓してきた精神障害者にも理解のある不動産業者を今回も活用します

　賃貸契約の際，精神科病院の入院歴や精神障害があることが問題視され，物件紹介を渋られることがありますが，一方でC市のように精神科病院が複数あり地域移行が進むことで，理解ある業者が増えてきている地域もあります。

　南さんに兄姉の協力が得られないと確定した段階で，白浜PSWはこれまでに実績のあるY不動産に相談し，そこから同業者ネットワークによりJ建設という新しい資源にもこぎつけました。このように1件の支援を通じて資源が開拓されていきます。

15 保証人協会：不動産業者の要請に応えるためのツールを想定します

　所定の費用を支払うことで業者が規定する範囲の保証を受けることができます。南さんの高齢，障害，単身という特性から不動産業者が保証人なしでは物件を貸したがらない可能性が高いと想定する必要があります。しかし，南さんの希望をふまえ，またC市の地域特性から比較的安価な物件があること，これまでの経験でY不動産のように保証人なしでも貸してもらえる前例があること，さらに南さんを今後も支援する複数の関係者やそのネットワークを構築できていることなどから，白浜PSWは実際の活用というより不動産業者への交渉材料の一つとして保証人協会の情報を用意しておこうとしています。

16 パンフレット・名刺：保健医療福祉の関係者以外に対して障害者総合支援法や障害福祉サービスを周知する目的も含み使用します

　Y不動産の紹介でちまたの不動産会社J建設に出向くにあたり，白浜PSWは自己紹介だけでなく障害者総合支援法の仕組みや障害福祉サービスについても説明することを考えています。今回は南さんの退院先探しのための訪問ですが，今後も多数の地域移行を支援するであろうことを想定し，地元不動産業者との息の長い関係性の構築をもくろんでいます。そのためには自身や事業所が信頼に足るものであることを説明できることが必要であり，市役所の委託を受けていることもあえて発言し，公的な信頼があることをさりげなく伝えています。

言わず，南さんの個人情報はまだ明かさないでおこう。

　保証人になれないことは率直に言うしかないが，私たちの支援を信頼してほしい。責任について安請け合いはできないが，南さんに関しては問題ないだろう。保証人なしでも借りられる可能性はありそうだし，さっそく南さんをお連れしよう。

病棟で南さん，柳下PSWとJ建設の訪問に向けて話し合う

「南さんに何かあったときにどうするか聞かれるので作戦を立てましょう。退院後も私たちが支援するのはいいですか」と切り出すと，「お任せします，お世話になってるし退院してもお願いしますよ」と南さんは心細そうな顔をした。

　柳下PSWが「当院は**外来受診**[17]と**訪問看護**[18]くらいで，**デイケア**[19]は……来ます？」と尋ねると，南さんは「OTさんにも聞かれたけど，お断りしました。ゆっくりしたいです」と言う。「過ごし方は南さんが決めればいいんですよ，何を利用するかを検討しているだけですので。大家さんから，家賃滞納や家で具合が悪くなったときのこと，ご近所に迷惑をかけたりしないかなどを聞かれるかもしれません。礼儀正しさや真面目な印象は大事です，どうですか？」と尋ねた。

　「払いますよ，ちゃんと。迷惑なんかかけませんって。薬も飲むし」と柳下PSWのほうを見た。「そうですねぇ，なんかあったら外来に来てもらうか，夜も当直者に電話してもらって何とかなるかなぁ」と後半は小さな声になった。

　「私たちも自立生活援助といって，定期的にお訪ねしたり，必要なら随時訪問もできます。どの辺に住むかにもよりますけど。事業所の近くだと支援しやすいけれどそんなことで退院先を決めるのもねぇ」「いいですよ，白浜さんにこれからもお願いします。巽さんの家も近いし病院にも来るし」と言われた。

　J建設に行く日は，特に**身だしなみに気をつける**[20]ように念を押した。

面談中に今後の支援について見通しを立てる

　南さんは真っ先に柳下PSWのほうを見た。やはり頼りにしているのだ。それに当事業所の利用は南さんのなかでは前提になっていることが確認できた。

　医療的サービスは，服薬確認にも訪問看護がいい。デイケアも安心材料になるが，病棟や巽さんの家での過ごし方を聞く限りまったり過ごすのが現実的だ。あとは事業所の**夜間緊急電話**[21]対応か。湊さんが紹介してくれた「ふくろ

17 外来受診：退院後の通院先は自由に選択できますが，A病院の外来も選択肢の一つとなります

　通院や服薬継続の必要性は，以前より主治医から南さんと支援チームに伝えられているため，南さんも理解しているものと思われます。ここでは賃貸物件の契約の成否がかかる不動産屋の訪問に向けて，退院後の支援を白浜 PSW や柳下 PSW が継続することの同意を得たうえで，通院先として柳下 PSW が A 病院の名をあげた形になります。退院後に必ずしも同病院に通院しなければいけないことはなく，利用者の選択に委ねるのが本来のあり方です。

18 精神科訪問看護・指導：退院後にA病院とのつながりを保つ方法の一つで，服薬の確認や不安感の軽減などに有効な医療サービスです

　南さんは巽さん宅の外泊時も退院前訪問指導を利用しているので，イメージしやすい支援です。利用料は保険適用で自立支援医療（精神通院）も使えます。訪問者は看護師，精神保健福祉士，作業療法士等で，2 職種同時に訪問することもあります。南さんの場合，具体的な医療行為よりも初めての一人暮らしで必要な，病気や治療に関する助言や情報提供，外来診療の主治医とのつなぎ役等の役割と，生活能力の向上のための働きかけを月 1 〜 2 回程度行う想定です。

19 精神科デイケア：外来患者のリハビリテーションプログラムとして選択肢の一つにあげています

　南さんは家でのんびり暮らしたいという意向であり，毎日どこかに通うことは考えにくいですが，起床から就寝まで日課に沿った生活を長年継続しており，その枠組みが一切なくなる生活にメリハリをつけることは今後の課題になるでしょう。使える資源として A 病院のデイケアもあげられましたが，これを受けて白浜 PSW が「過ごし方を決めるのは南さん」と明確に伝えた点は重要です。

20 身だしなみに気をつける：不動産会社では賃貸物件の契約者となる南さんが信頼される必要があります

　白浜 PSW は J 建設との道筋をつくりましたが，実際にこれを利用するのは南さんですから，本人が礼節をもって業者に出向く必要があります。長い入院で外出もしないと，よそ行きの服装をしなくなりますが，TPO をわきまえない服装のために資源活用の機会を閉ざしてしまわないように助言しています。

う電話」[22]もさみしいときなど利用できるだろう。自立生活援助は，南さんは要件に合うし退院時から開始したい。市も支給決定してくれるだろう。退院先の住所は未定だが，南さんの利用資源分布も見て最寄り駅も考えておこう。兄姉には身体疾患や死亡など加齢に伴う課題を知ってほしい。突然死のおそれもあるし，お墓については柳下PSWに聞いてみよう。

その後，J建設で賃貸契約し退院する

　南さんの上品な様子や，ホームヘルプサービス，訪問看護等の説明に安心したJ社長は「私も歳だからお互いさま。なんかあったら白浜さん，よろしくね」と，当事業所と同じ最寄り駅近くのJ建設の所有物件を保証人なしで貸してくれることになった。古いが鉄筋でエレベーター付き，狭くとも2部屋あり南さんが気に入って即決した。契約書の欄外に当事業所を緊急連絡先として記載した。

　1か月ほどで家財道具を揃え，退院前の外泊と退院前訪問看護の実施，**在宅でヘルパーとの個別支援会議**[23]を行った。退院日には当事業所の車で湊さんと私が付き添い，主治医や担当看護師に見送られて南さんは笑顔で退院した。

　現在は週3回のホームヘルプサービス，月2回の訪問看護，当事業所の自立生活援助で金銭管理も支援しつつ日常生活自立支援事業の貴重品預かりで定期預金通帳を管理。南さんは巽さんと家の往来をしながらのんびり暮らしている。

支援を振り返って

　いきなり単身生活は困難と考えGHを勧めたことが，結果的にアパートの希望を強化させた。それだけ南さんの思いが明確だったのだ。巽さんの励ましやお宅への外出泊は有効だった。市内に体験宿泊施設がないし，巽さんの協力の意義は大きい。湊さんや他の退院患者さんの話を聞ける機会も役立った。

　院内のスタッフは管理的な側面や型通りの提案もあったが，主治医をはじめ看護師長を中心として退院に向けた支援に尽力してくれた。柳下PSWも次第に積極的に課題を見つけて取り組んでくれるようになり，打ち合わせなしでもPSW間の阿吽の呼吸がつくれた。これは今後の支援にも活かしたい。

　自立生活援助が始まり当事業所も報酬算定できるし，きめ細かく支援できるのでタイミングもいい。次のサービス担当者会議で報告するのが楽しみだ。

21 夜間緊急電話：不安が増したり身動きできないとき，眠れないとき等に利用できる手軽な資源です

白浜 PSW の所属する B 相談支援事業所は，地域定着支援を実施しているため24時間体制で障害者の相談に応じており，夜間は職員が輪番で緊急用の携帯電話を所持して対応しています。このほか精神保健福祉センターでは症状悪化などの際に夜間救急の電話窓口を開設しています。南さんの場合は，当面は A 病院の当直者に対応してもらうこともできると思われます。

22 「ふくろう電話」：地域にある独自の取り組みも情報収集して支援に活用します

C 市では，一人暮らしの人など誰でも気軽に使える電話相談としてボランティア団体が夜間の話し相手ボランティアを行っています。ピアスタッフの湊さんも携わっており自身の経験も含めて南さんに紹介していたため，必要があればこれを利用してもらうといいと白浜 PSW は考えました。

23 在宅でヘルパーとの個別支援会議：南さんが利用する場所である自宅で会議を開きます

南さんは，調理や洗濯，ごみ捨て等にヘルパーの支援を受けることになるため，病棟や事業所よりも南さんの暮らしの場となる自宅での会議を設定し，実際に生活環境をみながら協議することで，利用する側も支援する側も具体的にニーズを申し出たり支援内容や方法をイメージしたりしやすくなります。

まとめ ▶ ▶ ▶ 資源開拓は個別支援の延長

当市には精神科病院が3か所あり，県内でも病床数の多い土地柄から，地域移行支援によって退院した人や，その支援を通じて開拓された資源がすでにあります。白浜 PSW は活用のタイミングを見計らいながらそれらを南さんの支援に導入していきました。こうした資源の活用は，一朝一夕にできるものではありませんが，本節での J 建設の開拓にもみられるように，1事例の支援を丁寧に行うことがスタートラインとなります。さらに白浜 PSW は今回の支援を通して感じた C 市や A 病院，また柳下 PSW の課題についても考察しています。次節ではその具体的な展開をみていきます。

第 **4** 節 ▶ [創る]

南さんの地域移行支援が生み出したもの

A病院の退院支援委員会に参加するようになる

　南さんの支援をきっかけに，A病院の退院支援委員会に地域援助事業者として呼ばれるようになった。退院支援の一環として<u>長期入院者についても退院支援委員会</u>❶が始まったという。ある日，柳下PSWより「今後の当院の地域移行支援について相談したい」と電話があり，事業所で会うことになった。

> **電話を切った後，A病院の退院支援委員会について考える**
>
> 　委員会では医療保護が必要か疑問なケースもあるが，夜間は閉鎖するため任意入院に消極的な医師がいるからだと聞いた。<u>病院に住民票のある国民健康保険単身者や生活保護受給者</u>❷も多いようだし市内に退院する人は多いだろう。
> 　柳下PSWは南さんを支援するうちに行動が変化した気がする。<u>PSWとしての思い</u>❸が強まった印象だし今後も一緒に何かできたらおもしろい。

事業所で柳下PSWより今後のA病院での取り組みの相談を受ける

　「昔ながらの精神病院なんで職員全体の意識は古くて，抵抗とか無理と決めつけちゃってるというか。退院支援委員会に白浜さんたちを呼ぶのも賛否あるし他の事業所は呼べてません」とのことで，病院改革について考えることにした。

> **柳下PSWの話を聴きながらこれまでの経過を振り返る**
>
> 　A病院は，事業所開設時に挨拶に行ったら障害者自立支援法のこともよく知らないようで怪しまれたしPSWも素っ気なかった。地域移行支援の1例目は生活保護受給者で，熱心な<u>市の保健師</u>❹から依頼されたけど，病院スタッフは地域支援体制の変化や現状を知っていたのかな。自立支援協議会にも来ていないし，こちらの働きかけや情報提供も不足していたなあ。

解説　**01**は社会資源，**01**はPSWの視点や技術を解説しています。

01 長期入院者に対する退院支援委員会：法的規定とは別に，必要性を考慮した病院独自の取り組みです

　精神保健福祉法では2014（平成26）年4月1日以前の医療保護入院者に対する退院支援委員会は「開催できる」規定になっており，開催が必須ではありません。しかし，A病院が長期入院者にも適用し始めたのは，退院に向けて多職種が検討するオフィシャルな機会の有用性を実感したためではないでしょうか。そして，その背景には南さんへの個別支援会議の手応えを実感したスタッフの存在や，柳下PSWの働きかけも推測できます。

02 病院に住民票のある国保単身者や生活保護受給者：市町村行政の関与が強いことから連携構築を模索します

　A病院に限らず精神科病院の多くは民間（私立）ですが，障害福祉サービス事業所は都道府県の指定を受けて障害者の地域移行や生活支援を担っています。さらにB相談支援事業所はC市の委託を受けており，市の精神保健福祉を考える役割があります。C市との官民協働の体制を築くため，行政の関与が強い長期入院者への支援をきっかけにできないかと白浜PSWは考えました。

03 PSWとしての思い：柳下PSWの行動の変化に同じアイデンティティを感じ，今後に活かそうと考えています

　白浜PSWは南さんを支援する過程で，柳下PSWの専門職としての力量について見定め，時には心許ないと感じたり以心伝心の行動に喜んだりしてきましたが，これまでどちらかというと受け身に見えた柳下PSWがA病院について客観的に見ようとしていることを感じ，その視野の広がりを心強く感じています。職場が違ってもアイデンティティを共有できる仲間の存在は，地域への働きかけにおいて大きな力となります。

04 市の保健師：地区担当で精神障害のある人の健康管理や退院支援の担い手です

　精神保健福祉士とは異なる立場から，地域で生活する精神障害者を支援する専門職です。白浜PSWの他の利用者への支援では連携することもあります。

A病院の現状について柳下PSWに尋ねる

「全320床で入院患者層はどうですか」と尋ねると「今は300人弱で，療養病棟が中心で長期入院が多いです。介護保険病棟は要介護高齢者がいてショートステイもあるし高齢化しています」という。「平均在院期間や，どの地域の人が多いかとか，退院可能者数は？」「ええと，データベースをみないと。退院可能な人は……結構いますかね，施設とか家族同居も含みますよね……」と心もとない。

 A病院について地域側からみた印象を振り返る

市内3か所の精神科病院のうち <u>Q病院</u>[05] は認知症専門。<u>X病院</u>[06] は昔から援護寮や作業所も併設，最近はリワークや発達障害にも取り組んでいる。長期入院者にはうちの事業所も使ってくれるが，系列病院への転院で入院を短期化している。<u>A病院</u>[07] の開設は昭和40年。デイケアや介護保険病棟は時代の後追いでやってきたのかな。南さんの退院支援ではスタッフも協力的だったし警戒心ももたれなかった。言葉遣いはいろいろだが人権侵害は感じなかった。

<u>630調査</u>[08] にPSWは関与していないのか。地域移行支援に取り組むには実態把握が不十分だ。問題意識をもってほしいけど，ほか3人のPSWは若いし柳下さんが10年目で最年長。昔からPSWはいたようだけど，先代の院長先生の運転手もしていたとか。よくも悪くも院内適応していたんだろう。

病院勤務の経験から「地域に開かれた病院づくり」を語る

「私は障害者自立支援法施行前に病院を退職したのですが，退院促進が始まったときにいろいろ工夫したので，ヒントになれば」と次のように話した。

「<u>入院患者とデイケア利用者の実態把握</u>[09] を，毎年院内の全職員で行いました。全患者の基本属性，疾患名や病状，家族状況，利用社会資源の有無と内容，退院の可否と適した行先を全職員が評価し，ご本人の退院希望も聴き取る。誰が尋ねるかでご本人の発言も変わるんです。また退院も主治医は『可』というのに，PSWがご家族状況や経済面，生活支援の必要性を考慮し『退院困難』『施設なら可』と判断しちゃう。退院阻害要因が自分たちだったと衝撃を受けました。」

「全職員でって……白浜さんは管理職？」と問われ「仕掛けですよ。きっかけは平成11年の精神保健福祉法改正。14年度からの市町村への業務移管がチャン

05 06 07 Q病院・X病院・A病院：C市内の精神科病床のある各医療機関の特徴を比較検討します

　A病院について考えるにあたり，白浜PSWはC市内の他病院と比較検討しようとしています。C市民やC市で精神保健福祉の仕事をする立場から市内の資源全体を見渡し，そのバランスや各特徴に応じた働きかけも併せて考えることで，A病院の変革を模索する柳下PSWと協働しようとしているのです。

　この3病院は特徴が異なり患者層も重ならないようですが，それは，地域援助事業者として連携する際に異なるアプローチを要することを意味します。

08 09 630調査（精神保健福祉資料）・入院患者とデイケア利用者の実態把握：医療機関の実態を統計的に概観し，課題分析に活用します

　630調査とは，各自治体が毎年6月30日時点の統計数値を厚生労働省に報告し，公開される情報の通称です。国や都道府県レベルでの地域課題の把握や医療計画等の策定，施策推進のための基礎資料とされ，柳下PSWがA病院での調査に携われば院内の課題についてエビデンスをもって考察することができます。また，院外の立場である白浜PSWは，各病院のデータが公表されれば，C市の課題を考えるための資料として活用できます。課題の分析には実態把握が欠かせません。柳下PSWがA病院の今後を考えるためにはまず院内の実態を把握すること，そのための方策を白浜PSWは一緒に考えようとしています。

コラム　平成11年の精神保健福祉法改正：事態を動かす好機

　かつて，職場の所在する地元の市町村役場がなぜ精神障害者を「障害者」として扱わないのか疑問に感じていました。当時は保健所が精神保健福祉の第一線機関で，精神障害者に関する情報は市町村になかったのです。また，勤めていた精神科病院が地域の実情やニーズに応える精神科医療，福祉を提供できる機関であってほしいと願いながらも，一組織のありようを変えることは容易ではありませんでした。平成11年の法改正により転換されることになったとき，その機をとらえて院内改革をもくろみ，「これからは市町村の時代」というキャッチフレーズで市役所への働きかけを意識した行事を増やしていきました。それが奏功して，この市では精神保健福祉士の採用を決めたり，ピアカウンセリング事業をいち早く実施したりするようになりました。

　法改正や施策の転換のタイミングというのは必ずあります。

スだと思い，院内勉強会で社会の動きをみんなで学び，当院も見直そうと提案しました。経営方針を病床削減や外来・訪問中心に変えてほしくて。」

 柳下 PSW に昔の経験を話し，作戦を提案しながら考える

　2006年前後に都道府県事業として退院促進支援事業を展開するために，精神保健福祉センターなどの主導で<u>県の精神科病院協会</u>❿に協力依頼し，在院患者の実態把握をしていたが，A 病院は協力しなかったのだろうか。

　当時の私は人事権のある管理職ではないけれど，相談室長だったから役職者会議に出ていた。そこに調査の企画案を出すときは工夫が必要だった。PSWのように専門職団体に入っていて法改正の知識や情報を得ている人は少なかった。そのせいか通院医療費公費負担や障害者手帳申請の手続きをどうしていいかわからないと事務職員から声が上がったので，勉強会をしようと提案し，教育熱心な看護部長が積極的だったのも後押しになった。400名近い入院患者の調査とデータ集計には相談室の PSW が総出で連日残業したっけ。今は電子カルテで<u>情報がデータ化されている</u>⓫から労力は減らせるが，退院可否の判断と，本人の希望をしっかり聴くことが重要だ。当時，約4割の人は何らかの形で退院可能と判断されて自分の仕事ぶりを反省したなぁ。

　市町村との付き合いは生活保護ケースワーカーとの連携しかなかったが，今後は市町村の時代だという雰囲気を院内につくっていったのだった。

地域の資源の活用と創出の取り組み例を語る

　「保健所が平成14年の市町村移管に向けて始めた退院促進のための地域会議も利用しました。今の市町村自立支援協議会の前身ですかね。参加者は，保健福祉圏域内の医療，福祉関係者と当事者，家族会，自治会長など。<u>各職場や団体の課題</u>⓬を報告し合い，それを退院促進と絡めながら考えようとしたんです。退院はゴールじゃないしね」。うなずく柳下 PSW に「今度の自立支援協議会で A 病院の実態を報告して一緒に地域移行の課題を考えませんか？」と提案した。

　「はい……院長の許可を取らないといけませんけど，やりたいです」「病院にとってもメリットがあることをぜひアピールしてくださいね」と伝えた。

10 県の精神科病院協会：精神医療施策の展開には精神科医療機関の全国組織の支部との連携が欠かせません

　精神科病院協会は，精神科病院同士の横のつながりを支える組織として，情報集約や定期的な会合による情報提供，意見集約をしています。柳下PSWがC市内や同県内の他の精神科病院の状況をどの程度把握しているかは不明ですが，院内上層部に働きかける際も同県内の他病院の情報を活用すれば説得力をもたせることができます。また行政機関や白浜PSWのように地域援助事業者の立場からは，病院協会から認知され，よい関係を築くことも大切です。

　なお，精神保健福祉士を対象として精神科病院協会主催の研修会もあります。

11 データ化された情報：IT活用により，個別支援の展開において収集した情報をデータ化し蓄積します

　現在は多くの医療機関で電子カルテが導入され，また障害福祉サービス事業所においてもパソコンによる書類作成は一般的になっています。それらの記録等を集計できるようにし，そのデータを蓄積すれば，職場における統計資料の作成が省力化できるでしょう。統計的には把握しきれない個別の事象や教訓もありますが，個別支援からより広範な課題の存在が浮き彫りになることもあります。

　白浜PSWは，柳下PSWがA病院内で上層部に働きかけるためにも，データ分析に基づく提案ができるような資料づくりを示唆しているのです。

12 各職場や団体の課題：社会資源の活用や創出は，ニーズの充足や課題解決のための手段です

　利用者への支援や専門職としての課題解決を追求するとき，所属組織や地域または法制度の限界に突き当たることがあります。これらは資源開発や政策提言のための根拠となるものです。一機関では達成できないことを「この地域の課題」としてとらえるところから資源創出を進めようとしています。

A病院のことを自立支援協議会で報告する意義を考える

　当時，市職員は精神障害が対象になる不安を述べていたが，病院住所の患者さんや生保（生活保護）・国保（国民健康保険）の人が多く，これらの人が退院すると市の財政縮減になると市役所の障害福祉課長さんには説明した。今も「精神障害にも対応した地域包括ケアシステム」構築[13]のために行政職員が苦労しているのは少し似ているかな。

　次の会議で地域精神保健医療福祉資源分析データベース（ReMHRAD）[14]も参照し，当市の資源をアセスメントし直す提案をしよう。南さんの支援で足りなかったのは体験宿泊施設や高齢と障害に対応できる居宅介護事業所だ。ピア活動も組織化したい。A病院の長期入院者を地域課題とするためにもデータを報告してほしいな。調査に取り組めば病院の意識改革にもなるだろう。

柳下PSWより院内での動きが知らされる

　「630調査の結果と入院患者データベースからC市民が多いことはわかったので，退院可否の検討を始めます。白浜さんが昔やった調査の項目，教えてもらえますか」と尋ねられたため古い書類を探して送った。

　1か月後に，実態調査と協議会での報告について上から承認されたとの電話。「当院の宣伝，新規患者獲得と地域のニーズ把握が目的」と説得したそうだ。

 自立支援協議会に向けて

　柳下PSWを協議会に呼ぶ件は協議会参加者に先に了承を得よう。南さんの地域移行支援の振り返りをするので関連づけられる。いずれQ病院やX病院にも依頼したいな。ReMHRADでC市民の入院患者数も把握しておこう。

2か月後。自立支援協議会・地域移行部会で協議

　私から南さんの地域移行支援の経過報告後，柳下PSWがA病院の実態調査結果を配付し概要が報告された。C市の住民が入院患者全体の約5分の1（58人），その半数以上（32人）が病院住所や生保受給者。医師，看護師，PSWの協議で

⓭ 「精神障害にも対応した地域包括ケアシステム」構築：国の施策を上手に活用して官民協働による地域づくりを目指します

　長期入院している精神障害者の地域移行を進めるとともに精神障害者に対する差別・偏見のない地域社会をつくるためには，自治体を含めた地域精神保健医療福祉の関係者や地域住民が一体となって取り組む必要があることから打ち出された施策です。

　C市の自立支援協議会でも基盤整備量の目標値設定のため，地域に移行できる入院患者の実態把握などに苦労していますが，A病院が協議会で退院可能者数などのデータを公表してくれれば，基盤整備量の目標設定にも役立つと白浜PSWは考えました。地域との連携体制を強化することはA病院にとってもメリットとなるはずで，柳下PSWの参加をきっかけにA病院を含むC市内3か所の精神科病院も積極的に地域精神保健福祉体制づくりに携わってほしいという思いをもっています。

⓮ 地域精神保健医療福祉資源分析データベース（ReMHRAD）：地域状況の俯瞰と資源創出に向けて研究成果物を活用します

　障害者総合支援法の各サービスの事業所（精神障害のある人向けの支援あり）の多寡と位置情報，精神科病院に1年以上入院している人の状況（現在の所在病院・元住所地の市区町村），救急医療体制の整備状況等が都道府県・市区町村別にデータベース化されています。

　C市に住民票のある1年以上の入院患者がどこに何人いるかを把握することでC市に退院してくる人数や，障害福祉サービスのうち何がどのくらい必要かを想定するための基礎データとなります。白浜PSWはこのデータとA病院をはじめ各病院から提示されるより具体的な数値を把握できれば，C市の障害福祉計画の策定やB相談支援事業所としての今後の取り組み課題も鮮明にできると考えています。

退院可能と判断された患者数は，施設入所が妥当の人を含めると20人，またC市民58人中39人が退院を希望。A病院の全入院患者の約3割が退院可能との結果に，院内でも今後の取り組みを検討する会議が発足したという。

> **協議会の最中，市の精神保健福祉の資源について考える**
>
> 　柳下PSWは，この短期間でよくやった。院長方針があるとはいえ，従来の他職種との連携がなければスムーズにはできないことだ。
> 　ReMHRADのデータでC市民のうち1年以上の入院者数は95人だったが，A病院の入院者が一番多いのか。退院可能者が20人とは驚いたが地元の人が多いわけで，この人たちが地域に戻れるように頑張らなければいけない。
> 　好事例である南さんの地域移行支援の報告をしたこともあり，市主催の**ピアサポーター養成講座**⓯や，**不動産業者**⓰向けに賃貸物件の積極的活用の協力依頼を検討することになった。Y不動産に加えてJ建設も地元で手広く賃貸物件を扱っていることがわかったので，うまい形で今後も活用する仕掛けができればと思う。**居住サポート事業**⓱も実施できないだろうか。

協議会の終了後，もう一つの経験を柳下PSWに話す

　「さて，今後はどう取り組めばいいのか……。事務長は収益が減ると言うし，地域移行支援を知らない看護師もいるし」と話す柳下PSWに「私が病院にいたときも同じような感じでしたよ。それで作戦を練って『○○病院関係機関連携会議』っていうものを院内で開く提案をしました」と概要を話した。

　「なじみの関係者に，当院への要望として述べてほしいことを根回ししたりね。例えば，病院では訪問看護は不採算なので廃止との意見もあったから，ニーズの高さを述べて存続を後押ししてもらったり。これからはグループホームが必要だとも言っていただきました。外からの声には聞く耳が違いますよね」

　「なるほど，院内で体験宿泊施設をつくれないかなって，南さんの支援を通して考えたんですけど，外から言ってもらうといいんですかね」と目を輝かせた。

15 ピアサポーター養成講座：入院経験の有無にかかわらずC市で生活する精神障害者に支援者として活躍してもらう場をつくる目的です

　多くの都道府県や市町村，法人等が人材発掘と担い手の育成に取り組んでいます。白浜PSWが，C市自立支援協議会で南さんの支援において当事者が果たした役割の大きさを報告したこともあり講座を開くための検討が始まりました。元気回復行動プラン（WRAP）やアクティブリスニングの方法を学んだり，現在活躍するピアサポーターから具体的な活動について話してもらったりしようと考えています。

16 不動産業者：長期入院者の退院阻害要因を軽減させるため，地元不動産業者の理解の促進に取り組みます

　C市には賃貸住宅が比較的多くあり，生活保護の住宅扶助範囲内でも物件を見つけることができます。ただ白浜PSWがこれまで支援しているなかでは保証人不在のケースや，高齢の単身者となると物件が見つかりにくい傾向を感じていました。この機会に事業所としても地元不動産業界をさらに巻き込むことをもくろみ，普及啓発も併せて行いたいと考えています。

17 居住サポート事業（住宅入居等支援事業）：住居確保のための施策にC市が踏み出すよう働きかけたいと考えています

　障害者総合支援法に基づく市町村地域生活支援事業の一つで，賃貸契約による一般住宅（公営住宅及び民間の賃貸住宅）への入居を希望するものの保証人がいない等の理由で入居困難な障害者等に対して，入居に必要な調整や家主等への相談・助言も含めて支援するものです。全国的に実施は少なく，C市も未実施ですが，白浜PSWはこの機会に市が前向きになってくれればと考えました。

協働できる仲間や使える資源を増やすことを考える

　PSW以外の院内スタッフのために地域の関係機関の生の声を届けてもらおうと考えた会議だった。一番関心をもってくれたのは市役所の障害福祉課長だったし，保健所や地域活動支援センターのPSWは常に連携し，PSW協会でも一緒に活動していたから，根回しはしやすかった。

　こちらの目的に合わせて外部の関係者からいかに説得力ある発言をしてもらうかを練っておけば成果は得られる。そのための仕掛けづくりを一緒に考えてくれる仲間がいることは大きい。私の場合は看護部長や診療部長が前向きだったのは幸いだったし，何よりもPSWの後輩たちに恵まれていた。

　A病院の場合，南さんの入院していた病棟の看護師長とか，薬剤師さんなどもいい感じで地域に目を向けている人のようだった。それに市役所の障害福祉課は地域包括ケアシステムの構築に向けて病院と連携したがっているから，根回ししておけば協力してもらえるのではないだろうか。今は理解が進んできたが，民生委員等は担当地区の精神障害者への支援での苦労もあるだろうから，情報交換には喜んで応じてくれるだろう。

　実態把握しただけでは何も変わらない。退院希望を聞かせてくださった多くの患者さんの思いをきちんと受けとめなければいけないのだ。A病院の職員が中心になるべきだけれど，私たち地域援助事業者にも責任はある。

　南さんみたいに長期入院で単身生活の経験もなく，社会で暮らすことのイメージがわかない人には，院内にちょっとした個室をつくって，最初はそこで寝泊まりしたり自炊体験してみるだけでもいいかもしれない。

1か月半後，A病院の会議開催の連絡を受ける

　柳下PSWから院内での会議開催の連絡をもらった。空床が増えて危機感を募らせている事務長に，地域のニーズを発掘するために関係機関との連携会議を提案し，市役所でも同様の会議があるが，院内で会議をしたほうが効率的だと説明したそうだ。全部署の役職者が出席予定だという。

　地域移行支援や自立生活援助を提供していて感じるA病院への要望として，宿泊体験施設の設置や**アウトリーチ支援**⓲に関する期待を述べてほしいと依頼された。私は，喜んで参加させていただく，**資料**⓳をつくって持参すると答えた。

18 アウトリーチ支援：障害福祉サービスとは異なる医療的な支援を必要とする人へのサービスを考えます

　障害者総合支援法の地域相談支援として，障害福祉サービス事業所からの自立生活援助や地域定着支援におけるアウトリーチ支援があります。一方，退院直後や病状の不安定な人，通院や服薬が途切れがちな人などには医療機関からの多職種によるアウトリーチ支援として，訪問看護・ACT（包括型地域生活支援プログラム）や往診があります。診療情報を共有しながら主治医を含む多職種が訪問することで重度の精神疾患があっても在宅生活を継続できる場合があります。長期入院者の地域移行を進めれば地域生活を送る精神障害者が増えることから，医療機関によるアウトリーチのニーズも高まることが想定されています。

19 資料：新たなサービスの実施や施策を提言するには，根拠資料があると説得力をもって要望することができます

　白浜 PSW は地域移行支援・地域定着支援，計画相談支援等を実施するなかで精神障害者の地域生活を支えるには行政機関との連携に加え，医療機関との連携が欠かせないと考えています。これまでに支援した人たちのなかでも，安心して地域生活を送っているのは医療機関を上手に活用している人が多いことも実感しています。そこで，支援事例を統計的に分析して，これからの C 市での地域精神医療を考えるうえで有効な提言を A 病院にも届けようと考えました。

コラム　　○○病院関係機関連携会議

　私が病院に勤めていたときに，院内の各職種の役職者と行政機関，障害福祉サービス事業所，市社協当事者会，家族会，自治会，民生委員協議会の代表等が一堂に会する場として企画提案し，年に 1 回開催していました。きっかけは市役所職員から「精神障害者はみんな入院しているんでしょ」と言われたことでした。

　病院が積極的に関係機関と連携する姿勢で入院患者の概況や外来，デイケアの利用状況等を共有し，関係者から当病院への要望を聴く機会としました。医療スタッフに病院の外の地域を意識した思考や活動を促進する効果があり，地元市役所にも精神障害について考えてもらう機会となりました。

A病院とC市の精神保健福祉の今後を考える

　今後はどの病院も外来中心にしていかざるを得ない。A病院では多数の退院可能な入院患者もいるようで，病床削減や外来医療へのシフトの過程で工夫しないと経営も苦しくなる。柳下さんが事務長にアプローチしたのは，目の前の患者さんへの支援を通して病院の経営にも目を向けるようになったからだろう。関係機関の多様な声を聞けば，C市という地域にある自分の職場を見直すことにもなるだろう。

　C市は近隣他市に比べても病床数が多い。入院患者さんたちのさらなる地域移行を想定したら障害福祉サービスはもっと必要だ。他病院に働きかけるうえでも一緒にC市の精神保健福祉の課題を考えていけるよい仲間ができてうれしい。これから高齢化している長期入院の人の看取りの課題も大きくなるのではないか。どこにいるにしてもいずれ人は死ぬことになるし，そのときに納得して自分で死に場所を選べるような支援のあり方も今後は考えていきたい。

第4節 [創る] 南さんの地域移行支援が生み出したもの

まとめ ▶ ▶ ▶ ミクロの支援の積み上げがマクロの支援に通じる

　南さんの支援を通して得られた2人のPSWの連携関係は，その後の各所属機関やC市の精神保健福祉を考える共同体へと発展していきました。このように一人の方への丁寧な支援が，強い連帯や，より広域の課題を見渡すネットワークへと発展していきます。その際には，白浜PSWは「印象や思い」だけでなく量的データや，実践の蓄積による根拠に基づいた資料を活用して説得力ある発言を心がけています。また，一つの取り組みが複数の人や機関の課題に応えるものとなるよう，広い視野で全体を見渡す発想をもっていました。

　南さんへの支援は，地域移行支援の実績としては「1」としかカウントされない実践かもしれません。しかし，多くの資源の発掘や創出につながり，地域課題の発見や今後のC市における精神障害者の支援の進展にも貢献するものとなっていくことでしょう。

75

第2章

働きたい思いに寄り添い，地域の障害者雇用への機運を高める

事例：玉川 PSW（障害者就業・生活支援センター勤務）

本事例の舞台

▶ クライエント情報, 主な登場人物

森さん：20代・男性。学業は優秀であり, 高校は地元の進学校を卒業し, 有名私立大学に現役合格を果たした。最終学年となり就職活動を行うが, 採用試験で不合格が続き, そのまま卒業を迎えた。その後も就職先が見つからず, やがて不安感・不眠症状が出現。心療内科を受診し, 「うつ病」「発達障害」と診断された。治療によりうつ病の症状は改善し, 就職活動を再開させた。

畑中PSW：精神障害者雇用トータルサポーターとしてハローワークに勤務。勤続10年。

平山さん：L信用金庫にて総務部に所属。森さんの上司。

山田PSW：地域障害者職業センターに所属し, ジョブコーチとして森さんの支援を行う。勤続10年。

その他の登場人物：Cクリニックの北田PSW, 主治医。地域障害者職業センターの福山PSW, L信用金庫で森さんの隣の席の石塚さん

玉川PSW（筆者）：K障害者就業・生活支援センターにて森さんの担当PSW。勤続15年。

▶ PSW所属機関の情報：設置母体・規模・定員数

K障害者就業・生活支援センターは, 一般相談支援, 特定相談支援, 就労継続支援B型, 地域活動支援センターを運営している社会福祉法人が母体となり, 市の委託を受け運営している。所長以下2名の常勤職員と1名の非常勤職員が相談支援を担当し, 他事業との兼務で1名の事務職員が勤務している。

▶ 地域特性

N市は人口約60万人。鉄道や地下鉄など各都市間を結ぶ鉄道網が発達しており, 各駅周辺には高層マンションが増加し, 都心の労働者のベッドタウンとして機能している。一方で, 郊外には農業や植木産業が盛んな昔ながらの田園風景が広がっている。昭和初期から工業都市として多くの出稼ぎ労働者を受け入れ, 発展を遂げてきた歴史がある。また, 外国人住民が全国的にも多い地域であり, 多様な文化を受け入れる土壌が存在する。伝統のある中小企業が数多く存在している

ほか，大企業の支店が置かれていることもあり，経済活動は盛んに行われている。

　精神科病院は市内に2か所あるが，うち1病院は認知症を専門として受け入れているため，実質的には精神科全般の治療を行っているのは1病院のみとなっている。人口規模に比べると不足傾向であり，他市の精神科病院に入院する事例も多く見られる。精神科クリニックは鉄道沿線を中心に10か所，精神科デイケア，ナイトケアを実施している機関は病院とクリニックを合わせて3か所ある。主に精神障害者を受け入れているグループホームは市内に5か所，就労継続支援A型・B型事業所や就労移行支援事業所，地域活動支援センターは各地域に点在しており，障害福祉サービス事業所の数としては充実している。特に，最近では就労移行支援事業所や就労継続支援A型など，障害者就労に関連する事業所の開設が相次いでいる。その他に地域住民が活動する精神保健福祉ボランティアや当事者会，精神障害者家族会が組織化されている。最近では官民共同でピアサポート講座を繰り返し実施し，将来的なピアサポーターの養成に取り組んでいる。

　市より委託を受けている相談支援事業所は10か所，計画相談支援を実施している指定特定相談支援事業所が35か所ある。しかし，地域移行支援の支給決定を受け実施する指定一般相談支援事業所は少ない。自立支援協議会は市単独で設置し，複数の部会やワーキングチームにより構成され，政策提言や地域住民に対する障害の正しい知識と理解を深めるための普及啓発や関係機関向けの研修，講演会を実施している。

▶ あらすじ

第1節　相談者のニーズに寄り添いながら，社会資源を吟味する

　就労希望の森さんはハローワークに相談に行ったところ，K障害者就業・生活支援センターを紹介され，来所。玉川PSWとのかかわりが始まった。

　面接を数回行う過程で，森さんは「働きたい」という就労への強い意欲を表明した。一方で，発達障害があり，対人コミュニケーションや就職に必要なスキルを獲得すること，体力面の向上が課題としてあげられた。

　そこで，K障害者就業・生活支援センターでの面接を継続しつつも，日中の通所場所を確保することとし，就労支援のプログラムをもつ障害福祉サービスを見学することとなった。しかし，就労し経済的に自立したい思いが強く，通院先の主治医とも相談し，再度，一般企業への就職に向けて検討することになった。

第2節　相談者と協働しながら，就労支援機関につなぐ

　再度相談に訪れたハローワークで自分の特性に合った求人に応募するため，森さん自身の得意不得意を調べてみてはどうかと提案があり，地域障害者職業センターに通い，職業適性の評価や職業準備支援を受けることとなった。森さんは順調に訓練を重ね，生活リズムを構築しながら自らの特性を知り，自信をつけていった。予定された訓練を終えた森さんは，制度を理解し，自分に合っているという理由から障害者雇用を希望するようになった。

第3節　社会資源を活用しながら，働くことを支える

　森さんはハローワークより地元の信用金庫の求人を紹介された。この信用金庫は，以前，障害者雇用を始める際に，玉川 PSW が勤める K 障害者就業・生活支援センターにアドバイスを求めて来所した企業であった。その際，玉川 PSW が障害者雇用の実情をレクチャーし，ハローワークの畑中 PSW を紹介した経緯がある。玉川 PSW は障害者雇用の求人が出れば，森さんの就職先として合うのではないかと密かに考えていた。森さんは見事採用試験を突破，採用に至り，総務部内の郵便やメールの仕分け作業を担うこととなった。その後3か月間のトライアル雇用を経て，正式採用されることになった。森さん自身は慣れない職場で不安や緊張が強く，また職場も初めての障害者雇用の受け入れとなることから，地域障害者職業センターからジョブコーチの派遣を受けた。玉川 PSW も定期的に職場訪問を実施し，森さんや職場の上司，同僚と面接を行うことによって，環境調整や森さんの不安軽減を図った。その結果，森さんは今では職場で欠かせない存在になっている。

第4節　ネットワークを構築し，地域課題として街全体を巻き込む

　玉川 PSW は市の自立支援協議会の委員を務めているが，障害者雇用の促進を図ることが必要であると継続して訴えてきた。このことが認められ，商工会や企業関係者を対象とした障害者雇用を促進する研修会を自立支援協議会の主催で開催することとなった。そのプログラムの一部で体験発表として森さんの勤務先の信用金庫の上司である平山さんによる雇用側の体験談が披露された。森さんも会場に同行し，参加者に紹介されると会場から大きな拍手を浴びた。こうした取り組みもあって，現在，当市では少しずつ地元企業が障害者雇用の求人を出すようになっている。

PSWの着目ポイントと社会資源活用の意図

K障害者就業・生活支援センターの玉川PSWは、障害がある人の就労を促進したいと考えており、個別支援のほか、受け入れる企業側などへの働きかけが必要であると感じている。

↓

何度求人に応募しても不採用が続いている森さんが、ハローワークの紹介で来所した。玉川PSWは、相談に応じるなかで森さんの希望が一般企業への就職であることを理解し、その実現に向けて支援を開始した。

↓

森さんが納得したうえで自身に合った就労形態を模索するために、就労支援事業所、クリニック、ハローワークを利用するとともに、障害者雇用制度の活用を提案した。その過程を経て、森さんは、就職のために障害者手帳を取得することを自ら決めた。

↓

玉川PSWが企業向けに講義などの「種まき」をしていたのが育ち、その一つであるL信用金庫が障害者雇用を始めることとなった。好機を逃さず求人情報を森さんに紹介し、採用後も支援を続けた。

↓

日ごろのネットワークを駆使し、自立支援協議会に働きかけて就労支援ワーキングチームを立ち上げ、地元企業向けの研修会を開催した。その成果をふまえ、障害のある人と企業を結びつけるさらなる仕掛けを狙っている。

一般企業に就職したいという森さんの気持ちを大事に、就労支援しよう

森さん

K障害者就業・生活支援センター

玉川PSW

玉川PSWが森さんの就労支援で活用した社会資源

就労イメージ作り →同行見学
O就労移行支援事業所

医療との連携→受診同行
Cクリニック

主治医　北田PSW

企業への就労を有利にする制度紹介
精神障害者保健福祉手帳

森さんの一般企業就職希望を尊重した求職相談
ハローワーク
畑中PSW

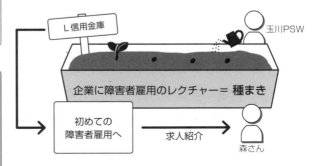

L信用金庫
企業に障害者雇用のレクチャー＝種まき
玉川PSW
初めての障害者雇用へ　→求人紹介→　森さん

さまざまな地元企業　←結びつける仕掛け作り→　就職を希望する、障害のある人々

就労支援ワーキング

玉川PSW

- 障害者就業・生活支援センター
- ハローワーク
- 地域障害者職業センター
- 商工会
- 労働行政
- 障害福祉サービス

第1節 ▶ ［浮かべる，絞る］

相談者のニーズに寄り添いながら，社会資源を吟味する

森さんとの初めての面接

就労を希望している森さんは，ハローワークの障害者相談窓口でK障害者就業・生活支援センター[01]を紹介され来所，かかわりが始まった。

まずインテーク面接を実施し，来所までの経緯と相談内容を確認した。森さんは「仕事を探したい」と話すが，具体的な就職のイメージや目的が漠然としていた。また，現状では経済的課題を抱えているわけではないと話している。1週間後に次回の面接を行い，今後取り組むべき課題を共有し，支援内容を検討することになった。

インテーク面接時に相談内容を吟味する

森さんは「仕事を探したい」と話しているが，その理由を把握することが重要だ。それに，森さんのイメージしている「仕事」とはどういうものなのだろうか。就労は自己実現を実感できる場であり，社会的な交流を得られるものである。20代という若い森さんにとって，働きたいと思うことは自然な流れに思う。経済的課題を抱えていないと話しているが，本音を話せていない可能性もあり，相談を重ねるなかで状況が変化することもあり得る。その場合は，生活保護，障害年金[02]などの経済的支援が必要になる可能性もあるだろう。

支援を検討するうえでは，これまで就職できていない理由を丁寧に振り返り，まずは抱えている課題と今後の希望を共通認識しておく必要があるだろう。障害についてどのくらい受容しているかも確認したい。

2回の面接を経て，日中活動の場を探すことを提案

その後，森さんと2回の面接を行い，森さんからは「正社員として働きたい」「できれば得意のパソコン技術を使って事務の仕事がしたい」「親がうるさいので収入を得て普通に暮らしたい」という一般就労への強い意欲が表明された。一方でこれまで就職試験を100社以上受けてきたが，筆記試験は通過できても面接で

解説 **01** は社会資源，**01** は PSW の視点や技術を解説しています。

01 障害者就業・生活支援センター：障害者の就労と生活全般に関する相談，雇用主側の障害者雇用に関する相談の窓口です

　障害者の就業と生活の一体的な相談を行うことを目的として，都道府県等から社会福祉法人やNPO法人に運営が委託され，地域の障害者就労に関する支援の拠点となっています。

　就職を目指す障害者に対し来所面接や同行支援，職場訪問を行い，ハローワークや医療機関，行政機関，障害福祉サービス事業所などの関係機関と連携し，職業準備訓練の紹介，職場定着支援，職業生活への助言など，就業生活全般の支援を行います。森さんは就職を希望していますが，具体的なイメージが乏しく，就職に向けた準備が必要と思われ，ハローワークから紹介されました。この後，玉川PSWは医療機関と連携してサポートを提供しながら，ハローワークなどの関係機関と協働し，森さんの就職に向けた支援のケースマネジメントを展開していきます。

　また，L信用金庫に対する支援のように障害者雇用を促進するために，障害者雇用全般に関するアドバイスや雇用前の準備，雇用後の対応や職場環境に関することなど，企業に対する支援も行います。

　なお，地域によっては市区町村より委託され障害者の就労支援に特化した「市区町村障害者就労支援センター」があります。

02 生活保護・障害年金：経済的支援を必要とする際には，提案できるようにしておきます

　森さんは経済的課題を抱えていないと話しています。しかし，クライエントは初回の面接では本当の状況を語ることを躊躇することがよくあります。また，森さんの状況が変化することもあらかじめ想定しておきます。生活困窮状態となれば生活保護を早急に申請する必要があるため，申請窓口の確認は欠かせません。また，精神科クリニックに通院している森さんの状況では，障害年金の申請も検討するに値します。そのため，あらかじめ年金の加入状況や支払い状況も確認しておく必要があります。

83

落ちてしまうことが明らかになった。森さんは「面接で素直に質問に答えたら怒られた」「周りの人の言いたいことがわからない」と語り，発達障害に特徴的な対人コミュニケーションの課題があげられた。

　また，<u>精神障害者保健福祉手帳</u>❸を取得し，福祉的支援を受けることについて森さんの気持ちを確認したところ，「自分は何も悪いことはしていない。でも，これだけ頑張ってもうまくいかないのだから，自分も何か問題があるのだと思う。誰かに人付き合いのコツを教えてもらえれば就職できると思う」「就職するためならば，障害者手帳の申請も仕方がない」と話している。

　そこで，障害者就業・生活支援センターでの面接を継続しつつ，「落ち着かなくて，じっとしていられない。早く就職に向けて動きたい」という森さんの意向もあり，<u>日中の通所場所</u>❹を確保することを提案した。結果的に，就労支援のプログラムをもつ<u>デイケア</u>❺と，森さんの自宅から近く，希望するパソコンを使用したプログラムをもっている<u>O就労移行支援事業所</u>❻と<u>P就労継続支援B型事業所</u>❼を見学することとなった。森さんは電話が苦手なこともあり，見学日程の調整を依頼されたため，これに応じ，調整を行った。そして，見学当日は森さんに同行することになった。

森さんが各事業所を利用するメリットを思い浮かべながら見学の調整をする

　森さんは，対人コミュニケーションについて，訓練を受けて必要なスキルを獲得したいとの希望があり，社会資源導入のスタートラインになる可能性がある。就労支援のプログラムをもつデイケアでは多職種がチームを組んで支援を行っており，森さんの就労能力を多方面からアセスメントできる。さらにSSTのプログラムも盛んであり，コミュニケーション力の向上を図ることができる。またO就労移行支援事業所では，パソコンを使った事務作業の訓練を行っているため，森さんの希望する仕事内容と合致する。そしてP就労継続支援B型事業所は森さんと同年代の若いメンバーが比較的多く，就職につながる方も出ている。パソコンを使ってデザインや印刷の作業を行っており，森さんの得意分野を活かすことができるだろう。異なる機能をもつ機関を見学することで，森さんの適性を確認することにつながり，また，日中，定期的に通所することのイメージをもってもらいたい。

03 精神障害者保健福祉手帳：就職を目指すために取得する方が増えています

障害者雇用の応募の際には障害者手帳の取得が必須となり，就職を目指し取得する事例が最近では多く見られるようになりました。玉川PSWは支援の初期段階から就職を希望する森さんに対し，障害者雇用を見越して精神障害者保健福祉手帳の取得について意向を確認しています。

また，障害者手帳を持つことによって，交通サービスや公共料金，税金の減免など，森さんの希望する自立した生活を実現させるために受けられる支援やサービスの幅が広がります。

一方で，これまで何の支援も受けずに生活してきた森さんにとって，障害者手帳の取得について，気持ちの面で抵抗感があることも当然想像できます。森さんの気持ちやペースに合わせて申請を検討していきます。

04 05 06 07 通所場所(デイケア・就労移行支援事業所・就労継続支援B型事業所)：見学し，日中活動のイメージを作ります

玉川PSWは，通所場所を見学することで森さんの就職に関するイメージ作りに役立つことと，日中に外に出ることで生活リズムを作ることを期待しています。その際，利用目的の異なる3つの通所サービスを見学することで，森さんの希望や支援のスタートラインを見極めるねらいもあります。

このように，社会資源を見学することで生活のイメージを作っていくことがあります。一般的には，社会資源の利用ニーズが固まってから見学することが多いかもしれませんが，クライエントによっては資源を見学しながらニーズを固めたほうが支援がスムーズに進む場合もあります。

森さんの事業所見学に同行する

　3日間に分けて**事業所見学**[08]に同行した。見学時の森さんの様子を観察していると、事業所スタッフの説明を遮るように「作業はどのようなものですか？」等、プログラムの内容や時間、スタッフの人数など、気になることを矢継ぎ早に質問していた。事業所スタッフはそれに応じ随時丁寧な説明を行っていた。

　しかし、森さんの表情はスッキリせず一度も笑顔が見られなかった。デイケアや**O 就労移行支援事業所**[09]では収入が得られないこと、P 就労継続支援B型でも1日あたり500円程度の工賃であること、就職を目指すのはよいが、通所期間はいずれの施設も少なくとも半年以上は見込んでほしい旨の説明を受け、表情が硬くなっていた。

見学時の様子からこの先の支援課題を考える

　森さんは自力で時間通りに事業所に到着できている。移動手段の確保や、時間通りに来所できることが確認できた。一方で自分のペースで話を進めてしまうことは課題として取り上げることになるだろう。

　森さんは浮かない表情をしている。何か心配なことがあるのかもしれない。初めてのことで戸惑いもあったのかもしれない。帰り道で聞いてみよう。

帰り道で森さんに感想を聞く

　見学後の時間[10]を活用し帰り道、森さんに感想を尋ねると「雰囲気はよかった。でもなぁ……」とつぶやき、表情を曇らせている。理由を尋ねたが「ちょっと気になることがあって」と語らなかった。今後のことを検討するため、3日後に来所面接を行うことになった。

事務所に戻って見学同行を振り返る

　発言や表情から推察し、工賃や通所期間など森さんは気になっていることがあるようだ。今日は聞き出せなかったが、次回の面接で聞いてみよう。

08 事業所見学：社会資源を紹介する方法はさまざまです

社会資源を紹介する際に支援者が行う手段はさまざまです。例えば，①情報提供のみ，②紹介先に電話等の連絡を入れて仲介する，③見学等に同行するなどです。クライエントがどこまで求めているのか，またどこまで自分の力でできるのか，その手段を行うことによる効果などをアセスメントしながら慎重に選択することになります。この場面では，玉川PSWは対人コミュニケーションが苦手である森さんの不安を考え，事業所への見学の調整と同行を行いました。その際に，森さんの様子を観察することで対外的なコミュニケーション力や社会的対応力を確認しています。

09 就労移行支援事業所：障害者の就労に関する訓練，準備支援，フォローアップを行います

就労を希望する65歳未満の障害者で，通常の事業所に雇用されることが可能と見込まれる人が対象の障害福祉サービス事業所です。生産活動，職場体験等の活動を通じ，就労に必要な知識及び能力の向上のために必要な訓練を行い，履歴書の書き方や面接の練習など，求職活動に関する支援や就労後のフォローアップを行います。標準利用期限は2年間で，市町村に利用申請を行い障害福祉サービス受給者証の発行を受ける必要があります。玉川PSWは森さんの興味があるパソコンをプログラムとして導入しているO就労移行支援事業所で就職に向けた訓練と準備を行うことをイメージしましたが，残念ながら「お金を稼ぎたい」森さんのニーズに合わず利用には至りませんでした。

10 見学後の時間：クライエントの話を聴くのは面接室だけではありません

見学時に森さんの浮かない表情に気づいたため，見学後の時間を活用し，帰り道で森さんの気持ちを確認しようとしています。相談室などで向き合って行う面接場面では語られない気持ちが，一緒に歩くという行動のなかで明らかになることがあります。クライエントの思いを引き出すためには，生活場面を活用し，話しやすい環境のなかで相互のコミュニケーションを深めていくことも有効です。

3日後の面接で，森さんより就職希望の意思が表明される

　3日後の面接時，森さんは「この前に見学に行った事業所には行けない」と話す。理由を聞くと，「雰囲気はいいが，自分の働き方とはイメージが違った」と話した。私より工賃や通所期間が気になっているようにみえたことを伝えると，森さんは「そうですね」と頷いたあと，「仕事をする以上は賃金をもらいたい」「自立した生活を送るための資金としてお金を稼ぎたい」「訓練を受けると得られるものも多そうだったが，半年も待っていられない」と語った。

　あらためて森さんの希望を尋ねると「ずっと失敗していたから，本当は訓練を受けたほうがいいのかもしれない。でも……やっぱり働いて自立したい。もう一度，企業の就職試験を受けてみたい」と語った。私は森さんの就職への思いや意志が最も大切であり，一緒に方策を考えることを伝え，次回の面接時に具体的に検討することになった。

 森さんの話を聴きながら気持ちに寄り添う

　事業所等の見学をすることによって，森さんが「働く」うえで収入を得ることを大切にしており，訓練の必要性も感じつつ，すぐに就職したいという希望をもっていることを共有することができた。悩んだ結果，森さんが企業への就職に向けてチャレンジをしたいという結論を出したことをまずは尊重するべきであろう。課題は残っているが，森さんのチャレンジを支えたい。

　就職に向けた支援の方針を再構築する作業が必要である。再度，日をあらためて面接を設定し，森さんと話し合いをする必要があるだろう。

 面接終了後，今後の支援について検討する

　就職については，<u>一般雇用</u>⓫や<u>障害者雇用</u>⓬，<u>特例子会社</u>⓭や<u>就労継続支援A型</u>⓮など雇用や事業形態はさまざま。また，<u>地域障害者職業センター</u>⓯や<u>障害者トライアル雇用事業</u>⓰など，活用できる社会資源もたくさんある。森さんにとって，どのような資源が適切なのかを検討する必要がある。その判断を行ううえで，森さんの体調や病状にも配慮する必要がある。また，長く就労を継続するためにはストレスケアなど医療的なサポートは欠かせない。主治医の

11 12 13 14 15 16 一般雇用・障害者雇用・特例子会社・就労継続支援A型・地域障害者職業センター・障害者トライアル雇用事業

　就職に向けて活用できる社会資源や雇用形態は多種多様です。一般就労は大きく3つに分かれています。一般雇用は他の社員と同じ待遇であり，障害の開示は任意です。障害者雇用は法定雇用率に算定されるため，応募は原則的に障害者手帳の所持者に限られ，事業場は他の社員と同様となります。特例子会社は障害者雇用の形態の一つであり，労務管理と支援者以外の多くは障害者である社員で構成されています。

　森さんは一般就労を希望していますが，そのような雇用形態が適しているのか，本当の希望に沿っているのかを吟味する必要があります。また，希望する雇用形態に対し，適応できるかどうかの検査や訓練などの社会資源の導入が必要になることも考え，玉川PSWは多くの社会資源を想起しています。

コラム　クライエントが感じることを大切に

　「○事業所はどんなところですか？」とクライエントに聞かれることがあると思います。新たな資源に出会うとき，その感じ方は人それぞれです。支援者の感じたことを必要以上にクライエントに伝えると，支援者のイメージを事前に植え付けクライエントに色眼鏡をかけさせてしまいかねません。支援者は極力客観的な情報を伝えるにとどめ，「どんなところか」は，クライエント自身に感じてもらい，判断を委ねる姿勢が大切です。

アドバイスを求めるため，通院先クリニック[17]との連携が必要である。Cクリニックの北田PSWは何度かやり取りをしたことがあるが，丁寧に話を聞いてくれる人。今後の連携が円滑に進むように受診同行し，外来診察の場面で北田PSWにも入ってもらい，主治医の就労に関する意見を聞くこともよいだろう。

通院先のクリニックに協力依頼し，受診に同行する

1週間後に面接を行い，森さんに通院先のCクリニックの知り合いPSWに私から連絡を入れ受診同行することを提案すると，「自分では今の状況をうまく説明できないのでありがたい」と返答があり，後日，私よりCクリニックの北田PSW[18]に電話連絡をした。一連の経過を説明し，協力依頼したうえで私も受診に同行したいと申し出た。北田PSWが主治医に確認したところ「気になっていたが，森さんは仕事の話になると口が重くなっていたので聞いていなかった。情報共有させてほしい」と協力的な姿勢が見られた。2週間後の外来時に受診に同行することとなり，診察の場面には北田PSWも同席することになった。

受診同行に向けた作戦を練る

主治医に就職について話ができていないことに驚いた。就職に対する不安が募り，抑うつ状態となったことがきっかけで通院が開始されたのに，診察場面で就職のことが取り上げられないということは，生活面が重視されていないのではないか。主治医との関係性にも課題があるのかもしれない。やはり主治医との間に入り，治療と生活面をつなぐ役割として北田PSWに介入してもらえるとよいだろう。

受診同行にて今後の方針を話し合う

2週間後，外来診察の場に私と北田PSWが同席した。森さんからは「フルタイムの正社員で働きたい」と，一般企業への就職希望が表明された。主治医からは森さんの今の状態からは，一般企業での就労が可能なこと，一方でこれまでの失敗体験を重ねたうえでうつ病を発症した経緯から，森さんの障害特性を理解し配慮してもらえる職場環境が必要であることが説明された。私からは具体的な配慮の仕方について質問し，主治医より，職場でのルールや手順をあらかじめ決め

17 通院先クリニック：就労を継続させるためには医療的な支えも活用します

就職活動や就労後の生活において，クライエントには心身の負担が大きくかかります。安定した活動を行うためには体調が安定していることが不可欠です。森さんは一般就労を希望していることもあり，途中で体調を崩してしまうことも想定されることから，医療機関との連携が欠かせません。玉川PSWは森さんの支援をより円滑に進めるために，主治医との間に「顔の見える関係性」を築くべく受診同行を提案しています。

18 北田PSW（通院先であるCクリニックのPSW）：窓口を誰に頼むのかによって，連携の結びつきが変わってきます

通院先クリニックに電話をかける際，以前にやり取りがあり，こちらの話を丁寧に聞いてくれた北田PSWを窓口に選びました。今後，森さんが北田PSWとつながることも想定して依頼しています。これまで主治医の受診だけで終わっていた通院先ですが，北田PSWが相談先の一つになってもらえることで，主治医との連携が円滑に進み，森さんがより適切な治療を受けることができる可能性が高まります。このように，機関と機関を結ぶ重要な役割を担う人の存在で連携が強固になり，円滑な支援を進めることができるようになります。

ること，曖昧な表現は避けることなど，発達障害のある森さんに必要な対応が説明された。障害の開示について森さんは「一般企業でちゃんと給料がもらえるならばどちらでもいいが，説明が苦手なので知っておいてもらえたほうがいい」と気持ちを語った。また，障害者雇用の求人に応募するには，就職先の企業が**法定雇用率**❶に算定できるよう精神障害者保健福祉手帳の所持が条件となることを説明し，障害等級に該当するかどうか主治医に質問した。すると，「3級程度が見込まれる。申請すれば該当するだろう」とのことだった。森さんは「就職するために障害者手帳が必要ならば，仕方ないですね」と淡々とつぶやいた。

診察への同席の結果を受けて，今後に行う支援を整理する

　森さんの発達障害の特性を理解し，配慮した職場環境を整えるためには，森さんだけでなく，職場への支援も必要になるだろう。森さんは就労に向けて支援機関のサポートを求めており支援機関と就職先が連携する体制が必要であることを考えると，障害を開示した一般雇用か障害者雇用が第1候補となると思われる。あらためてハローワークに相談し，求人情報を確認しよう。その際に精神障害者雇用トータルサポーターの畑中PSWを頼ろう。
　障害者の法定雇用率の算定に精神障害者が加わり，かつ雇用率が年々アップしていることから，就職のチャンスが広がり，森さんにも追い風になる。

⑲ 法定雇用率：誰もが就業を通して社会参加できることを目指す制度です

　2018（平成30）年4月1日から障害者雇用義務の対象として精神障害者（精神障害者保健福祉手帳の交付を受けている者）が加わりました。森さんも障害者雇用での就職を検討しており，精神障害者保健福祉手帳の取得を検討しています。法定雇用率は引き上げられる傾向にあり，森さんのような求職者にとってはチャンスが広がっています。

　森さんの場合，障害者雇用で就職することで，玉川PSWなど関係機関の支援を職場でも受けることができるようになります。自分のことをうまく言語化することが苦手な森さんにとって，職場との仲介役を支援者が担うことは大きな安心感につながります。

まとめ ▶ ▶ ▶ 社会資源を活用しニーズを明らかにする

　「仕事を探したい」という森さんに，玉川PSWは就労支援のための多様な方策を思い浮かべますが，すぐにそれらに結びつけるのではなく，就労経験がないことから具体的なイメージが湧いていない森さんの気持ちに寄り添っています。ここでは，同行見学で森さんの就労に向けたモチベーションや社会的能力などについてアセスメントを行ったり，通院先のCクリニックへの受診同行による情報収集を行うなど，フットワークの良さが特徴的です。このように，意向を確認しながら必要な社会資源を吟味して活用したことで，森さんは一般企業への就労を目指したい，というニーズに到達しました。次節では，2人で見出した一般企業への就労準備のため，活用すべき社会資源を絞り込み，支援を展開していきます。

第2節 ▶ ［つなぐ］

相談者と協働しながら，就労支援機関につなぐ

面接で森さんに手帳取得の意向を再確認する

　森さんと面接を行い，ハローワークへ一般企業への就職相談に行くことを確認した。また精神障害者の手帳の取得について森さんの気持ちをあらためて確認した。森さんは「それはほしいものではないですよね。でもそのほうが就職できるなら仕方ないことです」と語った。私は手帳を取得するメリットを伝えたうえで，必須ではなく森さんの意向に合わせて申請すればよいと思うことを伝えた。

森さんの思いを想像する

　障害者手帳を取得することで森さんが受けることができる支援は増えるうえ，障害者就労であれば雇用の枠も大きい。一方で森さんの**障害者手帳を取得することに対する抵抗感**[01]も想像できる。手帳をもつことについて何を気にしているのか，いずれ聞いてみよう。また，森さんが障害者手帳の取得をしないという選択をした際の方策も検討しておく必要があるだろう。

ハローワークに電話する前に連携の意図を再確認する

　一般企業への就職を希望する際の相談窓口が**ハローワーク**[02]であり，今後も連携の頻度が高くなる。畑中 PSW は，**精神障害者雇用トータルサポーター**[03]であり，福祉的な視点をもちつつ企業との橋渡しをしてくれる精神保健福祉士だ。畑中 PSW に森さんと面接してもらい，人となりを知ってもらいたい。

ハローワークへ面接の依頼をする

　ハローワークの畑中 PSW に電話をかけ，一般企業への就労希望者がいることを説明して支援を依頼した。畑中 PSW より顔合わせと状況把握のための面接を提案され，後日，森さんの意向を確認し，私も同行することとなった。

解説 01 は社会資源, 01 は PSW の視点や技術を解説しています。

01 障害者手帳取得への抵抗感：取得することに対する抵抗感や複雑な心情を受けとめ，次の展開につなげます

　障害者手帳を取得するメリットは理解しつつも，森さんは自分が障害者であると認めることに抵抗を感じています。こうした場面で PSW が，本人の葛藤を受けとめながら一緒に考えることは大事なかかわりです。理屈ではわかっていても，実際に我が事として「障害」を受けとめることは決して容易ではありません。手帳の取得は，あくまでも森さんの利益のために行われるものであり，申請するかしないかの決断を森さん自身で行ってもらえるよう，必要な情報を伝えたり，森さん自身が気にしていることを尋ねてみたり，時間をかけて何度でも寄り添う必要があります。

02 ハローワーク：求人が集まり，障害者就労の相談窓口として拠点となる機関です

　就職を希望する障害者に対し，職業相談，職業紹介，職業適応指導を行っています。また，障害者を雇用している事業主や，雇い入れようとしている事業主に対して，雇用管理上の配慮等について助言を行い，求人開拓を行っています。さらに，ハローワークでは一般求人窓口のほかに，障害者に対する相談対応を行う専門窓口が設置され，障害者雇用の求人紹介や障害を考慮した職業相談の対応を行っています。求人情報が集まる場所であり，森さんも求人登録を行い，障害者雇用の求人を紹介してもらうことになります。求人はその時々の状況によって日々変化するため，希望する求人との出会いを逃さないように，支援者は窓口担当者との連携に努める必要があります。希望する仕事内容や条件を伝え，適合するような求人が出た際には迅速に紹介してもらえるような相互理解とコミュニケーションが求められます。

03 精神障害者雇用トータルサポーター：ハローワークに配置されている精神障害者支援の専門家です

　ハローワークでは精神保健福祉士等の資格をもつ人材が「精神障害者雇用トータルサポーター」として配置されています。精神障害者雇用トータルサポーターは，精神障害のある求職者に対して精神症状に配慮した助言を行い，就職までの支援を行うとともに，相談者の状況から必要に応じて，地域障害者職業センター

ハローワークでの面接中の話題について想定する

　森さんの就職意欲がどの程度高まっているのか，言動を観察し確認する必要がある。特に一般求人か障害者雇用で探すのかについて，畑中PSWにアドバイスを求めながら森さんと一緒に考えることになるだろう。

ハローワークで畑中PSWとの面接に同席

　森さんは，道を覚えることが苦手で時間どおりに着けるか心配になり，前日に家からハローワークまで実際にたどり練習したと苦笑いしながら話した。面接では，森さんは席に座るなり今日までの経過を丁寧に説明し，自立できる給料を得られるように一般企業での雇用を希望していることを熱心に語った。

　一方，畑中PSWからは障害者雇用での求人応募には障害者手帳の取得が必要であることがあらためて説明された。森さんは「どのような仕事内容が得意ですか？」と尋ねられると，「パソコンは好きですが仕事でやったことはありません。苦手なことはたくさん思いつきますが」と答えた。

　畑中PSWより，森さんの希望を前提として，自分の特性に合った求人に応募するために，<u>地域障害者職業センター</u>[04]に短期間通い，得意不得意を調べてみてはどうかと提案があった。森さんは「どうしようかなぁ……ちょっと考えさせてください」と静かに返答した。結局，地域障害者職業センターの機能や連絡先を聞き，今回は求人登録の手続きのみを行い，面接を終了した。畑中PSWとは求人を実際に探す際に再度相談依頼をすることになった。

　終了後，森さんに感想を尋ねると，「そうですね……。少し考えてみます」と返答されたため，1週間後に面接をすることにした。

 地域障害者職業センターを紹介されたことについてアセスメントする

　森さんは就労経験がないことから，どのような仕事に適性があるのか見極めにくい。地域障害者職業センターでは職業適性検査と，就労に向けた基礎的なスキルの獲得を目指した訓練を行っており，また短期間での訓練が可能であることから，今の森さんが利用するのは適当な社会資源であるように感じる。

や障害福祉サービス事業所などの専門機関の紹介を行います。企業に対して精神障害者の雇用に関する意識啓発，課題解決のための相談援助，医療機関との連携など幅広い業務を行い，その役割の重要性が高まっています。

　玉川 PSW は，森さんの希望を叶えつつ，特性を考慮した障害者雇用の求人を見つけるために，精神障害者雇用トータルサポーターの畑中 PSW に支援を依頼しました。

04 地域障害者職業センター：職業適性を見極め，就職に必要な訓練を行う職業リハビリテーション機関です

　ハローワークと連携し，就職に向けての相談，職業能力等の評価，就職前の支援から，就職後の職場適応のための援助や職業相談などを行っています。また，事業主に対しては障害者雇用に関する合理的配慮に基づいた雇用管理の助言，休職中の人の職場復帰に関する支援を行っています。

　森さんの場合，まだ自分に合った仕事が何なのか，自分の武器は何なのか見つけられずにいたことから，畑中 PSW より職業適性検査を受けることを勧められました。また，朝起きて日中にどこかに通うという生活リズムが獲得できていなかったこと，これまで就労経験がなく，基本的なビジネススキルが獲得できていないことから，就労に向けた基礎的なスキルの獲得を目指した訓練を受けることが効果的と玉川 PSW は考えました。就職は企業とのミスマッチが起こると，大きなストレスを抱え込むことになります。そのリスクを減らすためには職業適性を把握することが有効です。

森さんの思いを推し量る

　すぐにでも求人を探したい森さんにとって，地域障害者職業センターの提案は唐突だったのかもしれない。どのように感じたのか森さんに感想を尋ねたが，言葉が出てこなかった。森さんの思いや希望を整理するためにも，**少し時間を空けて** 05 １週間後に面接を設定しよう。

来所面接前に障害者手帳の申請方法を確認する

　森さんが障害者手帳の申請を希望した際には，①申請窓口の案内と，②自立支援医療との同時申請が可能なので，その申請状況を合わせて確認することを忘れないようにしよう。

森さんが来所し，面接する

　１週間後，ハローワークでの面接について振り返りを行う。私より障害者手帳の取得について森さんの気持ちを再度尋ねると，「あらためて説明を聞いたら障害者手帳を持つことが重く感じてしまって。あの時はすぐに受け入れられなかったのです。でも，就職するためだし……手帳も自分を応援してくれるものだと思うことにしました」と申請には前向きな意向を表明したので，障害者手帳取得の手続きを説明した。ちょうど森さんの自立支援医療の更新の時期と重なっていたことから，同時申請を行うこととなった。

面接中に考えたこと

　やはり障害者手帳の申請には戸惑いがあったようだが，手帳を取得すれば障害者雇用の対象となり，障害者枠での求人に応募することができる。また，ジョブコーチや障害者の雇用に関する支援も受けられるし，就職先の選択や就労後の定着支援について利用できる制度の幅が広がった。それに，就労継続支援Ａ型や就労移行支援，**就労定着支援** 06 など障害福祉サービスの活用もできる。

05 時間を空ける：気持ちを整理し，考えをまとめるためには時間が必要です

　すぐに求人を紹介してもらい働くつもりでいた森さんにとって，地域障害者職業センターでの訓練の提案は唐突な話であったと思われます。一方で，森さん自身も自分に何ができ，何が得意なのかを答えられずに戸惑ったことも事実です。すぐに利用を断らずに答えが出せなかったことは，森さんの中で利用の意思が芽生え始めているとみることもできます。社会資源は自分を助けるために使うものであり，他人に強制されるのではなく，森さん自身が自分に有益になると判断して利用するのがベストです。玉川 PSW は，どのような結果になるにしても，森さんが自分で答えを出すことを待つつもりでいます。そのために，次回の面接までの時間を空け，森さんに考えをまとめる時間を提供しました。

06 就労定着支援：障害者総合支援法に規定された職場定着支援のサービスです

　就労定着支援とは，2018（平成30）年に新たに創設された障害福祉サービスの一つです。就労移行支援などを利用して一般就労した人のうち，就労に伴う環境の変化により生活面で課題が生じている人を対象として，自宅や職場への訪問や来所面接を通じて生活面での課題を把握し，就業先の企業担当者や医療機関などと連絡を取りながら生活リズムや服薬管理などの必要な支援を行うものです。森さんの場合も，職場とのマッチング次第で，頻回な他機関調整が必要となる場合は，森さんの希望もふまえて利用を検討することになります。

申請手続きの手順を確認する

　障害者手帳の申請については，森さんが「自立支援医療の手続きはやったことがある」と言うので<u>申請の手順書</u>[07]を一緒に作成し，市役所には森さんが一人で行くこととなった。また，森さんが希望したため，私からＣクリニックの北田PSWには経過を報告し，<u>市役所の窓口担当者</u>[08]には自立支援医療と手帳交付の同時申請に森さんが行くことを事前に電話連絡することとなった。

　また，手帳申請とともに，地域障害者職業センターの利用についても「短期間ならば，行ってみる価値がある」と通所の意向が示された。

地域障害者職業センターとの今後の連携を想定する

　地域障害者職業センターへ連絡を入れ，森さんがうまく事情を伝えられなくとも，状況を理解してもらう必要があるかもしれない。森さんの名前は出さずに，一度連絡を取っておこうか。

森さん単独での見学を考える

　これまでの経過から見ても，森さんは社会的常識を備えており，また冷静に自分の考えを伝えることができている。少しずつ森さんのできることを増やし，自信をつけてもらいたい。そのためには，森さんが<u>単独で見学と面接</u>[09]に行ってもらうことはよい経験になるはずだ。森さんは事前に準備を一緒に行えば十分に単独で動ける人だと思われる。

地域障害者職業センター見学に向けて連絡調整する

　その後，畑中PSWの紹介で，森さんは地域障害者職業センターで見学・面接を行うこととなった。森さんは自分の考えが伝えられるか不安を感じて私の同行を希望したが，これまでの様子から判断して単独での見学を提案。一緒に自宅からの交通経路や伝える内容について紙に書き出す作業を行ううちに，森さんは「なんとか一人で行ってみます」と話し，単独で見学に行くこととなった。

　また，森さんの了解のうえ，私から地域障害者職業センターへ事前に電話連絡

07 （森さんと玉川PSWが一緒に作成した）申請の手順書：事前に書き出すことで，一人で申請し成果を得ることができます

　障害者手帳の申請を行うことになり，市役所に申請手続きをする必要性が生じました。玉川 PSW はこれまで森さんとの同行支援を繰り返してきましたが，森さんが自立支援医療の手続きを行ったことがあるというエピソードを聞き，一人で申請手続きを行うことができるのではないかと考えました。しかしながら，森さんは臨機応変な対応が苦手なため，申請の流れを書き出した手順書を一緒につくることにしました。ホームページなど既存の解説ツールを活用することも有効な方法ですが，一緒に書き出すことで，申請手順のシミュレーションを行うことができる利点があります。森さんは事前の準備を行うことに熱心な人であることから，あえて手書きで手順書を作成しました。このように，ともに作業を行うことで関係性が深まり，また手順書をもとに自分で手続きを行うことで森さんに自信がつくことにもつながります。

08 電話連絡（市役所の担当者に向けた）：あらかじめ情報を伝えておくことでリスクを回避することができます

　手順書が手元にあるとはいえ，初めての経験で森さんは不安も多いはずです。一人で申請手続きを行ってもらうのは，森さんに自信をつけてもらうことも目的であり，問題なく申請を終えてほしいと玉川 PSW は願っています。市役所の担当者に事前に森さんが手続きに行くことを伝えておけば，不足があればカバーしてもらえるうえ，どうしても問題が残れば玉川 PSW に連絡が入り，手続きができない事態を避けることができると予想できます。玉川 PSW が電話で連絡を入れておくことで，市役所の担当者が森さんにとって効果的な支援者となります。ただし，守秘義務を念頭に置き，森さんの了解を得ることは不可欠です。

を行い，森さんの支援を行っていること，必要時に連携を図りたいことを伝えた。

森さんが地域障害者職業センターの利用を始める

森さんより，地域障害者職業センターに行き，2か月間通いながら職業適性の評価や職業準備支援を受けることになったと報告があった。1か月後に同センターでの訪問面接を設定し，職業適性検査の振り返りをすることとなった。

地域障害者職業センターに訪問

1か月後に地域障害者職業センター職員の福山PSWと森さんとの**3者にて訪問面接**❿を行った。**職業適性検査の結果**⓫，森さんは同じ作業を集中して行うこと，正確に作業を行うことが得意な一方で，状況の変化に臨機応変に対応することが苦手であるという特徴が報告された。森さんは「自分のこともよくわかりましたし，朝起きて毎日通う習慣がついてよかったです」と笑顔で話した。この1か月間，平日週5日間の開所日において，1日も休まずに通所できたことに自信をつけ，また自分の特性を知り納得した様子であった。

また，森さんより今回の通所を機に，障害者雇用にしようと思うと話があった。自分で障害者の就職状況を調べたところ，障害者雇用のほうが制度として労働者が守られることや，制度自体も利用しやすいことがわかり，自分に合っているときっぱりした口調で話された。

なお，森さんとしては，地域障害者職業センター利用後は，自分の特徴を活かせる仕事に就きたいと希望。3級の障害者手帳も発行され，すでに手元に届いていることから，利用が終わり次第，ハローワークの畑中PSWに求人の相談をするため，森さんに同行することとなった。

 森さんの様子を観察し，アセスメントする

障害者雇用の支援においては，職場の適応のみならず，森さんの長所を生活全般に活かせる場を検討していく必要がある。集中力があり，かつ正確な作業ができることは，森さんが今後生活していくうえでも，大きなストレングスとなる。休まずに通所できたことが大きな自信になったのか，森さんの表情からは迷いが消え，言葉にも力が入っているように感じる。森さんが自分で調べたうえで障害者雇用を選択したこともよかった。

09 単独での見学と面接：本人のできることを増やしていくことを目標とします

障害者手帳の申請を無事に終え，今度は地域障害者職業センターの見学と面接を単独で行うことを森さんに提案しています。すでに施設訪問やハローワークへの同行面接を行い，森さんの経験値が高まっていることを感じています。関係機関である地域障害者職業センターの見学・面接であれば，これまでの経験を活かし，森さんは単独でクリアすることができるのではないかと考えました。いつまでも森さんの同行を行うことはできません。また，支援は有期限であり，玉川PSWはいつかいなくなる存在です。したがって，できることは森さんに任せ，少しずつ一人でできることを増やすように意識する必要があります。また，障害者手帳の申請時と同様に，地域障害者職業センターの職員には事前に連絡することで，森さんの見学と面接を間接的にサポートしています。

10 3者(本人・地域障害者職業センター福山PSW・玉川PSW)にて訪問面接：情報を共有し，今後の支援方針に向けた情報収集を行います

地域障害者職業センターでの職業適性検査を終え，職業準備支援に入る場面で地域障害者職業センターの福山PSWを交えて3者にて面接を行っています。障害者就労に詳しい福山PSWの技術と知識を社会資源としてとらえ，今後の森さんの支援に活かすことをねらっています。適性検査の結果や訓練の内容について，森さんを交えて3者で共有することで，これまでの成果と今後の課題について共通認識をもつことができました。この共通認識を羅針盤として，今後の就職活動の方向性を検討できただけでなく，支援に課題が生じた際に森さんと一緒に振り返る起点をつくることができました。単に情報だけを書面や電話で聞く方法もありますが，現地に赴き，3者で確認することで，より綿密な情報収集を行うことができます。

ハローワークより求人の連絡が入る

　ハローワークの畑中 PSW より電話連絡が入った。以前，K 障害者就業・生活支援センターとして私が障害者雇用に関するレクチャーを行った L 信用金庫が，総務部内の郵便やメールの仕分け作業の求人を予定しているとのことだった。森さんの就職活動の支援を始めてから，L 信用金庫の求人には期待しており，あらかじめ畑中 PSW には求人が出た際には連絡をいただきたい旨を伝えていた。

求人連絡を受けながら考えたこと

　一般企業を目指す森さんの就職先として，L 信用金庫の求人を有望視していた。当初は，障害者雇用の対象として身体障害者を想定されていたようだが，レクチャーの際，精神障害のある求職者が増えていることや，他企業での好事例を紹介したところ，業務の適性が合えば受け入れてもらえそうな印象だった。郵便やメールの仕分けは，集中力や正確性が求められるだろうし，森さんの職業評価の内容にも合っていると思う。求人があがったら早々に森さんに連絡してみよう。

11 職業適性検査の結果：障害の特性を自ら確認でき，今後の就職活動に活かせます

職業適性検査とは就職を希望する障害のある人を対象に行われるものです。職業能力を把握するために評価を行い，これに基づいて個人の支援計画をまとめていきます。20代〜50代までの障害のある人であれば誰でも受けることが可能です。検査により，どの職業に適しているのかを評価します。この特性をまとめる作業は自分と向き合うことが必要なため精神的につらい面もありますが，職員が個別にサポートを行います。検査で得られた内容を社会資源としてとらえ，職業選択など就職に向けた検討の際に活用することが重要です。森さんの場合は，同じ作業を集中して行うこと，正確に作業を行うことが得意である一方で，状況の変化に臨機応変に対応するのが苦手であるという特徴があると報告され，森さん自身も納得した結果が得られました。この結果をもとに自分に合った求人を探すことになります。

まとめ ▶ ▶ ▶ 主体的な行動を支えエンパワメントを促す

玉川PSWは，はじめのうちは，森さんがさまざまな資源を活用するために現地へ同行したり，電話で事前連絡を入れたりするなどのサポートをしていましたが，しだいに森さん単独での行動を後押しするような支援方法に変えていっています。これらは，森さんの社会生活能力を評価することや，自信をつけることでエンパワメントが促進される好循環の流れをつくることを目指したものです。

また，精神障害者保健福祉手帳の取得に関しては，森さんの心理的抵抗感に丁寧に寄り添うことで，森さんのペースでの資源活用を支援していきました。ここでは手順書をともに作成し，森さん自身が申請の手続きをできるように支えています。これは，障害者手帳の取得について抵抗のあった森さんが主体的に行動することで，障害者としてのスティグマを背負わされるのではなく，積極的に制度として障害者手帳を活用する姿勢を促進しているといえます。玉川PSWは森さんのできることを増やしていく観点を常にもちながら，就労に向けた準備を整えています。次節では，いよいよ森さんが障害者雇用に挑戦します。

第**3**節 ▶ ［使う，活用する］

社会資源を活用しながら，働くことを支える

ハローワークより求人が出たことの連絡が入る

　ハローワークの畑中 PSW より L 信用金庫 01 の求人が正式に出たことが知らされた。私は森さんに電話し，紹介したい求人があることを伝えると「ぜひ，紹介してください」と言われた。そこで，ハローワークに同行し，畑中 PSW と相談することになった。

> **ハローワークに電話をかける前に伝えることを整理する**
>
> 　森さんは訓練を受けた結果，自信をつけ，就職に向けた準備を整えてきた。課題だったことに対して，以下のとおりクリアしてきたことを伝え，障害者雇用について進めてもらえるように依頼しよう。
> ①精神障害者保健福祉手帳を取得し，障害者雇用率の算定対象となったこと
> ②職業適性検査を受け，自分の特性を理解できるようになったこと
> ③地域障害者職業センターに 2 か月間休まず通い，粘り強く就職準備に関するプログラムを受け続けたこと。その結果，対人コミュニケーションに対する不安が軽減されたこと。体力をつけ，生活リズムをつくることができたこと

面接日程の調整のためハローワークに電話連絡

　畑中 PSW に対し上記 3 点を伝えた。そのうえで，後日，ハローワークでの面接に私も同行し，L 信用金庫の求人について相談したいことを伝えた。日程調整を行い，あらためて求人内容を確認したところ，想定したとおり，事務仕事を希望する森さんに合っている内容であったことから，面接時に紹介してもらうことになった。

森さんに電話連絡し，面接日の報告と近況を確認

　ハローワークの畑中 PSW との面接日を伝え，森さんの近況を確認する。
　「せっかく生活リズムがつくれたので，元に戻らないように気をつけています。

解説 <u>01</u> は社会資源，<u>01</u> は PSW の視点や技術を解説しています。

01 L信用金庫：縁のある企業を支援に活用できる可能性を常に意識すること

L信用金庫は障害者雇用を始める際に玉川 PSW が情報提供や技術支援を通して準備をお手伝いした企業で，森さんの希望と特性に適合している求人であったため，求人状況を注視していました。そして，ハローワークの畑中 PSW に事前に相談していたおかげで，求人の情報を募集早々に手に入れることができました。このように，長期的展望をもち，事前に関係機関に依頼しておくと，後々に成果として現れることがあります。

コラム　公的機関による障害者雇用率「水増し」問題について

2018（平成30）年，中央省庁の8割で長年にわたり障害者雇用率が「水増し」されていたことが明らかになり，大きな社会問題となりました。約3,460人分の雇用の機会が実質的に奪われていたこと，ずさんな制度運用がなされていた事実は，関係者をはじめ国民に大きな衝撃を与え，障害者就労のあり方を根幹から揺るがす問題となりました。また，障害者雇用を行っていても障害種別で応募を制限している実態も存在し，障害者のなかでも新たな格差が見られています。公益社団法人日本精神保健福祉士協会では，この問題に関し，原因究明と再発防止策を求める声明を発出し，公的機関の障害者雇用率に関する全国的な実態調査を行うなど，ソーシャルアクションを行っています。

あとは就職に必要なことも学びました。例えば，親がとっている新聞[02]を読んで，興味のある記事について，要約したり自分の意見をメモしています」と森さんは明るく話された。日中は，図書館に通い就職に関する書籍を読んでいるという。また，周囲とのコミュニケーションには挨拶が重要であるとプログラムで学んだこともあり，家族や近所の人，図書館の職員[03]と挨拶を交わすようになったとのこと。私からは「森さん，いろいろ工夫しているんですね。無理はないですか？ その調子でいきましょう」と体調を気遣いながら，ポジティブなフィードバックを行った。

森さんの様子をアセスメントし，支援上の注意点を再確認する

森さんの声は明るい。自ら就職に向けた準備を行い，モチベーションは保てているようだ。今は就職準備期であり，余力を残して就職活動を迎えたい。また，ビジネスマナーや対人コミュニケーション力も向上しており，苦手意識は軽減されているようだ。森さんの努力と集中力は素晴らしい。

ハローワークにて待ち合わせ

数日後，前回同様にハローワークの正門前にて待ち合わせをした。約束の5分前に着くと，すでに森さんはスーツ姿で立っていた。森さんは「ビジネスの世界ではスーツが基本と聞きました。少しでも見た目をよくしようと思って」と語り，この日に合わせ，散髪を済ませ，革靴も新調したと笑顔で説明している。

待ち合わせに現れた様子を観察し，森さんの強みを見出す

相変わらず約束をきっちり守れる人だ。さらに，今日は散髪して清潔感のある格好だしスーツも用意できたようだ。この日に合わせて準備をしており，学んだことを実行に移している。これらは森さんが就職する際に大きな強みとなる部分だろう。

前回ハローワークに来た際は落ち着きがなかったが，今回は落ち着いているようだ。ただ，緊張感が過度のプレッシャーになっていないか，森さんの様子を注意して見守る必要があるだろう。

02 新聞：大卒時に就職できず社会から遠のいていた森さんが，現在の世情を知るための情報源ともなります

　最近，新聞記事をインターネットで読む人も増えていますが，森さんは新聞を紙面で見ています。そこでは記事の大きさが，出来事の扱い方の重みづけを示しており，見出しをザッピングするだけでも「いま世の中で起きていること」を把握することができます。森さんは，採用面接に備えて新聞記事を活用しているようですが，どこにも所属せず自宅にこもっていた年月を考えると，最近の社会の動きを把握することも就職準備として有効であり，玉川 PSW は森さんの主体的な工夫に複数の意義を見出せると考えています。

03 家族，近所，図書館の職員：家族や地域住民とのコミュニケーションは就職の準備訓練になります

　図書館などの公共機関は，日中通いながら生活リズムを維持する際に効果的に活用できる資源です。また，そこで出会う知人や職員との交流は，森さんにとっては社会参加の機会になります。また，身近な家族や近所の人とのコミュニケーションは自分自身の役割を感じる場面であり，重要な訓練的な要素が含まれています。いずれも，森さんの就職活動を支える重要な社会資源となっています。このようにインフォーマルな社会資源を活用することで，森さんの社会性がより一層育まれていきます。

ハローワークにて同行面接（求人紹介）

　面接冒頭，森さんはこの2か月間で学んだことについて**苦労話**[04]を交えながら語った。その後，森さんより「事務の仕事がしたいです。職業適性検査や職業訓練プログラムでも同じ仕事を集中して行うことが得意とわかったので，それを活かしたいです」と希望が語られた。畑中PSWは「そうですか，ちょうど地元のL信用金庫で事務の求人が出ましたが，いかがでしょうか？」と事前に話していたとおり1枚の求人票を差し出した。主に郵便物やメールの仕分け，備品や事務物品の管理といった業務内容である。畑中PSWによるとデスクワークが中心であり，集中力は要するが工程はルーティンで決まっているとのことだった。また，本求人は**障害者トライアル雇用**[05]としての求人であり，原則3か月間の試行雇用を経て継続雇用の判断になることが併せて説明された。森さんは「信用金庫であればちゃんとしていると思うし，給料もいいですね。仕事内容も興味があります」と返答，応募することとなった。畑中PSWがL信用金庫に電話連絡を行い，1週間後に採用面接を受けることとなった。そこで，3日後に障害者就業・生活支援センターにて，面接の練習と**履歴書**[06]の作成を行うことにした。

　L信用金庫への就職に向けて考える

　思ったとおり，仕事内容は正確かつ集中力をもって作業ができる森さんには条件が合う。森さんも興味をもってくれてよかった。
　L信用金庫は障害者就業・生活支援センターを訪ねてきて，私がハローワークを紹介した企業であった。障害者雇用に前向きであり，すでに職員のリワークに組織的に取り組んでいることから，精神障害者の受け入れにもある程度の理解が得られそうな企業に感じた。就労後も連携しやすい企業であると思われる。私もあのときの担当者のような「真面目な課長さん」風に装って森さんの採用面接の練習の相手をしよう。

障害者就業・生活支援センターにて面接の練習を行う

　森さんは，スーツ姿で来所。心配なのか「この格好で大丈夫ですか？」と私に確認している。森さんにL信用金庫への応募についてあらためて確認すると「自分に合っているなと感じました。3か月間のトライアル雇用なので，正式に雇っ

04 苦労話：過去に苦労した体験は，自身を見直したり成長を実感するための資源として活用できます

　森さんはこの2か月の経過について，自らの変化を実感し前向きにとらえています。穏やかに自らの経験を語る言動からは，苦労を乗り越えた経験をして，自分の特性を知り，安定した生活リズムを獲得したことに自信をもっているように感じられます。森さんと畑中PSWのやり取りを見ていると，人付き合いが苦手であるとは感じられませんでした。

05 障害者トライアル雇用：障害者雇用に関する不安を軽減し，雇用の拡大を目的とした制度です

　障害者トライアル雇用（障害者試行雇用）事業は，企業が障害者を試行的に雇用することで適性や能力を見極め，一定期間ののち常用雇用へ移行することを目的とした制度です。事業主にはトライアル雇用助成金が支給されます。

　トライアル雇用は，障害のある人にとっても試行雇用中に職場の雰囲気や業務内容を確認することができるため，職場とのミスマッチを防げるというメリットがあります。労働行政からの助成金の対象となることから，常用雇用に向けた動きが積極的にとられている傾向が見られます。トライアル雇用の約8割が常用雇用に移行していることから，問題なく仕事ができれば常用雇用に向けたハードルは決して高くはありません。玉川PSWは，森さんも就職につながる期待がもてると考えています。

06 履歴書：履歴書を作成する過程における森さんの自己洞察を支援します

　就職試験には欠かせない履歴書ですが，障害者就労の場においては書き方に悩む人が多く見られます。障害の状況をどのように書くのか，大学卒業後に就労に至らなかった期間をどのように書くのか，就職試験に合格したいと願うからこその迷いがあります。また，履歴書は自己アピールのツールであり，その後の面接にもつながる大切な書類です。森さんは障害者就労にチャレンジするのは初めてですので，書き方に戸惑うことが想定されます。また，自信を失っていた森さんにとって，自分の長所を言語化し，文字に落とす作業には困難がつきまとうことが予測されます。そこで玉川PSWは森さんと一緒に履歴書を作成することにしました。

てもらえるか心配ですが，まぁ，やるしかないと思っています」

その後，面接の流れを想定して<u>模擬面接</u>[07]を繰り返し行った。臨機応変な対応が苦手な森さんの特性を考慮し，想定質問を列挙し，その回答を一緒に作成した。また，履歴書についても面接で内容を答えられるように，一緒に作成した。

森さんは繰り返し練習することで，次第にスムーズに回答できるようになり，「準備ができてよかった。少し不安が減りました」と笑顔で話した。

 面接の練習を行った後，現状の森さんをアセスメントする

スーツを着なれていない森さんにとっては，周囲からどのように見られているか心配になるのであろう。

森さんは事前に準備をすることで，苦手である臨機応変な対応をカバーできる。予想どおり，森さんは想定問答を繰り返すことで不安を解消できたようで，スムーズに応答できるようになった。笑顔で帰る森さんからは，緊張感がありながらも，準備をしたことでの自信も感じられる。

採用面接，そして障害者トライアル雇用へ

1週間後にL信用金庫での採用面接を受けた森さんから，その3日後に電話が入った。採用が決まり，来週より障害者トライアル雇用が開始されるとの報告だった。森さんの職場での状況を把握し，就労継続のための支援を各機関が連携して行うために，職場との連携が必要であることを森さんに説明したうえで，私からL信用金庫にこれまでの経過を説明すること，後日<u>職場訪問</u>[08]をすることを電話で連絡したいと森さんに提案し，了解を得た。

L信用金庫に電話連絡

私はすぐにL信用金庫に電話し，森さんの<u>上司にあたる平山さん</u>[09]と話した。森さんへの支援経過を伝え，今後の連携や定期訪問について提案すると合意された。森さんを受け入れるにあたり，職員に研修会を実施するなど，受け入れ態勢を整えていることもわかった。

07 模擬面接：あらかじめ練習することで自信をつけることができます

　誰しも一度は就職や受験などの面接の場で，緊張し自分を見失ってしまった経験があるのではないでしょうか。普段であれば答えられることも，うまく答えられないこともあると思います。あらかじめ想定質問と回答を用意しておき，応答の練習を繰り返すことで不安を解消することができます。森さんは臨機応変な対応が苦手であり，面接の場での受け答えに不安を抱えていましたが，模擬面接を何度も繰り返し，スムーズに回答することができるようになったことで自信をつけることができました。

08 09 職場訪問・上司の平山さん：就労状況を確認し，企業担当者との連携を深める重要な場です

　就労支援は，企業に入社してすぐに終了するわけではありません。就労を続けるためには，その後の定着支援が欠かせません。職場で勤務するクライエントの状況を把握し，必要な助言を行うことや，企業関係者に困りごとはないか確認することで，職場環境を調整することができます。森さんが採用されたL信用金庫は障害者雇用を始めたばかりであり，森さんへの対応や配慮の方法などに困りごとが生ずる可能性が予想されました。職場環境を整えるためには，直属の上司である平山さんの理解と働きかけが不可欠なため，玉川PSWは森さんの就職が決まった直後に電話を入れています。また，L信用金庫は玉川PSWの勤務するK障害者就業・生活支援センターや関係機関との連携の経験がなく，支援を受けるノウハウもないことから，森さんの了解のうえで，早めにコンタクトをとり，定期的に職場訪問を行いました。こうして就労定着のサポートを行うことができることで，L信用金庫の障害者雇用に対する不安も軽減されていきます。

> **L信用金庫への訪問前に，確認事項と対応を想定する**
>
> 　就職直後の職場訪問では，業務内容や上司からの指示方法，休憩時の過ごし方について確認することにしている。なお，対人関係が苦手な森さんの場合，周囲とのコミュニケーションが円滑に進んでいるかも気になる。
> 　職場での支援の要否や具体的な支援策を検討する際に，職場内の慣例や人間関係，タイムスケジュールなどをより細かく把握することが求められる。私が職場訪問を繰り返す方法もあるが，就職先の企業に一定期間派遣され，本人と一緒に企業の中で過ごしながら支援を実施する<u>ジョブコーチ</u>❿の利用が効果的な場合もある。職場訪問の状況で利用を提案してみよう。

L信用金庫に初めての職場訪問

　私は森さんの初出勤から1週間後，職場訪問をした。森さんは，周囲の職員と同様に机に向かい業務に励んでいる。平山さんによると，正確な仕事ぶりと継続した集中力が高く評価され，正式採用が十分に見込めるとのこと。ただ，森さんの能力を考えれば，もう少し業務をお願いしたいと考えているが，どのような業務がふさわしいのか，また，声のかけ方や教え方など，業務上の配慮がどの程度必要なのか，迷うと話している。

　一方，森さんからも「まだ慣れないですね。職場の人とうまく話せなくて，仕事がわからないときにうまく聞けないことがあります。あとは休憩時間に何をしていいのかわからなくて，過ごし方に困ってしまって」と困惑している様子が見られた。そこで私からは，L信用金庫と森さんの双方に職場内での継続的な職場定着支援を行うことを目的として地域障害者職業センターからジョブコーチを派遣してもらうことを提案した。両者とも希望したため，私は地域障害者職業センターの福山PSWに連絡し，ジョブコーチとして山田PSWを翌週から3か月間派遣してもらうこととなった。結局，森さんは3か月経過後，予定どおりにL信用金庫に継続採用された。

10 ジョブコーチ：職場と障害者を取りもつために派遣される職場定着支援の専門家です

　ジョブコーチ（職場適応援助者）は，就職または職場への定着について課題がある場合に，企業に一定期間派遣され，継続して働くことができるように障害特性をふまえた支援を行う専門家です。主に地域障害者職業センターに派遣を依頼します。障害者には仕事を覚えるための支援や人間関係づくりの支援を，企業には障害特性に応じた対応や指導方法のアドバイス，職場環境や作業工程の改善についての提案，作業マニュアル等の作成の支援などを行います。L信用金庫は森さんへの対応や接し方には課題を感じているようであり，森さんからも職場でのコミュニケーションに関する不安が語られたため，玉川PSWは，職場内での状況をさらに把握し必要な支援を行う必要があると判断しました。そこでL信用金庫，森さんの双方の支援を目的としてジョブコーチの派遣を依頼することにしました。

コラム　社会資源につながらなかったのは誰のせい？

　相談支援を行っているなかで，紹介した社会資源にうまくつながらなかった事例は数えきれないほどあります。なかには紹介した社会資源が期待していた動きをしてくれずに，クライエントが利用を中止してしまったこともあります。そんな時，私はつい「せっかくつないだのに」と思ってしまいそうになりますが，努めて，本当に資源のせいだろうかと考えるようにしています。私の恩師は「社会資源にうまくつながらなかったのは紹介した側に責任がある」と常々説いていました。この言葉を思い出すと，相手のことを責めていた気持ちが自分に返ってきます。原因を冷静に追究すると，自分のアセスメントが不十分であったことがわかり，深く反省させられます。うまくつながらないのはそれなりの理由が必ず存在します。相手のせいにする前に自らの実践を振り返ることが重要です。

職場訪問（モニタリング）

　継続採用後，2週間ごとに職場訪問を実施し，森さんや職場の人と面接を行うことにより，職場の環境調整や森さんの不安軽減を図った。当初，「精神障害」に対する警戒心が強かった周囲の職員にも臨機応変には対応できない森さんの特性を理解してもらえるように，森さんの気持ちを代弁して伝えることもあった。こうした働きかけが奏効したのか，森さんの**隣の席の職員である石塚さん**[11]はよき理解者として教育担当を担ってくれており，森さんも気軽に公私の相談をしている様子が見られた。

　また，ジョブコーチの山田PSWから上司の平山さんへアドバイスがあり，森さんは新たな業務として物品や備品の発注，ホームページや広報誌の発行を担当することとなった。

今後半年間の職場訪問を想定しておく

　L信用金庫と森さんの双方の不安が軽減され，森さんのことを理解してくれる職員が増えてきた。しかし，まだ障害者雇用を始めたばかりのL信用金庫と，初めての正社員として勤務する森さんとの間では，さまざまな課題があがると想定される。当面は**毎週から月1回程度の頻度で職場訪問**[12]を繰り返し，森さんの職場での状況把握や観察を重ね，課題には随時対応する必要があるだろう。半年後に支援計画の見直しを予定しよう。

11 隣の席の職員である石塚さん：職場での心の支えであり，他の職員とのつなぎ役となります

　上司や同僚とのコミュニケーションは，就労継続のための重要な要素です。特に自席近くの職員は，困りごとの相談や確認を日常的に行い，休憩時間も会話の機会が多いため，関係性次第で職場の居心地が大きく変わります。また，他の職員に対して障害特性をふまえたかかわり方を指導するなど，クライエントと他の職員との交流のつなぎ役にもなります。森さんの場合，隣の席の職員がよき理解者として教育担当を担っており，森さんも気軽に公私の相談ができており，職場内でのコミュニケーションが円滑に進んでいる様子が伺えます。

12 短い間隔での職場訪問：就職当初は状況の変化が見られることがあります

　就職当初は新しく覚えることが多く，また人間関係の形成も未成熟のため，障害特性を知らないがゆえの悪意のない勘違いから，不適当な指示や業務が与えられていることもあります。これらを防ぐためにも就職当初は丁寧に状況を確認したり，円滑な業務遂行のためのルール決めが必要です。そのため短い間隔での職場訪問が有効で，トラブルの際も迅速に課題を発見し対応することを目指します。それがクライエントや企業にとっての安心感にもなります。ただ，頻回な訪問が続くと依存度を高め，企業やクライエント自身が本来もっている対応力まで奪いかねないため，有期限とする必要があります。玉川 PSW は，L 信用金庫が初めての障害者雇用であることを考慮し，6 か月間に設定しました。

まとめ ▶ ▶ ▶ 　資源の強みを活かして就職を実現する

　森さんは，複数のフォーマルな支援サービスを活用し，その都度，新しい支援者や関係者との出会いを経験します。この障害者就労のプロセスに玉川 PSW が一貫してかかわることで，臨機応変な対応や変化の苦手な森さんは，安心してチャレンジを積み上げることができています。玉川 PSW は各資源の強みを有効活用できるよう，各関係者と森さんをつなぐ役割を意識しています。

　玉川 PSW は，L 信用金庫という新たな資源にも注目し，適切な時期に求人情報を提供して森さんの特性に合った L 信用金庫の活用を支援しています。次節では，この障害者雇用の経験を活かし，次なる社会資源の創出に挑みます。

第**4**節 ▶ [創る]

ネットワークを構築し，地域課題として街全体を巻き込む

障害者就業・生活支援センターでの話し合い

　職場内での定期会議では，個々の個別支援の実践状況を報告し合っている。最近では就労移行支援や<u>就労継続支援A型</u>[01]など，就労支援事業所が次々に開設されて就労実績は上がっている。一方で，就職に向けた訓練や準備が整っていても希望する求人に出会えないことや，就労をあきらめてしまっている人も多いことが共有され，この地域の課題として私が<u>自立支援協議会</u>[02]に報告することになった。

> ### 自立支援協議会の前に作戦を立てる
>
> 　定例会のメンバーは20名で行政機関のほかに障害者施設や団体，当事者会，家族会も参加している。私は障害者就業・生活支援センターの立場で，自立支援協議会に6年前から継続的に参加している。ここでは障害者雇用の促進を図るための取り組みを積極的に行う必要があると訴えてきた。
> 　自立支援協議会の定例会では，以前は障害者就労の話題は取り扱われなかったが，障害者雇用が促進されてきたことで，最近では市の障害者福祉計画にも取り上げられるようになった。障害者就業・生活支援センターには毎回，センターの活動状況や障害者就労の状況を報告する時間が10分程度確保されている。今後は，協議会のなかで障害者就労を検討する場をさらに確保したい。参加委員は顔見知りも多く，意見を出しやすい場である。根回しとして，障害者就労に関心をもっている委員に自分の考えをあらかじめ伝え，理解し賛同してもらえるように働きかけよう。

自立支援協議会の定例会（年4回開催）に参加

　会議の開始前，挨拶がてら<u>顔見知りの委員</u>[03]に，自立支援協議会で障害者就労について検討する場が必要であると説明して回り，私の意見を後押ししてもらう働きかけをした。その後，会議の席上で，障害者雇用が年々増加していること，

解説　**01**は社会資源，**01**はPSWの視点や技術を解説しています。

01 就労継続支援A型：福祉的就労の枠の中で雇用契約を結ぶ，唯一の福祉サービスです

　障害者総合支援法に基づく障害福祉サービスであり，企業等に就労することが困難な障害のある人に対して，雇用契約に基づく生産活動の機会の提供，知識および能力の向上のために必要な訓練などを行います。福祉契約と同時に労働契約を結ぶことになり，最低賃金の支払いが保障されています。福祉的就労の分野で唯一，労働者としての身分が保証される事業です。

02 自立支援協議会：地域の障害者等への支援体制を構築するために法的に定められた協議会です

　自立支援協議会は，障害者総合支援法において地方公共団体が障害者等への支援体制の整備を図るために設置するよう，法的に定められたものです。地域における障害者等への支援体制に関する課題を共有し，関係機関の連携を深め，地域の実情に合わせた体制整備を行うことが求められています。

　森さんの事例を含め，玉川PSWはこれまで自立支援協議会で障害者就労の必要性と，障害者雇用の促進を図るための取り組みを積極的に行う必要性を継続的に訴えてきました。障害者就労は，福祉・保健・労働をはじめとして，分野横断的に検討することが必要な課題です。自立支援協議会は政策提言を行う機能も有していることから，地域課題を解決するための方策を制度化することができる可能性もあると考え，障害者就業・生活支援センター内であげられた課題を地域課題として提言しています。

03 顔見知りの委員：根回しをすることで，賛同を得たい意見を後押ししてもらえます

　会議に参加する際には，その会議の目的と自分の役割を意識することが重要です。玉川PSWは，自立支援協議会が地域の支援体制を構築する場であること（会議の目的）をふまえ，障害者就労の相談窓口である障害者就業・生活支援センターの立場（自分の役割）で，障害者就労について検討する場の設置を求めました。会議の場で承認を得るためには，事前に自分の考えをまとめ，説得力のある言葉をもって，会議前に参加者に対して自分の主張を理解してもらえるよう働きかけることが有効です。いわゆる「根回し」を行っておくと，参加者は会議での説明

法定雇用率の引き上げなど法制度によって後押しされていることを説明しつつ，先日の職員会議で共有されたこの地域の課題を提起した。

障害者就労の機運が高まっていることもあり，根回ししておいた委員からも同調する意見が多数あがった。最終的には，障害者就労の促進を地域課題として認識し，自立支援協議会を中心に取り組むべきであることの合意が得られた。具体的には，就労支援ワーキンググループを新設して協議することとなり，委員の選定は私と市職員で協議し，ワーキングを招集することとなった。

> 就労支援ワーキングの実施前に会議の委員や方向性をイメージする
>
> これまで福祉関係者のみで検討することが多かったが，障害者雇用を一般企業に広めるためには，福祉分野以外との連携が重要となってくる。ワーキングのメンバーには，障害福祉サービス事業所等に加え，ハローワークの畑中PSWや地域障害者職業センターの福山PSWにもお願いしたい。それに**商工会や市で経済政策や労働問題を担当する部署**[04]に参加を求めたい。異なる立場から意見を聞くことで相互理解の深まりも期待できる。
>
> 地域への働きかけとしては障害者の理解を深めることや制度を知ってもらうことが重要だ。企業関係者を広く集めて障害者雇用の必要性や実際の状況を学ぶ研修会など，ワーキングで提案してみたい。

第1回，就労支援ワーキングに出席

参加メンバーに関する私の提案をベースとして，事務局を担う市職員がセッティングして就労支援ワーキングが開催された。私は市からの依頼を受け座長を務め，障害者就労を促進するための方策について意見交換を行った。

私は想定したとおり障害者雇用の効果や必要性を広めるために**企業関係者向けの研修会**[05]を開催することを提案した。

この発案は事前に何人かの参加メンバーに説明していたこともあって，賛同を得られ，就労支援ワーキングから自立支援協議会定例会に提案することになった。次の定例会で承認されると就労支援ワーキングのメンバーが所属しているハローワーク，労働基準監督署や地元の商工会も研修会の開催に向け，企画の周知や当日の運営等を後援してくれることになった。

を聞くのが２度目となるため，自分の主張をよりスムーズに理解してもらうことができます。特に，知り合いの委員であれば，玉川 PSW の日頃の仕事ぶりや思いをすでに知っている人たちですから，今回の主張についての賛同が得やすくなり，有利な結論に導くことができると考えています。

04 商工会や市の経済政策や労働問題の担当部署：多様な分野を横断するネットワークが実効性のある取り組みを生みます

障害者の地域生活支援は，福祉分野だけでは完結できません。生活者であるクライエントを支援するためには，多様な分野の機関が連携することが不可欠となっていきます。地域の障害者就労を促進するためには，雇用側となる企業を所管する団体である商工会との連携も有効と考えられます。また，障害者が労働者としての側面を有することをふまえ，労働政策を扱う行政機関にも関与を求めることが妥当だと思われます。このように，福祉とは異なる分野の関係機関も巻き込むことで，他分野からの知見を活用することができ，また一方では，こうした関係者に対して障害者就労に関する理解を深められるだろうと玉川 PSW は考えました。

05 企業関係者向け研修会：雇用事業主に障害者雇用の理解を広げ，雇用先を開拓する手段となります

玉川 PSW は，この地域では障害者雇用に関する知識や理解が普及しておらず，まだ認知度が低いことも障害者就労が広がっていない理由の一つではないかと考えています。障害者を受け入れる側の雇用主に，まずは障害者雇用の各種制度に関する知識と，精神障害者に関する正しい理解を促していくことが重要と考えました。そのためには，雇用主となる企業関係者を集め，障害者雇用の必要性と実態を学ぶ機会として，研修会を開催することが有効だろうと考えました。

1か月後の就労支援ワーキング（研修企画会議）に向けて研修目的を整理する

　障害者雇用の受け入れ側である企業関係者を対象として，今回の研修では，障害者雇用を促進するために障害当事者を知ってもらって理解を深め，興味・関心をもってもらうことと，それぞれの立場で取り組める具体的な行動をイメージしてもち帰ってもらうことの2点を目指したい。研修以外にも障害者を雇用している企業や障害者合同就職説明会の見学なども効果的かもしれない。

第2回，就労支援ワーキング（研修企画会議）に出席

　研修会の具体的な内容を話し合った。そのなかで，「障害者雇用を現実的に理解し，身近に感じてもらうためには，企業の**障害者雇用の体験談**[06]を参加者に聞いてもらうのも有効では」との声があり，研修プログラムの一部に体験発表形式の講義を取り入れることになった。体験談を話す講師の依頼，調整をK障害者就業・生活支援センターが中心となって担うことになり，私は森さんの就職先であるL信用金庫に講師の打診をすることを思いついた。

 職場訪問時に講師を打診することを想定する

　次回の職場訪問時は森さんの状況把握と併せて，森さんの上司である平山さんとジョブコーチの山田PSWに今度の**研修会の講師**[07]の打診をしよう。
　森さんは職場に馴染んでおり，安定して業務に取り組むことができている。森さんがここまで定着できたのは，ジョブコーチに加え上司の平山さんをはじめとした職場の理解と，**障害者差別解消法による合理的配慮**[08]の影響も大きい。こうした受け入れ企業側の実践を伝えることは，障害者雇用を検討している企業にとって有意義だろう。また，これまで就労経験のない森さんが，ジョブコーチの支援を受けながら本来の自分の強みを活かしてしっかり働いていることを，企業関係者に伝えることで障害者雇用に対する不安が軽減されるかもしれない。そのようなねらいから，森さんの事例は今回の企画の体験談として適切だと思う。目的と趣旨を説明し，まずは検討してもらえるようにしよう。

06 障害者雇用の体験談：当事者や企業関係者の「生の声」が，次の障害者雇用を生み出します

　同じような立場の人の体験談は，聞く人々にとって身近に感じられるものです。大上段に構えた講義よりも，一から積み上げていったプロセスを「体験談」として聞くほうが，心理的に我が事として引きつけて受け入れることができます。「自分にもできるかもしれない」と勇気づけられる場合もあります。また，自分とは違う役割をもった人の体験談は，相互理解の促進につながることもあります。今回は，Ｌ信用金庫にトライアル雇用から始めた障害者雇用のプロセスを話してもらうことで，今まで障害者雇用に消極的であった企業に新規求人を検討してもらえるきっかけとなることをねらっています。このように，障害者雇用の一体験を，「体験談」という形で情報提供することで，次の障害者雇用につなげられるという好循環を生み出すことができます。

07 研修会の講師の役割：企業の職員や障害のある当事者が自らの取り組みに対する肯定的な評価を高めることができます

　Ｌ信用金庫の取り組みを周囲の企業に伝えることは，Ｌ信用金庫の企業価値を社会的にアピールするだけでなく，自らの取り組みの成果を確認する機会にもなります。特に今回は，初めての障害者雇用でうまくいっているわけですから，より肯定的なイメージをもつことができます。さらに，このような機会が，新たな目標を見つけることにも通じ，Ｌ信用金庫における障害者雇用の取り組みの幅が広がることも期待できると玉川 PSW は考えています。

08 障害者差別解消法による合理的配慮：企業が法的義務を遵守しつつ障害者への配慮に難しさを感じないよう支援します

　2016（平成28）年４月に障害者差別解消法と改正障害者雇用促進法が施行され，すべての企業での雇用現場において，事業主が雇用する障害者への障害を理由とした差別禁止・合理的配慮の提供を行うことが義務化されました。法律はその根拠となるものですが，精神障害は目に見えない障害であり，日によって状態に波があることも障害特性の一つであるため，その配慮には，正しい知識と理解のうえでの工夫を必要とします。企業と福祉的支援を行う機関が連携し，その場に応じた効果的で合理的な配慮を検討する必要があり，玉川 PSW は職場を訪問する度に状況を確認し必要な助言等を行っています。

L信用金庫の平山さんとジョブコーチの山田PSWに講師を打診

就職後半年を迎えた森さんの定期職場訪問のためL信用金庫を訪れると，森さんはすっかり職場に慣れ，周囲とも打ち解けていた。

森さんと平山さん，ジョブコーチの山田PSWが同席するなかで，障害者雇用に関する研修会を企画中であることとその趣旨を話した。そのうえで，平山さんと山田PSWに講師として体験談を発表して欲しい旨を打診した。

森さんと山田PSWは「それはいいですね」と賛同したが，平山さんは会社内で協議が必要とのことで，後日，返事をいただくこととなった。

平山さんより承諾の電話連絡

1週間後，平山さんより「私たちの取り組みを伝えることで，次の障害者雇用につながるのであれば協力したい。会社も，企業価値のアピールになるので承諾してくれました」と講師の依頼を受け入れてくれる旨の電話が入った。

平山さんに講師をしてもらうための手続きを想定する

平山さんには，社内の承諾を得てL信用金庫の取り組みを話してもらうから出張扱いになるだろう。派遣依頼のための文書や講師謝金の取り扱いなど，事務処理を<u>市の担当者</u>[09]に念押ししておこう。

研修会の周知に関する仕掛けを検討する

今後の障害者就労にも発展させたい企画だから，一人でも多くの企業関係者に参加してもらいたい。多くの地元企業が参画している<u>商工会や地元の商店街</u>[10]の協力を得ることで，直接アプローチできない人にも周知できる。商工会の定例会議や商店街の集まりなどの機会にチラシを直接配布するなど，積極的な働きかけをしたい。また，今のところ障害者雇用に消極的な企業にも，L信用金庫の取り組みを聞いてもらい，考えてもらうきっかけにもなればいい。

09 市の担当者：派遣依頼の資料や講師謝金など，研修会開催に向けた事務作業の担い手とも連携します

　研修内容の企画や講師依頼などプログラムに関することは玉川PSWが中心になって行っていますが，事務的な手続きとして，講師の派遣依頼文書の起案や発送，会場手配や機材（映写用のパソコン，プロジェクターなど）の準備，講師謝金を含む事業予算の確保と支払いなどを並行して行う必要があります。今回の研修会を主催するのは自立支援協議会を設置する市であり，市職員が事務的な業務を担うことになっていますから，進捗状況の連絡や報告，確認を緊密に行うことで円滑に準備を進めることができます。

10 商工会や地元の商店街：地元に密着している利便性を活かすことで，行政機関や福祉事業所だけでは周知できないところへも広報します

　長年にわたり地域に密着した活動を行っている商工会や商店街の活動は，地域住民との接点が多く，広報や普及啓発を行う場合には，有効なインフォーマルな資源となります。

　さらに今回は，これらの関係者や事業主が障害者雇用の担い手としても期待できることから，研修会開催への協力を得ることを通して，その後の連携のきっかけづくりとなることもねらっています。少子高齢社会となり，地域の商店街も人手不足や経営者，社員の高齢化の問題を抱えており，労働の担い手として障害者雇用のメリットもあると考えられます。玉川PSWは，研修会というイベントの運営を通じて，働きたい気持ちのある障害者と，それを促進したい福祉関係者，そして事業主の三者すべてに有益な連携関係を築くことができるよう働きかける先を選んでいます。

研修会について広く周知する

　就労ワーキングの委員の事業所や団体と協働して研修会のチラシとポスターを作成し関係機関に配布した。さらに地元の商工会や商店街にも配布を協力してもらい，地元の企業に参加を呼びかけた。また，ハローワークや労働基準監督署でもポスター掲示やチラシ配布をしてもらった。商工会の協力を得て提供してもらった名簿に基づき，就労支援ワーキングのメンバーが手分けをして会員に直接チラシを送り，商工会や商店街の会議に出席し参加を呼びかけた。

研修会の開催

　初回ワーキングから半年後，研修会は無事に開催され，100名近くが参加した。会社で初めての障害者雇用として森さんを受け入れた体験談を語った平山さんの発表の際には，会場にいた森さんも紹介され多くの拍手を浴びた。参加者には商工会や商店街の関係者，大企業の支店や地元の中小企業など多くの企業関係者の姿が見られた。研修会後のアンケートでは，企業関係者から「何となく障害者雇用を避けてきたが，障害者への誤解に気づいた」「人材不足で困っていた。障害者雇用の経験がなくても支援や制度を使えば知識不足も何とかなりそうだ」「法定雇用率をクリアしなければならず困っていた。これから障害者を採用していきたい」という意見が寄せられた。全体として「自分の企業でも障害者雇用の取り組みを検討したい」という意見が多数を占め，高評価であった。この結果を森さんにも伝えると「これだけの人が認めてくれてうれしい」と笑顔を見せた。

 研修会終了後に成果・効果を考える

　多くの人が参加し，興味・関心をもってもらえた。この地域はもともと他県からの転入者が多く，なかには外国人も多く含まれている。結果的に**多様性のある住民**[11]で構成されている地域だ。懐に入り，一度理解してもらえば，受け入れもスムーズになることが多い。多くの企業より前向きな意見が発せられたことから，今後の障害者雇用の活性化が期待できる。その興味・関心や前向きな気持ちを実際の動きにつなげていけるように，**障害者就労の合同面接会**[12]の開催など具体的に障害者と企業を結びつける仕掛けを検討していきたい。

⓫ 多様性のある住民：他県や外国からの転入者を受け入れてきた土地柄を地域の強みとしてとらえます

　この地域は，都心への通勤圏でありながら少し離れた位置にあるため，外国人労働者や県外からの転入者が多く，多様な人々や文化が混在しています。そこでは元からいる住民との摩擦や，新たな文化・風習への抵抗感も生じますが，年月を経て多様なライフスタイルが受け入れられる土地柄を築いていくことになります。そのため，玉川PSWは，この地域では障害に関する心理的障壁が比較的低いのではないかと分析し，障害者雇用に関しても広がりやすい特質，ストレングスがあるとみています。

⓬ 障害者就労の合同面接会：企業と求職者である障害者を結びつけるイベントです

　大学生の就職活動では一般的な手法である就職合同面接会は，最近では障害者向けにも開催されるようになっています。ハローワークが主催することが多く，複数県をまたいで合同で開催されている場合もあります。一度に多くの企業と求職中の障害者が出会うことのできる機会という点で，双方にとってメリットが大きく，実際に参加者・参加企業ともに増加傾向にあります。玉川PSWは，障害者就労に関する研修会を企画したことで障害者雇用の気運が高まった時宜をとらえ，さらに障害者が就労できるための仕掛けとして，実際にこの地域で就職を目指す障害者と多数の企業が出会える場を創出しようと考えています。

コラム　就労継続支援A型事業所の廃止と大量解雇問題について

　2017（平成29）年2月に障害者総合支援法施行規則の一部改正により，A型事業所の運営基準の改正が行われました。同年3月に生産活動収入から経費を除いたものが賃金総額を上回らなければならないことが明文化され，多くのA型事業所が経営改善計画書を提出する事態となりました。その結果，倉敷市や名古屋市，福山市などでA型事業所の廃止と利用者の大量解雇が発生しました。公益社団法人日本精神保健福祉士協会が構成員から情報収集して実態を把握し，運営の適正化を求める要望書を厚生労働省に提出するなど，障害福祉関係団体によるA型事業所の不適切な運営の是正を求める運動が展開されています。

就労支援ワーキングで地域への継続的な働きかけを考える

　ワーキングにて研修会の反省会が行われた。研修の効果か，障害者雇用を始めたいという企業関係者からの相談が増えた。一方で，企業側とのミスマッチや病状等の悪化により，一度雇用された障害者が短期間に離職する事例や，法定雇用率を満たすだけの目的で，十分な体制がないなかで障害者雇用する企業も存在することが課題としてあがった。ワーキングでは，継続的に障害者雇用のための普及啓発を行いながら企業支援の方法も検討することになった。

センターに戻って今後の活動を考える

　障害者雇用の推進は，障害者就労の数を増やすことも目指しつつ，障害のある人の自己実現を支援することにつなげなくてはならない。働く喜びをあたり前に実感できるような地域を創りたいということだ。実際，企業側も働き手を求めており，障害者雇用が進むことでその一端が解決できるのではないだろうか。センターでは一人ひとりの障害者の就労を支援しながら，そこで出てくる課題や好事例を自立支援協議会などに持ち込み，今回のような研修会やほかにも必要な取り組みを創り出していきたい。

第4節 ［創る］ネットワークを構築し、地域課題として街全体を巻き込む

まとめ ▶ ▶ ▶ 普及啓発活動を主導し，地域の協力者を増やす

　玉川 PSW は，所属職場の特性上から障害者の雇用促進を常に念頭に置いて仕事をしていましたが，森さんへの支援を通じて企業における障害者雇用を促進するためには，地域の理解者，協力者を増やすことが不可欠だとあらためて実感しました。そこで，長らく参画している市の自立支援協議会で志を共有できる仲間とのネットワークを基盤とした就労支援ワーキングチームの立ち上げや，障害者雇用の普及啓発を目的とした企業関係者向けの研修会の開催を主導していきました。研修会では障害者の就労支援制度に関する知識の提供に加え，障害者を初めて雇い入れた企業側の登壇者を設けるなど，つながりをもった資源を次の取り組みに有効活用しています。今回は時期尚早で見送りましたが，いずれは森さんにも体験を語ってもらう機会が訪れるかもしれません。障害者就労のムーブメントは，当事者と支援者が協働してこそ盛り上がっていくものでしょう。

第3章

高齢者領域の社会資源とつながり，偏見のない地域づくりへ

事例：鷹野 PSW（就労継続支援B型事業所勤務）

本事例の舞台

▶ クライエント情報，主な登場人物

磯さん：51歳・男性。R市の北東部に位置する県営団地に，母と2人で住む。大学生のときに統合失調症を発症し，数回の入院歴がある。人と接するのを避けて生活してきたが，35歳のときに主治医の勧めでデイケア通所を開始。就労は無理だと思いこんでいたが，5年前に他メンバーの刺激を受けて挑戦したいという夢が芽生え，S事業所に通所先を変えた。以前から，家事全般や受給している障害基礎年金（2級）の管理は母親任せである。月2万円弱のS事業所の工賃を，自分の小遣いとしている。

磯さんの母親（久江）：76歳。40年前に夫と離婚後，娘（磯さんの姉）と磯さんを連れて県営団地に住み始め，働きづめで2人の子を大学に進学させた。磯さんが発症した後は，結婚したばかりの娘に負担をかけないよう，磯さんのことは一人で対応してきた。定年後もパートで働いていたが，70歳で仕事を辞めた。最近，もの忘れが目立ってきた。

田中PSW：磯さんの計画相談支援を担当する相談支援専門員。精神保健福祉士。S事業所と同じ法人の相談支援事業所に所属している。

近藤SW：R市内にある，磯さんの住所地を管轄するT地域包括支援センターに所属する社会福祉士。

その他の登場人物：S事業所の利用者，施設長，後輩PSW，磯さんの主治医であるU病院の鈴木医師，R市障害福祉課の佐藤保健師，磯さんの姉，V地域包括支援センターの井上主任ケアマネジャーなど。

鷹野PSW（筆者）：S事業所（就労継続支援B型事業所）のサービス管理責任者。精神保健福祉士。精神科病院でPSWとして十数年勤め，15年前にS事業所を運営する法人に転職。

▶ PSW所属機関の情報：設置母体・規模・定員数

　平成初めに，R市西部に任意団体が小規模作業所を設立したのが始まりである。その後，事業所を増やし社会福祉法人となり，小規模授産施設を経て，障害者自立支援法（現・障害者総合支援法）でさらに施設体系が移行した。現在，機能の異なる就労継続支援B型事業所3か所，共同生活援助事業所（グループホーム）

１か所，指定一般・指定特定相談支援事業所１か所を運営している。

　その一つであるS事業所は，R市内にある就労継続支援B型事業所。精神障害のある人を対象とし，１日平均約20人が通所。利用者の年齢は20代から70代まで幅広く，知的障害との重複や発達障害の診断で利用する人も増えている。地元企業からダイレクトメールの封入封かん作業を請け負い，比較的高額な工賃を実現している。市内にある障害者就業・生活支援センターと連携して企業への就労支援も行っている。職員は，施設長，サービス管理責任者（鷹野PSW），生活支援員（後輩PSW），職業指導員，非常勤の作業補助職員と昼食調理職員である。利用者の個別担当制はとっておらず，必要に応じて対応者を決めている。

▶ 地域特性

　S事業所があるR市は，人口約15万人。東西に５キロメートル，南北に４キロメートルで，面積は18平方キロメートル。南端にある私鉄駅から電車を利用すれば大都市に１時間程度で出られることもあり，勤め人世帯が多いが，戦前から続く農家や自営業の世帯も混在している。市の北東部には築40年超の大規模な県営団地がある。近年はリタイアした高齢者世帯が急増しており，高齢化と認知症ケアが地域の課題となっている。地域包括支援センターは市内に７か所あり，民間の法人が市から委託を受けて運営している。

　市内には精神科病院が２か所あり，病床約300床のU病院が市の東端に，同規模のもう１か所の病院が北西部にあり，デイケアと訪問看護を行っている。駅の近くに精神科クリニックが３か所ある。平成初めより，精神障害者を対象とした通所や入所の事業所が２か所の精神科病院の周辺に増え始めた。現在，就労継続支援B型事業所が５か所，就労継続支援B型と就労移行支援の多機能型事業所が１か所，地域活動支援センターが１か所，指定一般・指定特定相談支援事業所が３か所，グループホームが４か所ある。R市を管轄する保健所は，隣の市にある。また，市や保健所を含め，精神保健福祉に携わる関係機関の連絡会が長く続いており，R市自立支援協議会の発足後は精神保健福祉部会に移行した。

　精神障害者も高齢化や認知症の併発が課題となっているなかで，高齢者福祉領域との連携は不十分であり，高齢者を対象とした介護事業所には，精神障害のある人の受け入れに消極的なところもある。

▶ あらすじ

第1節　日頃のかかわりのなかでニーズを発見し，社会資源を絞る

　最近，磯さんが，「母がだんだんぼけてきた」と雑談のなかでぼやくようになった。話を聴いたところ，母親が認知症になっているのではないかと心配で，先行きに不安を感じていた。そこで，今後の磯さんと母親の生活が少しでも安心できるものになるよう，支援していくこととした。

　当初は，母親を認知症専門医の受診につなごうと考えたが，思い直し，磯さんを地域包括支援センターにつなぐことにした。磯さんは，知らない場所に行くことに抵抗を示したが，一緒に行くということで同意した。

第2節　つなぐ過程で，受け身のクライエントを主体的な相談者に変身させる

　磯さんと一緒に地域包括支援センターに行く打ち合わせを始めると，磯さんは，母親のことを相談するためだとは理解はしているようだが積極的な姿勢ではなかった。そこで，磯さんが少しでも主体的になれるよう働きかけたところ，磯さんは地域包括支援センターに予約の電話を入れ，近藤SWと直接話すことができた。そして出かける当日，意外にも磯さんは母親を連れて現れた。

第3節　クライエント自身が，新たな支援者や支援機関を使いこなせるように

　認知機能が低下した母親は，磯さんを頼りにしていた。磯さんは，近藤SWとともに，母親の認知症専門医受診や介護認定調査を進め，認知症ケアについても学んでいった。並行して，何でも母親任せだった磯さんに，自立に向けて家事援助のホームヘルパーや日常生活自立支援事業の導入を図った。磯さんは，介護サービスを利用するようになった母親の第一の支援者となり，母親の支援機関ともつながりをもつようになった。

第4節　年齢を重ねても，精神障害のある人が安心して暮らしていけるように

　精神障害のある人がいつまでも安心して暮らすには，精神保健福祉領域の支援機関とその利用者が，高齢者福祉領域の支援機関を理解し，連携し合うことが第一歩となると考え，身近な地域包括支援センターの協力を得て，交流を図る企画を実施した。すると，地域包括支援センターのほうからも，R市の高齢福祉課を巻きこんで，精神保健福祉領域との連携促進を図る企画が提案された。

PSWの着目ポイントと社会資源活用の意図

就労継続支援B型事業所の鷹野PSWは、授産活動等就労に関した支援だけでなく、その前提として、利用者の生活に目を向けてかかわることが大切だと考えている。

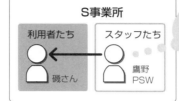

磯さんの最近の様子から、もの忘れが目立つ母親との生活に不安を抱えていることに気づき、磯さんのニーズを確認し支援を開始することにした。

「高齢の母親を支えようとする息子」という磯さんの立場に着目し、地域包括支援センターに磯さんをつなぐとともに、合わせて、高齢者の支援機関が精神障害のある人への対応に慣れることを狙った。

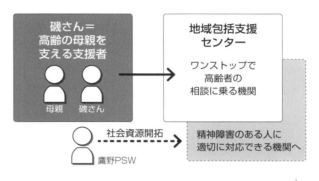

磯さんをT地域包括支援センターの近藤SWにつなぐと、母親への介護サービスの導入が進められた。一方磯さんには、母親に頼ってきた家庭生活からの自立に向けて福祉サービスを導入した。

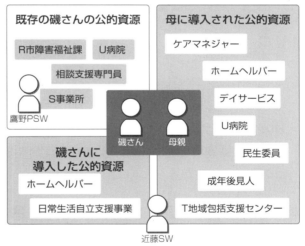

地域包括支援センターの協力を得て学習会を開催すると、地域包括支援センターからも見学の打診があった。草の根の交流を重ね、誰もが高齢になっても安心して暮らせる地域づくりを目指す。

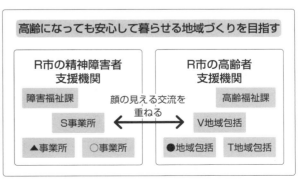

第1節 ▶ [浮かべる，絞る]

日頃のかかわりのなかでニーズを発見し，社会資源を絞る

母親に関する磯さんの愚痴に耳を傾ける

　このところ，磯さんが母親のことをぼやくようになった。「何度も同じことを聞いてくる」とか，「物がなくなったと言ってしょっちゅう捜している」などと言う。

　今日も，作業の合間の休憩時間に磯さんが話しかけてきた。「びっくりしたよ。棚を開けたら洗剤のボトルが10本以上あって。まったくもう。うちはお店じゃないんだから」と言う。顔は笑っていて，深刻そうではない。私が「買い置きにしては多いですね」と応じると，「困っちゃうよー，ぼけちゃって」と笑った。

愚痴を聴くという支援を見直す

　最近，母親についての愚痴が多い。冗談めかしていて深刻さはないが，このまま愚痴を聴くだけでよいのだろうか。<u>母親</u>[01]は確か70代後半だ。加齢とともに認知機能が衰えるのは避けられないが，年齢相応といえる範囲を超えているようにも感じる。一度，磯さんから個別に話を聴いて状況把握しよう。個別面接というと緊張するかもしれないが，もうすぐ半年に一度の<u>個別支援計画の見直しの時期</u>[02]なので，振り返りも兼ねて面接しよう。

個別支援計画の見直しに向けた打ち合わせ

　翌週の<u>定例スタッフミーティング</u>[03]で，利用者の面接担当を分担した。S事業所では，<u>サービス管理責任者</u>[04]でなくても面接を行う。磯さんの面接は私が担当することを申し出た。また，半年間の磯さんの様子をスタッフ間で共有した。

・概ね週4日通所し，事業所が居心地のよい場所になっている。
・企業への就労に挑戦したいという希望があり，今期からは，<u>就職したOBが参加する月1回のミーティング</u>[05]にコンスタントに参加しているが，失敗を人一倍恐れる傾向があり，一歩を踏み出す気持ちになっていない。
・母親のもの忘れが目立ち，生活面のストレスが生じている。

解説 01 は社会資源，01 は PSW の視点や技術を解説しています。

01 母親：家族は時とともに変化するインフォーマルな人的社会資源です

個々の家族は，互いにさまざまな感情を抱き合う存在です。家族がクライエントを支えることも，クライエントが家族を支えることも，反目することも，疎遠になることもあり得ます。また，時間の経過とともに，関係性も変化します。家族を，ひとまとめにして画一的にとらえないことが大切です。

02 個別支援計画の見直しの時期：定期的な面接の「機会」が支援ツールになります

S 事業所では個別支援計画の見直しを半年ごとに行っています。つまり，すべての利用者と半年に一度は個別面接をすることになります。すると，日頃のかかわりでは話せなかったことを，利用者が打ち明けてきたりすることがあります。それを見越して個別面接の機会を意識的に活用するのも，PSW のスキルの一つです。

03 定例スタッフミーティング：チームワークを構築する重要な仕組みです

個々のスタッフがチームとして機能するうえで，情報を共有し意見を出し合い，合意形成する仕組みがあることは，極めて重要です。そのような場が定例化しており，率直な意見交換ができれば，スタッフミーティングは有効な資源となります。逆に，大事なことがどこでどのように決まっていくのかが明確でない組織は，スタッフにも利用者にもストレスと不満が生じます。

04 サービス管理責任者：所定の研修を修了し，障害福祉サービスの質を確保する責任者です

S 事業所のような就労継続支援や，療養介護，生活介護，自立訓練，就労移行支援，就労定着支援，共同生活援助（グループホーム），自立生活援助を行うには，サービス管理責任者が必置です。利用者のアセスメントや個別支援計画策定，サービス提供過程管理とともに，職員への指導も行います。なお，S 事業所のように，利用者とかかわりのあるスタッフが分担して面接し，個別支援計画立案まで行う事業所は少なくありません。

母親に関する相談ニーズが把握された場合について考える

　磯さんは，母親のことを誰かに相談しているだろうか。困っていても困っていると言えないところがあるから，相談していない可能性が高い。磯さんの**計画相談支援**[06]を担当する田中PSWからも，磯さんから相談を受けているとは聞いていない。誰も相談に乗っていないのなら，最も接する時間の長い**うちの事業所**[07]で，磯さんの母親について相談に乗っていくのが妥当だ。

後日，面接室にて個別支援計画見直しの面接を行う

　面接を進めていき一段落したところで，磯さんは母親のことを話し出した。「昨日はハサミが冷蔵庫にしまってあった。聞いたら覚えてないって。毎日そんな感じ」と言って下を向き，「ホントに忘れてるみたいだからかわいそうなんだけど」と少し低い声になった。誰かに相談しているかと尋ねると，「（主治医の）鈴木先生には話してるよ。そしたら受診を勧められた。でも，よくなるものじゃないかもしれないって」と言った。

　個別支援計画は，磯さんの希望を確認し，これまで通り事業所の通所日は変更せず，授産活動を通した就労支援とOBミーティングによる企業への就労動機づけ支援を継続することとした。そして，母親との生活を安定させるために，一緒に解決方法を考えることを提案したところ，「いいの？　じゃあ，よろしく」とのことだった。母親のことは，明日，再度面接をする約束をして終えた。

 個別支援計画案をまとめながら考える

　母親の想定外の行動を磯さんなりに受け入れようとしているが，度重なると余裕がなくなってしまうだろう。高齢者虐待などといわれるような事態に陥るのは防がなくてはならない。**主治医**[08]が受診を勧めたのは，おそらく認知症を疑ってのことだ。早めに受診して診断してもらったほうが，見通しが立てられるかもしれない。

　明日はもう少し詳しく話を聴き，磯さんの生活を支える方策を考えていくこととしよう。

05 就職したOBが参加する月1回のミーティング：独自の支援プログラムは，創出された社会資源です

　就労継続支援B型事業所は，事業所ごとに特徴があり，授産作業や自主作品製作，店舗運営など，就労支援のあり方を模索するなかでプログラムを独自に開発し，改良を加えながら運営しています。S事業所のOBミーティングも，その一つです。

06 計画相談支援：相談支援専門員がサービス等利用計画を作成して実施します

　計画相談支援とは，指定特定相談支援事業を行う事業所に所属する相談支援専門員が，利用者の状況をアセスメントしてサービス等利用計画案を作成し，市町村から障害福祉サービスの支給許可の決定を受け，ケアマネジメントを行うことです。確定したサービス等利用計画の実施状況を，一定期間ごとにモニタリングします。田中PSWが作成した磯さんのサービス等利用計画には，S事業所のサービス利用が明記されています。

07 うちの事業所（就労継続支援B型事業所）：就労支援とともに生活支援も行う社会資源です

　就労継続支援B型事業所は，障害者総合支援法に基づく障害福祉サービスで，訓練等の支援を提供する「訓練等給付」に位置づけられます。一般企業等での就労が困難な人に就労する機会を提供するとともに，能力等の向上のために必要な訓練や支援を行うとされています。その際，利用者が個別に抱える生活困難の解決を支援することが，時には必要となります。磯さんの場合のように，スタッフが利用者の変化に気づくことも，重要な機能です。

08 主治医：主治医の見立てや意見は支援に活かす重要な情報です

　主治医は，医学的な専門知識と技術をもち，クライエントの病状安定を図る重要な人的社会資源です。PSWが支援を組み立てるうえで，主治医の治療方針や助言内容は重要な参考情報となります。磯さんの主治医が母親の受診を勧めたという情報から，鷹野PSWは母親が認知症である可能性をより意識しました。

職員間で方針共有

スタッフミーティングで磯さんとの面接内容を報告し，個別支援計画を確定した。母親に関する磯さんの相談支援は，私が担当することとなった。

> **磯さんの母親のことで，どこから着手するかを考える**
>
> 仮に認知症と診断されれば，改善までは期待できなくても，認知症という病気の特徴や経過，対応の仕方を教えてもらい，地域の支援者とつながることも考えられる。母親自身も，認知症の告知を受けて，気持ちを整理し，今できることを始められはしないだろうか。磯さんが通院しているU病院であれば，認知症疾患医療センターが設置されており，<u>認知症の専門医</u>**09**がいる。専門医の受診が，生活を支え立て直すきっかけになるのではないだろうか。それに，今後<u>介護保険サービス</u>**10**を利用するとしたら，医師の意見書が必要だ。

磯さんと面接し，生活課題を把握しつつ解決策を検討する

翌日の面接で，磯さんは，「困るのは，同じことを何回も言うこと。あと，何でもいろんなところに置くから，僕もわからなくなるし，年中捜さなくちゃいけない」と言った。改善策を話し合い，自宅で普段使う物の置き場所に<u>貼り紙</u>**11**で目印にし，したことやこれからすること等を書く<u>母親との共通ノート</u>**11**を用意することとした。帰りに，磯さんがノートとセロテープを買うことを確認した。

生活状況を確認すると，お金の管理や役所等の手続きを磯さんはしていないという。<u>障害年金の管理</u>**12**も母親任せだが，磯さんは，「工賃で小遣いは足りるから，今は困らない」と言った。また，母親は料理をしなくなったが，お弁当やお惣菜など，調理せずに食べられるものをたくさん買って来るとのことだった。

母親の交友関係を尋ねると，「さあ。そういえば，自治会費を払いに行ったのに受け取ってもらえないと言ってた」と言う。磯さんが母親のことを相談できる親族等について聞くと，「誰もいない。僕が病気になってから，姉には会ってない。どこにいるかも知らない。結婚したみたいだけど」「団地の人は名前も顔もわからない」と少し怒ったように言った。そして唐突に，「やっぱり認知症なのかな」と尋ねてきた。「認知症だったら，忘れていくんだよね。そのうち僕のことも」とつぶやいた。私は，「そうだったら，とてもつらいですね」と共感を伝えた。

09 認知症の専門医：認知症の正確な診断や治療ができる専門医です

認知機能の低下を来す疾患は認知症以外にもあるので，他の疾患と鑑別し正確な診断を得るには，専門医の受診が望ましいです。問診や身近な家族等からの聴き取り，脳の画像検査や心理テストの結果を総合して診断されます。診断後は，その人らしい生活が続けられるよう，家族や支援者も連携して治療やケアを行う体制をつくっていくことが大切です。鷹野 PSW は，磯さんと母親の生活の安定を図るうえで，母親の認知機能に関する医学的なアセスメントがまず必要だと考えました。

10 介護保険サービス：市町村が判定する介護の必要度に応じて利用することができます

介護サービスには，訪問介護（ホームヘルプ）や通所介護（デイサービス），短期入所（ショートステイ），介護老人福祉施設（特別養護老人ホーム）等，さまざまなものがあります。利用を希望するときは，市町村の介護保険の窓口に要介護認定を申請し，心身の状態について認定調査を受けます。合わせて市町村から医師に，心身の状態を適切に評価した意見書を求めます。それらをふまえて，審査結果が要介護1 ～ 5であれば介護給付，要支援1 ～ 2であれば予防給付や生活支援ニーズに対応した多様なサービスを受けることができます。鷹野 PSW は，磯さんの母親が介護サービスの受給対象となる可能性を想定しています。

11 貼り紙・共通ノート：生活に役立つ道具の導入も社会資源の創出です

生活課題を解決してくれるものは何でも，社会資源ということができます。磯さんと母親との間で，普段よく捜す物を具体的にあげて置き場所を決め，一緒に貼り紙を作成したり，そのことを一緒に共通ノートに書いて使い始めれば，社会資源を創出したことになります。

12 障害年金の管理：受給し続けるためには手続きがあります

障害年金は，精神障害の元となった疾患の初診日とその時点の年金保険料の納付状況，障害の状態の3つの要件によって，受給の可否と等級が決まります。ま

面接を続けながら，次の手を考える

　今のところ，食事など最低限の生活はできているようだが，いずれ金銭管理や役所の手続きが滞ってくることが心配される。それと，姉が疎遠なのと，40年も住んでいて<u>ご近所</u>❸と面識がないのは気になる。姉はどうしているのだろう。ご近所では，磯さん世帯をどのように見ているのだろう。自治会費の話も気になる。払ったのを忘れて何度も持って行けば，団地内で話題になっているかもしれない。古い団地なので，一つのコミュニティになっているのではないだろうか。誰か，心配してくれる人はいないのだろうか。

　考えてみれば，私もそうだが，磯さんがつながっているのは精神障害にかかわる支援者ばかりだ。私が磯さんの相談に乗っていくことにもちろん異存はないが，それでよいのだろうか。このタイミングは，磯さん世帯を応援してくれる人を増やすべきときなのではないだろうか。

　高齢者世帯の身近な相談に何でも乗ってくれるのは，R市の場合，市の高齢者福祉課よりも<u>地域包括支援センター</u>❹だ。R市を7つの区域に分けて担当している。まずは地域包括支援センターに，<u>高齢の母親と暮らす一市民として</u>❺磯さんをつないではどうだろう。地域包括支援センターに，「もの忘れの進む母親との生活を息子が何とかしようとしている世帯」として認識してもらい，これから先の力強い味方になってもらえるといい。

地域包括支援センターへの相談を提案

　一息つき，私から磯さんに，「これからのことですけど，高齢者の相談を専門に受けているところにも力になってもらってはどうでしょう」と提案した。すると磯さんは，「そういうのはわからないし，いらないよ」と尻込みをした。

磯さんの抵抗を吟味する

　新しい場や人に出会うのが苦手な磯さんの反応だ。慣れてしまえばどうということはないのだが，最初のハードルが高い。でも，5年前，デイケアから企業への就労支援も行っているうちの事業所に来るときは，磯さんが自分で決断してやってきた。必要なことだと思えば，<u>自分で乗り越える力</u>❻はもっている。

た，障害年金の受給が決まったとしても，ほとんどの場合，一定期間ごとに障害状態確認届（所定の診断書）を提出し，障害等級の判定を受けなくてはなりません。提出しなければ受給は停止します。鷹野 PSW は，磯さんがこの手続きを母親任せにしてきたことに対し，今後の生活の維持にかかわるリスク要因として着目しています。

13 ご近所：支え合う資源にもなれば，排除する存在になることもあります

居住する地区の住民の交流度合いは，個々に異なります。歴史のある団地なら，共有地の管理や親睦会などさまざまな自治会活動が行われてきた可能性がありますが，磯さんは交流をもっていません。一方，住民間では，磯さん世帯がどんな暮らしをしているのかが話題になったこともあるかもしれません。近隣の住民が社会資源となるかどうかわかりませんが，鷹野 PSW は気に留めています。

14 地域包括支援センター：ワンストップで高齢者の相談に乗る機関です

高齢者が住み慣れた地域で尊厳ある生活を継続するために，総合的な相談支援を行うのが，地域包括支援センターの役割です。市町村が設置するもので，社会福祉法人や医療法人等に委託して設置される場合もあります。それぞれの地域包括支援センターには管轄地域があり，それらを合わせると当該市町村の全域を網羅します。地域包括支援センターには，圏域内の高齢者やその家族，あるいは問題を発見した住民からも相談が入ります。また，虐待のおそれがあれば，市町村の高齢者福祉担当課と連携して，権利侵害の予防や権利保障に向けた対応を行います。鷹野 PSW は，ワンストップで総合的な相談に応じる点に期待しました。

15 クライエントの別の側面：高齢の母親と暮らす一市民としての属性に目を向けます

鷹野 PSW にとって，磯さんは，障害があって S 事業所を利用する一市民です。一方で，磯さんは，高齢の母親のことを心配しています。鷹野 PSW は，高齢の母親を支える息子としての磯さんの属性に着目し，高齢分野の支援者を追加することを思いつきました。地域包括支援センターを利用する磯さんは，高齢の母親との暮らしの先行きを心配する一市民です。そこには障害の有無は関係ありません。

尻込みする気持ちには共感せず，挑戦したい気持ちを育てるようなかかわりをしよう。

地域包括支援センターに相談することとなる

　私は，「地域包括支援センターといって，高齢者の相談が何でもできるところですよ。お母さんとの生活でこれからどうしていったらいいか，いろいろ教えてくれます。狭い市内だから，きっと自転車で行けますよ」と**情報提供**[17]し，「行っておいて損はないから，行ってみましょうよ」と誘った。磯さんは，「場所も知らないし，行き方もわかんないし」と嫌そうに言った。それに対し，私から，「一人で行ってくださいとは言ってません。もちろん私も一緒に行きますよ」とつけ加えると，「そうなの？　仕方ないな。いいよ，ついて行くだけなら」と承諾した。
　週明けに，地域包括支援センターに行く打ち合わせをすることにした。

 面接終了後に記録しながら考えを整理する

　以前，うちの利用者だった原さんのことで主任ケアマネジャーの井上さんにお世話になったから，V地域包括支援センターなら相談しやすいが，磯さん宅は市の北東部だから管轄が違う。井上さんのように，精神障害に配慮して相談に応じてくれる人が担当になるかどうかはわからないが，磯さんが住む団地の近くにはU病院がある。周辺に精神障害者を対象とした障害福祉サービス事業所もあるし，あのエリアを管轄する地域包括支援センターなら，精神障害のある高齢者の相談も少なくないはずだ。さて，磯さんを地域包括支援センターにつなぐにあたり，私が何をねらって働きかけるかを整理しておこう。
〔地域包括支援センターにつなぐ際に重要なこと〕
・磯さんを，同居する母親の支援者としてとらえてくれる。
・高齢の母親との関係だけでなく，磯さんとの関係づくりも大事にしてくれる。
・精神保健福祉領域の磯さんの支援者である私たちと連携がとれ，磯さんの精神障害を理解し配慮して相談に応じてくれる。

16 自分で乗り越える力：クライエント自身がもっている能力が，最も頼れる資源です

　クライエントが直面する生活課題を打開していくとき，その源泉となるのが，クライエント自身がもつ力です。その力もアセスメントして支援を組み立てていきます。鷹野PSWは尻込みする磯さんを見て，この抵抗は地域包括支援センターの機能や役割に対するものではなく，磯さん自身の性質に起因したものであると見なし，それは乗り越えられるはずだとアセスメントしています。日頃から磯さんの人となりを知っていることが，磯さんの力を確信できる根拠となります。

17 情報提供：説明に用いる言葉も，広い意味での資源です

　どんなに有益な社会資源でも，クライエントが利用しようと思わなければ，利用には至りません。鷹野PSWは，磯さんが理解できる言葉を用いて，地域包括支援センターを説明しました。「自転車で行けますよ」という言葉も，「距離が近くて気軽に行ける」という情報が磯さんにより伝わるよう，意図して用いています。

まとめ ▶ ▶ ▶ 　ニーズを地域課題に置き換える

　鷹野PSWは，磯さんの愚痴に着目したことから潜在的な支援課題を発見できました。そして，磯さんと母親の生活の安定に着手するうえで有効な社会資源であるU病院の認知症専門医への受診を思いついたものの，考え直しました。「磯さんが精神保健福祉領域の支援者としかつながっていない」ところに介入すべきポイントがあると考えたためです。そして，ワンストップで高齢者の相談ができる地域包括支援センターに磯さんをつなぐことに支援課題を絞りました。磯さんと同居する母親の認知機能の低下を，高齢化に伴う地域課題としてとらえ直したのです。ただ，地域包括支援センターは，精神障害のある人の相談に慣れていない可能性があります。次節では，鷹野PSWが磯さん親子と地域包括支援センターとの媒介者として重要な役割を果たします。

第 2 節 ▶ [つなぐ]

つなぐ過程で，受け身のクライエントを主体的な相談者に変身させる

地域包括支援センターに相談することをスタッフに諮る

その日のスタッフミーティングで，磯さんと一緒に地域包括支援センターに出向いて相談することにしたと報告した。すると，後輩 PSW が，「え？ 磯さんのお母さんには会わないんですか？」と言い，施設長からは，「お母さんが認知症かどうか，受診から進めるんだろうと思ってました」という反応が返ってきた。

それに対し，「初めは私も，母親の状態を把握して，受診から介護認定，それから介護サービスの利用とイメージしていました。でも，磯さん母子がこれからも地域で安心して暮らすことを考えたら，地域包括支援センターに**初めからかかわってもらったほうがいい** 01 と思って。母親の様子や磯さん世帯の生活実態の把握も，地域包括支援センターが中心になって磯さんと進めていってくれれば，磯さんの人となりもわかってもらえて関係づくりもできるんじゃないかな。そうすれば，磯さんの気持ちに寄り添って，母親の支援を一緒に考えてもらえると思ったんです」と説明した。それを聞いて，2人とも納得してくれた。

地域包括支援センターにつなぐ際に留意することを確認する

地域包括支援センターに早い段階でつなぐにあたって課題となるのは，今のところ磯さんには主体的に相談するという自覚がないということだ。つなぐ過程を通じ，磯さんが**母親の頼もしい支援者** 02 となっていくことを意識して，私が前面に出過ぎることのないようにかかわっていこう。

それと，地域包括支援センターが磯さんに精神障害があることをどのようにとらえるか，まったくわからない。高齢分野の支援者と話すと，精神障害があると対応に苦慮するという話をよく聞くので，もしかしたら構えてしまうかもしれない。もしそうであれば，精神障害について理解を深めてもらいたい。

管轄の地域包括支援センターを確認

翌日，事業所のパソコンを使い，日常的に活用している **R 市役所のウェブサ**

解説 **01**は社会資源，**01**はPSWの視点や技術を解説しています。

01 開始段階からの関与：何をねらうかによって，社会資源につなぐ時期は変わってきます

　クライエントが抱えている生活課題によっては，相談支援の機能を他の社会資源につなぐという発想が必要ですが，つなぐ時期によって効果も変わってきます。PSWなら介護保険サービスの利用手順の知識はもっているので，磯さんの母親について相談に応じていくことは可能です。しかし，高齢者の生活全般の支援に関する情報や知識技術，ネットワークは，地域包括支援センターには及びません。PSWができるところまで支援し，その後に地域包括支援センターに引き継ぐという方法もありますが，鷹野PSWは，磯さんと地域包括支援センターとの関係構築を重視し，早い段階でつないだほうがよいと判断しました。

02 母親の頼もしい支援者：社会資源の活用はクライエントをエンパワーする方向で行います

　鷹野PSWが磯さんを地域包括支援センターにつなぐのは，第一には，この機関に磯さん母子の強力な支援者になってほしいからですが，もう一つ重要なことがあります。磯さん自身が，母親の支援者として成長することをねらっています。

03 R市役所のウェブサイト：行政サービスに関する情報収集ツールとして使いこなしましょう

　行政機関が発行する紙媒体の手引き等の冊子もありますが，同じ情報をインターネットで手軽に閲覧できることも多いです。ただ，サイトによって構成が違い，求めている情報にアクセスするのが容易ではないこともあります。よく活用する情報については，アクセス手順も含めマスターしておくと便利です。

イト[03]のトップページで,「高齢者」のリンクボタンから地域包括支援センターを検索し,磯さんの住所を管轄するのはT地域包括支援センターであることを確認した。母体は,特別養護老人ホームやデイサービス,居宅介護支援事業所を運営する社会福祉法人である。そして,磯さんへの説明で用いるために,**業務内容,所在地,電話番号,開所時間,地図**[04]が掲載されているページを印刷した。続いて,地図のウェブサイトで磯さんの住所とT地域包括支援センターの**立地**[05]を調べ,磯さん宅のある県営団地が建ち並ぶ地区とは,道路をはさんで隣接していることを確認した。

地図を見ながら考える

　T地域包括支援センターが県営団地全体を管轄しているということは,団地の自治会やサークルなど,インフォーマルな組織ともネットワークがあるかもしれない。**連携するのは初めて**[06]だが,個々の事例を通じて連携できる関係をつくっていけばよいだけのことだ。ここから行くとしたら,自転車で20分弱というところか。雨が降っていたらバスだ。磯さん宅のすぐそばだから,現地で待ち合わせたほうが磯さんには便利だろう。

週明けに磯さんと外出の打ち合わせをする

　昼休憩が終わると,磯さんはそばにいた**利用者**[07]に,母親のことでこれから面接だと言って立ち上がった。面接室に入ると磯さんは,「この前言ってたノート作ったよ」と言った。「あと,家の中にいろいろ貼り紙もした」と言う。「あら,早いですね。で,どうですか」と返すと,「結構いい感じだよ」と言った。

磯さんの反応を見ながら考える

　利用者仲間にもオープンにしているし,むしろ得意げに見えたのはこのせいか。少し手応えを感じたようだ。地域包括支援センターに行くことにも,前向きな気持ちになったかな。

04 事業概要：「見える化」すると，即席の支援ツールになります

クライエントに説明する際に，口頭でするだけでなく，視覚的な資料があると理解が促進されます。ウェブサイトに掲載されたものを印刷するだけで，簡易なツールになります。ただし，信頼性のあるウェブサイトを選ぶことが不可欠です。

05 立地：交通事情・周辺環境など資源のポテンシャルを規定する要素が複数あります

利用しようとする機関がどこにあるか，クライエントにはどんな交通手段が合っているか，そして所要時間がどのくらいかは，実際に利用するにあたって不可欠な情報です。クライエントと一緒に調べるかどうかも，支援計画の一部です。磯さんは，ついて行くだけということで同意してくれたので，鷹野PSWは一緒に調べることまでは磯さんに課さないことにしました。

06 初めて連携する資源：広い意味では社会資源開拓の一形態といえます

知ってはいるけれども，今まで利用したことがなかった制度や施設，相談窓口等が，一度でも実際に利用することによって，利用までのプロセスもわかり，どんな資源であるのかもイメージが湧き，途端に身近な社会資源になることがよくあります。こうした経験を繰り返し，利用できる社会資源を増やしていく積極性が不可欠です。こちらの姿勢によって，相手の反応も違ってきます。社会資源には人も含まれるので，いざというときに協力し合えるネットワークも，同時に広げていくことができます。

07 利用者仲間：ピアの関係は目に見えなくても本人の支えになっています

就労継続支援B型事業所の利用者同士は，いわば職場の同僚のような関係です。同じ場で，ともに活動し作業を行うことを通して，さまざまな人間関係が発生します。ここでは，磯さんは利用者に，母親のことでこれから面接があることを伝えています。プライベートなことも話せる仲間の存在が，磯さんには力になっているはずです。

打ち合わせを進める

　地域包括支援センターに行くことに話題を移すと，磯さんは「ついて行けばいいだけでしょ」と言った。私は「まあそう言いましたけど」と受けて，T地域包括支援センターについて，先日印刷した資料を使って説明した。「いろいろ困りながらも，磯さんなりに工夫してお母さんにつきあっているわけだから，そういうことも知ってもらうといいと思いますよ」と伝え，出かける候補日の打ち合わせに移った。

　そして，確認の意味で「**私が一緒に行く** 08 ってことは，私が名乗るとき磯さんがうちの事業所に通っていることを説明することになるけど，それは構いませんか？」と尋ねたところ，磯さんは，「ああ」と言った後，「いいよ」と言った。

> 会話をしながら，次にすべきことを考える
>
> 　あとは事前の予約だ。**予約の電話** 09 は磯さんからするだろうか。一応確認してみよう。

地域包括支援センターに電話で予約する

　「磯さん，予約の電話してみますか？」と尋ねると，「えっ」と詰まったような声を出した。「予約するだけですよ」と私が言うと，「何て言えばいいの？」と返ってきた。私が「『母のことで相談に行きたいんですけど』って言えばいいんですよ」と言うと，磯さんは黙ってうなずき，自分のスマートフォンを取り出した。

　私が渡した資料で電話番号を確認しながら電話をかけ，いきなり「母のことで相談に行きたいんですけど」と言った。電話口で何か質問された様子で，「あ……，ちょっと代わります」と言って私にスマートフォンを渡してきた。

　相手は「ソーシャルワーカーの近藤です」と名乗った。私は，「精神障害のある方の就労支援の事業所のソーシャルワーカーです。利用者さんがお母さんのもの忘れを心配しているので，一緒に相談に行きたいんです」と伝えた。相談者の名前や住所を確認したいと言われたので，磯さんにその旨を伝え，**再び電話を代わった** 10。それからは，磯さんが私に電話を代わろうとするのを身振りで頑張れと返し，そばで磯さんが答えるのを励ました。

　予約は1週間後の午前10時となった。当日は，現地待ち合わせを提案したとこ

08 支援者の同行：社会資源につなぐための手段が思わぬ情報提供になることがあります

　初めての機関にクライエントが一人で行くのが不安なとき，支援者が同行することはよくあります。磯さんが一人で行くのであれば，磯さんに精神障害があることを地域包括支援センターの職員に言うかどうかは磯さんの自由ですが，PSW が一緒に行くとなると，PSW は一体何者かということになります。磯さんが就労継続支援B型事業所という障害福祉サービスの利用者であるという情報を図らずも伝えることになるので，あらかじめ鷹野 PSW は磯さんに確認をとりました。

09 予約の電話：つなぐときの工程が主体性をつくる仕掛けになります

　予約の電話を入れるという行為は，社会資源の利用プロセスの一部です。それを誰が行うかにも意味があります。磯さんのように初めての場面に遭遇するのが苦手なクライエントにとっては，それができれば大きなハードルを越えたことになり得ます。ここまでの磯さんの様子から，鷹野 PSW は電話ができるかもしれないと予測を立て，磯さんに意向を確認することにしました。

10 直接伝えるという経験：直接話す体験が新たな場所につなぐ際のハードルを下げます

　自分から電話をかけることができたくらいですから，名前や住所であれば磯さんにも答えられると判断した鷹野 PSW は，再び電話を磯さんに代わりました。電話した趣旨は先方へすでに説明しているので，磯さんならできるだろうと判断したうえで後押しをしています。磯さんは，「母親のことを心配する息子」として電話をかけるという体験をすることができました。

ろ，磯さんの希望で事業所で待ち合わせて一緒に行くことになった。

その日の記録をしながら考える

　地域包括支援センターの人と直接話すことができて，磯さんも相談に行く実感が少しもてただろう。**出かけるまでの間**[11]，きっと磯さんなりに心の準備をするだろう。

　近藤さんといったな。ゆっくりとした落ち着いた声の男性だった。30代から40代というところか。うちの事業所名を復唱していたが，障害に関連した質問はなかった。そばに磯さんがいることに配慮して聞かなかったのだろうか。何か気になったら，来週の面接の前に問い合わせが入るかもしれない。うちの電話番号は，事業所名で調べればすぐにわかることだ。

　それとも，私から近藤SWに連絡をとって，磯さんの状況を事前に伝えておくほうがスムーズに相談ができるだろうか。いや，近藤SWとの関係は，「裏工作」はせずに，磯さんと一緒につくっていきたい。**こちらから根回し**[12]をするのはやめておこう。

2日後，近藤SWから電話が入る

　T地域包括支援センターの近藤SWから，事業所の私に電話があった。
「実は，同じ団地の人から磯 久江さんのことを心配する情報が入っていまして。つきあいはないけれど，どうやら何らかの障害のある息子さんがいるらしいとのことでした。磯さんの障害について，教えていただけるとありがたいのですが」という。私は，「そうでしたか」と応じ，「磯さんはずっと安定してここに通所しています。精神障害がありますが，これまで自分を支えてくれたお母さんのもの忘れをとても心配しています。力になりたいけど，どうしたらよいかわからなくて困っています。ぜひ支えてください」と伝えた。近藤SWは，「**病名**[13]は統合失調症ですか」と尋ねてきた。私は「気になりますか」と返した。近藤SWは，「やはり病名までは，ご本人の了解が要りますよね。よかったら対応の仕方のコツなどを教えてください。精神障害には慣れていないので」と言った。私は，「磯さんに関心を寄せて，反応を見ながら調整していただければ，基本的には大丈夫です。あとは，複雑な情報処理は得意ではありません」と説明し，あらためて「当日はどうぞよろしくお願いします」と**丁寧に返した**[14]。

11 約束の日までの時間：意識の変化を促す一つの要素になります

　磯さんは，地域包括支援センターに電話をかけることができ，相手の質問に直接答えることができました。その体験を通して，クライエント自身も変化します。当日に向けて，母親のことを相談するのは自分なのだという自覚が磯さんのなかに育っていくことを，鷹野PSWは期待しています。

12 事前の調整：根回しの効果をアセスメントしたうえで行います

　クライエントを社会資源に円滑につなぐために，クライエントの意向や状況が相手に誤解なく伝わるよう，クライエントがいない場でPSWから相手に連絡をとることがあります。オープンなやりとりだけではうまくいかないかもしれないという懸念があるからですが，よかれと思ってしたことが裏目に出ることがあります。鷹野PSWは，先走って近藤SWを味方につけようと試みるのではなく，直接の出会いを大切にしようと判断しました。

13 病名：新たな資源につなぐ際，クライエントの病名がどう受けとられるか考慮します

　病名を聞かれて鷹野PSWが質問をかわした理由の一つは，病名を伝えてよいかどうかまでは磯さんに確認していないからです。もう一つは，相手が磯さんをどのように見ているかわからない段階で，病名を伝えることでつくられる磯さんのイメージが磯さんにプラスに働くのかどうか，不安に思ったからです。その背景には，精神疾患や精神障害に関する情報は，まだまだネガティブに受け取られがちだという理不尽な現状があります。

14 丁寧に返した：精神障害に関する普及啓発を意識しながら連携します

　クライエントの生活支援において，精神障害に慣れていない保健医療福祉介護分野の関係者とも連携が必要となる機会が増えています。その際には，精神障害に関する普及啓発を意識しながら接することも必要です。仮に誤解や偏見に基づいた発言があっても，決裂を避け，地域で共にクライエントを支える社会資源として機能できる関係性を築いていくことが大切です。地域包括支援センターの近

電話を切った後，近藤SWとのやりとりを振り返る

やはりかかってきた。住民からの情報が入り，かかわるきっかけを探していたのかもしれない。高齢者を支援し保護する立場からすれば，同居する息子に精神障害があるというのはリスク要因とみなすのだろう。でも，情報が入っていることを磯さんの支援者である私に教えてくれたのは，私を連携相手として認識してくれたからでもある。ぜひ，磯さんを正当に理解する支援者の一人になってほしい。

相談支援事業所の田中PSWに報告

翌日，相談支援事業所の田中PSW（相談支援専門員）⓯ が，別の利用者のモニタリングの件で事業所に来たので声をかけ，磯さんと一緒にT地域包括支援センターに相談に行くことを報告した。田中PSWは「磯さん，お母さんのこと心配してたもんね。何か動きがあったら一緒に考えるから，声かけてね」と言い，私は「ありがとう。そうする」と答えた。田中PSWは，帰り際に磯さんに，「応援してるよ」と声をかけて出て行った。

 磯さんの他の支援者への連絡を考える

この先，母親任せにしてきた磯さんの生活にも影響が出てくるかもしれない。そうすると，障害福祉サービスの支給決定機関であるR市障害福祉課⓰ の相談係の佐藤保健師の耳にも入れておいたほうがいいかな。来月初めの市の精神保健福祉部会⓱ で会えるはずだ。磯さんに了承を得ておいて，そのときに経過を報告しておくことにしよう。鈴木医師には，磯さんから報告するだろう。

バスに乗って地域包括支援センターに相談に行く

当日は晴天だった。磯さんは約束よりも随分早い9時に事業所に来た。小柄な高齢の女性を一緒に連れており，「話したら来るって言うから」と恥ずかしそうに言った。磯さんの母親だった。私は挨拶をし，バスの時刻表を調べた。

バスに乗ると磯さんは，後部の空席を目がけて周りの乗客を押しのけて進ん

藤SWは，これから磯さんの味方になってもらいたい相手ですから，鷹野PSW
は，落ち着いて丁寧に接しています。

15 田中PSW（相談支援専門員）：日頃から連携できる関係性をつくっておきましょう

相談支援専門員には，生活上の変化や課題が発生したときに迅速に対応し，相談支援やサービスの利用調整を行う役割があります。そのためには，担当するクライエントの日頃の生活の様子を把握する必要があり，田中PSWのように，クライエントの日中活動先を訪問するのも一つの手段です。鷹野PSWは，ときどき足を運んで来る田中PSWと，情報共有しながら連携がとりやすい関係を築いています。

16 R市障害福祉課：クライエントの生活状況の変化は早めに報告しておくのが得策です

市町村の障害福祉を担当する部署には，障害福祉サービスや精神障害者保健福祉手帳，自立支援医療制度の申請窓口があり，障害福祉に関する相談全般を扱います。鷹野PSWは，障害福祉サービスの支給決定機関であることに着目しています。家事等を母親に任せてきたわけですから，例えば自宅の清掃はかなり疎かになっている可能性があります。特段の緊急性はないものの，母親の認知機能の低下に伴う一連の動きを佐藤保健師に知っておいてもらうことは，今後の展開において功を奏するかもしれないと考えました。

17 市の精神保健福祉部会：支援者が集まる場は,情報交換ができる社会資源です

地域には，所属機関を越えたさまざまな集まりがあります。会議の前後には，個々の参加者同士があちこちで話をする場面がよく見られます。関係者が一堂に会する場は，会議そのものの意義だけでなく，短時間の伝達や情報交換，顔つなぎといった連携の場として有意義です。ここでは，鷹野PSWは精神保健福祉部会を思い浮かべました。これは，障害者総合支援法に基づいて市が設置する自立支援協議会の下部組織として，R市が設けた部会です。佐藤保健師も参加するので，会議外の時間を利用して磯さんの近況を報告しようと考えています。なお，情報共有は，本人の了解が得られていることが前提です。

行き，母親と私の席も確保して座るよう促した。

バスの中で面接を想定し計画を練る

驚いた。母親も一緒とは想定外だ。しかも，磯さんが少し頼もしくなったように見える。母親の表情も穏やかだ。息子がいるから安心しているのかもしれない。私がいなくても地域包括支援センターで話ができそうにも見えるが，おそらくそんなに甘くはないだろう。磯さんは緊張しやすいし，緊張しているうちは打ち解けない。近藤SWが私や母親とばかり話をするようなことのないよう注意しなければならない。

私が率先して**雰囲気づくり**[18]を心がけて，近藤SWと磯さんがなるべく自然に直接会話ができるようにしていこう。とにかく最初の出会いが肝心だ。

地域包括支援センターに到着

　バスを降り，しばらく歩くと，特別養護老人ホームやデイサービスを併設する社会福祉法人の正門が見えた。敷地内に入ると，磯さんは母親と並んで，私の後ろに隠れるようについてきた。T地域包括支援センターの入口を入ると，私は，磯さんと母親を促して一緒に窓口に行き，声をかけて来訪を告げた。

　まもなく40代前半くらいの男性が現れて，「近藤です」と話しかけてきた。磯さんが下を向いたのを見て，私から，「磯さんが，お母さんも一緒に連れてきてくれました」と快活に伝えると，近藤SWは調子を合わせ，「それはありがたい。よく一緒に来られましたね」と磯さんに向かって言った。磯さんは，「そのほうが，話が早いと思って」と素っ気なく答えた。近藤SWは磯さんと母親に名刺を渡し，その後，私と名刺交換をした。近藤SWの名刺には，「社会福祉士」，「介護支援専門員」と資格名が2つ書いてあった。

磯さんと近藤SWのやりとりを見て感じたこと

近藤SWは，私を相手に話すのではなく，磯さんを「主たる相談者」として接している。磯さんも，返事ができた。これなら，なんとかなりそうだ。

18 雰囲気づくり：クライエントとの関係性が新たな資源につなぐ際に役立ちます

　PSWとクライエントが良好な関係にあれば，その関係性を用いて，何気ない立ち居振る舞いや言葉かけなどを意図的に工夫することによって，クライエントの緊張を和らげるとともに，これからつなごうとする相手に対し，クライエントとの接し方を示唆することができます。地域包括支援センターに到着した鷹野PSWは，後ろに隠れるようにしてついてくる磯さんの様子から，不安と自信のなさを敏感に察知しました。しかし，目的は磯さんを「同居する母親を心配する息子」として近藤SWにつなぐことですから，鷹野PSWが前面に出てしまっては，まったく意味がありません。そこで，磯さんが母親を連れて来たという快挙に近藤SWが着目してくれるように仕向けながら，快活に伝えました。

まとめ ▶▶▶ クライエントは社会資源の開拓者

　精神障害者の支援に慣れていない社会資源にクライエントをつなぐことは，社会資源の開拓という意義もあります。他分野，他領域の支援者が，精神障害のある人への支援に慣れるには，実際に出会い，かかわるしかありません。鷹野PSWは，地域包括支援センターに相談することに受け身な磯さんに対し，日頃の関係性を用いて後押しをし，磯さんの潜在的な力を引き出しました。一方で，地域包括支援センターの近藤SWも，磯さんと鷹野PSWからのアプローチをソーシャルワーカーとして受けとめ，磯さんを尊重すべき一人の人であると認識し直しました。この丁寧な出会いが，次節では磯さん親子を支援する新たなネットワークの構築へと発展していきます。

第3節 ▶ [使う，活用する]

クライエント自身が，新たな支援者や支援機関を使いこなせるように

近藤SWとの面接が始まる

面接は，近藤SWが磯さんと母親から現在の生活やこれまでの経歴を聴き取る形で進んだ。私は，初めのうちは磯さんが近藤SWの質問を理解できないでいるときに，言い換えて「通訳」していたが，途中からはやめた。

  面接の序盤をモニタリングする

近藤SWは，磯さんとの会話に試行錯誤しているので，このまま**見守ろう**[01]。磯さんが，自ら近藤SWに相談でき，「使いこなす」ことができるよう，その下支えをするのが私の役目だ。

自宅訪問をすることになる

最近，捜し物が増えて大変だという母親の話を受けて，磯さんから近藤SWに，ノートや貼り紙を活用したことで少し改善したことを説明した。母親もうなずいて「この子がいて助かる」と言った。磯さんは少しうれしそうに，「でも，掃除は全然ダメだけど」とつぶやいた。近藤SWが，「**家の片付けを手伝ってくれるヘルパーさん**[02]を頼みたいですか」と尋ねると，母親は「人様にお願いするのは……」と磯さんのほうを見た。磯さんは「頼めばいいよ」と言った。すかさず近藤SWが「一度，ご自宅に伺いましょうか」と提案した。私も「一緒に伺っていいですか」と申し出て，**自宅訪問**[03]をすることとなり，訪問日が決まった。

また，経済面や世帯の各種手続きに磯さんは一切かかわっていないという話から，近藤SWが，母親を手伝ってくれそうな**友人や親族**[04]とのつきあいをさりげなく質問した。すると母親は，「近所づきあいも親戚づきあいもありませんし，娘はもう他家の者です」ときっぱりと言った。磯さんも，「おじさんとは子どものときに会ったきりだし，姉は僕が病気になってからうちには来なくなった」と言った。

面接は1時間ほどで終わり，私は磯さん母子と現地で別れ，事業所に戻った。

解説 **01** は社会資源，**01** は PSW の視点や技術を解説しています。

01 見守る：支援者とクライエントの関係性をモニタリングします

クライエントが支援者を活用できるよう見守るにあたり，支援関係がどのような段階にあるかを観察することも必要です。磯さんが今後，母親との生活のために地域包括支援センターを「使いこなす」には，磯さんが PSW を介さずに近藤SW とつながることが必須です。うまく会話が続かないのを見ると，つい助け舟を出したくなりがちですが，鷹野 PSW はつなぎ役であることを意識して，口出しをやめました。

02 ホームヘルパー：障害者総合支援法で行う場合と介護保険法で行う場合があります

自宅を訪問し，入浴，排泄，食事等の介護や，調理，洗濯，掃除等の家事，生活等に関する相談や助言，その他生活全般にわたる援助を行うサービスを，ホームヘルプといいます。障害者総合支援法に基づくホームヘルプは「居宅介護」，介護保険法に基づくものは「訪問介護」で，名称が異なります。磯さんが利用するなら居宅介護，母親が利用するなら訪問介護となります。近藤 SW は，「掃除は全然ダメだけど」という磯さんの言葉を受けて，ヘルパー利用を打診していますが，この段階では自宅の様子を見ていないので，磯さん母子の反応を見るために問いかけたのでしょう。

03 自宅訪問：生活している家だからこそ，把握できる情報があります

クライエントの身だしなみや言葉などからも，助けになる社会資源を想定することは可能ですが，生活の場を見せてもらうのが何よりも確実です。近藤 SW は母親への支援を考えて自宅訪問を提案しましたが，鷹野 PSW は磯さんへの支援を想定して自宅訪問に同行することにしました。磯さんが掃除はダメだと自分から言ったことに，鷹野 PSW も注目しています。

04 友人や親族：インフォーマルな人的社会資源を把握します

クライエントの交友関係を把握しておくことは，クライエントを理解するうえ

> ### 事業所に戻るバスの中で，面接を振り返る
>
> 　近藤SWの**面接運び**[05]は上手だった。おかげであの磯さんが結構積極的に話せていた。状況把握をしながら自宅訪問の約束まで取り付けたのもすごい。おかげで私もタイミングよく滑り込ませてもらえた。ただ，気になったのは，母親が磯さんの姉のことを言ったときの口調だ。遠ざけているように聞こえた。磯さんも，私が前に聞いたときと同様のそっけない口調で，自分にはどうしようもないという感じだった。でも，おそらく磯さんも母親も決して存在を忘れてはいない。近藤SWとしては，母親の認知機能は低下しているし，そのうち母親に**成年後見人**[06]をつけることを提案するかもしれない。そのときには，磯さんの姉との連絡について話題に出すだろう。しかし，**姉**[07]との連絡は，おそらく磯さんにとっても母親にとっても，安易にふれてほしくない部分だ。これについては，何らかの形で近藤SWの動向を見守っていく必要がある。
> 　さて，今日の一連の経過を田中PSWにも報告しておこう。ホームヘルパーの導入が必要になるかもしれないし。

近藤SWに磯さんの印象を確認する

　田中PSWに電話をした後，近藤SWに電話をかけ，本日のお礼とあわせて磯さんの印象を尋ねた。すると，「一生懸命で，お母さん思いの息子さんだと思いました」とのことだった。

> ### 近藤SWとの電話を終えて
>
> 　多少困惑する場面はあったと思うが，磯さんの人となりを好意的にみてくれたようだ。今後，磯さんを介して母親の支援が組み立てられるとよい。

1週間後，磯さんの自宅を訪問

　約束の日，近藤SWと私は磯さん宅を訪ねた。私にとっても初めての訪問だった。「この間はおつかれさまでした」と母親に挨拶すると，「どういたしまして」と笑顔で返ってきた。室内は雑然とし，流し台には汚れがこびりつき，部屋全体

でも，人的社会資源の活用を検討するうえでも大切です。近藤 SW も，交友関係を尋ねてきました。しかし，母親には，磯さんを除いてつきあいのある友人や親族はいないようです。磯さんには，鷹野 PSW を初めとした S 事業所のスタッフや田中 PSW といった公的な人的社会資源や，事業所の利用者仲間もいますが，母親には磯さん以外にはいないかもしれません。磯さんが母親を近藤 SW のところに連れて来たのは，母親にとってとても大きな支援になった可能性があります。

05 面接運び：人的社会資源がもつ能力や特徴を評価します

つないだ社会資源については，当然クライエントにとってプラスに機能することを期待しますが，つないでみなければわからないこともあります。実際にどうであったかを評価し，うまく活用するための対策を講じることが大切です。近藤 SW は，磯さんに上手に接し，必要な情報収集も行い，支援プロセスを進めてくれたので，鷹野 PSW は安心しました。

06 成年後見人：申立ての際は，親族にも連絡をとることになります

成年後見制度は，判断能力が不十分な人に対し，財産を適切に管理したり，適切な身の回りの世話が行われるように福祉サービス等の契約を行ったり，日常生活や将来の生活にかかわる重要な協議の際に不利益にならないようにしたりするために，その人を保護し支援する制度です。鷹野 PSW は，磯さんと母親が，音信の途絶えた姉に対し複雑な感情を抱いていることを気にかけています。母親に対する成年後見人選任の申立てを想定したとき，その手続きにも思い当たるところがありました。法定後見の申立ての際は，親族の意向も確認されます。磯さんの姉への連絡は避けられません。

07 磯さんの姉：身内というインフォーマルな資源の活用にはデリケートさが伴います

親族がいても，連絡をとることをクライエントが希望しない場合もあります。その理由は，必ずしも相手に対する否定的感情によるとは限らず，迷惑をかけたくないという配慮であったり，今の状態を知られたくないという引け目であったりします。磯さんの母親が娘に抱く思いと，磯さんが姉に感じる思いは，おそら

161

が臭った。食事は出来合いのもので済ませているようだった。近藤SWが母親に、「この前の続きですが、どのあたりのお掃除が大変ですか？」と質問すると、母親は「そうですねぇ」といろいろなところを指差すが的を射ない。一方、私から磯さんに、「磯さんはどこの掃除を手伝ってもらえるとうれしいですか？」と尋ねると、「全部」と言う。トイレや風呂場も案内されたが、かなりの汚れだった。磯さんの強い希望もあり、ヘルパーに掃除を手伝ってもらう❽ことに、母親も同意した。磯さんが利用する障害福祉サービスとして申請することを、私から田中PSWに依頼することとし、障害支援区分❾の認定手続が必要になることを説明した。磯さんの世帯は住民税の「非課税世帯」なので、制度上、費用の自己負担❿は発生しないと説明したところ、磯さんは母親のほうを向いて「よかった」と言った。

　おもむろに磯さんが、「他にやっておいたほうがいいことは何ですか」と近藤SWに尋ねた。近藤SWは、「そうですね。年とともに衰えていくのは避けられないので、いざというときに介護が受けられるように、要介護認定⓫を受けておきましょうか」と提案した。磯さんと母親は顔を見合わせて首をかしげ、それを見て近藤SWが制度の説明をした。母親には持病がなく、かかりつけ医がいないことから、近藤SWは要介護認定を受けるための受診を勧めた。私から、磯さんが通院しているU病院でも受診ができることを伝えたところ、磯さんが、「鈴木先生も、一度お母さんを連れて来たらって言ってた。僕から相談室⓬の人に頼んで予約をとってもらうよ」と言った。

　母親の受診には、磯さんと近藤SWが付き添うことになった。

 訪問を終え、帰り支度をしながら考える

　今日も、近藤SWは上手に母親と磯さんの言葉を引き出していた。母親の要介護認定と受診の提案がスムーズに進んだのは、磯さんと近藤SWのチームワークといってもよい。U病院に認知症疾患医療センター⓭が設置されていて、ちょうどよかった。

　それにしても、会話は合わせていたが、母親は記憶や理解が随分不確かだ。それと、想像以上に住居の中は乱雑で不衛生だった。こんな状態にまでなってしまうなんて、近藤SWも心配になったのではないだろうか。

く同じではありません。磯さんは，自分が発病して以来母親が姉を遠ざけてきたことと，姉が来なくなった事実に，二重に傷ついている可能性があります。

08 ヘルパー利用：同居者の同意が必要です

　自宅は，クライエントと同居する人のプライベートな空間です。自宅を訪問する形態のサービスを導入するには，契約するクライエントのみならず，一緒に生活している人の了承が必要となります。他人が家に入って来ることに，抵抗を覚える人は少なくありません。客観的に第三者が入って掃除を手伝ったほうがよいと思われても，無理に入ることはできません。磯さん母子の場合は，磯さんの強い希望があったので母親も同意し，ヘルパー利用の方向となりました。

09 障害支援区分：ホームヘルプを利用するには手続きが必要です

　障害者総合支援法に基づく障害福祉サービスの利用にあたり，障害支援区分の条件が設けられているものと，障害支援区分の認定を受ける必要のないものがあります。ホームヘルプは介護給付に位置づけられ，障害支援区分が区分1以上の人が利用できます。就労継続支援B型事業所に通うには障害支援区分の認定を受ける必要がありませんでしたが，ホームヘルプを利用するにあたり，今回磯さんは認定を受ける必要があります。

10 費用の自己負担：利用の可否も左右する重要な要素です

　障害福祉サービスの利用には，1割の自己負担が発生しますが，世帯の所得によって1か月の負担上限額が定められています。クライエントにサービスを紹介するにあたり，世帯によって費用の自己負担が異なることに注意が必要です。所得を判断する際は，障害のある人とその配偶者を世帯ととらえます。磯さんは母親と二人暮らしなので，制度上は磯さんの一人世帯と見なされます。磯さんの収入は障害基礎年金とS事業所の工賃のみですから住民税非課税世帯となり，利用料の自己負担はありません。

姉への連絡に関し，近藤SWに希望を伝える

　磯さん宅からの帰途，近藤SWが，「久江さんは，いろいろなことが難しくなっていますね。磯さんも，頑張りたい気持ちは伝わってきますが，生活全般の目配りは大変そうです。緊急連絡先など，娘さんの力も借りられるといいのですが。そのうち娘さんへの連絡について，磯さんと久江さんに提案したいと思っています」と言った。私は，「娘さんとは長い間連絡を絶っているようですし，お母さんだけでなく，磯さんの思いも気になります。提案するときは同席させていただけませんか」とお願いした。近藤SWは，「むしろ同席していただけると助かります。よろしくお願いします」と答えた。

母親の専門医受診を終え，要介護認定の結果を待つ

　その後，磯さんは無事にU病院の「もの忘れ外来」を予約できた。受診と検査の結果，母親はアルツハイマー型認知症と診断され，医師の提案で月1回，磯さんと一緒に近況報告のために通院することになった。また，近藤SWが**要介護認定の申請を代行**[14]し，認定調査には磯さんと近藤SWが立ち会った。磯さんは，近藤SWから**認知症のハンドブック**[15]をもらい，利用の仕方をわかりやすく説明してもらった。

　母親が相変わらず不要な買い物をしてくることで，磯さんは次第に世帯の家計が気になり始め，それについても近藤SWに相談するようになった。近藤SWと磯さんの間では，母親に成年後見人をつけることや，母親が管理している通帳を磯さん自身が預かることなどが話題に上っており，そのことで私にも相談があった。また，磯さんの障害支援区分は区分2と判定され，田中PSWの手配で掃除を手伝ってもらうホームヘルパーが派遣されるようになり，水回りは清潔になってきた。

　この間，磯さんは，母親の用事で時折休みながらもS事業所の通所を続け，私は磯さんの様子を見守り，日常会話を通じて現状を把握していた。

　事業所のデスクで，ここまでの経過をモニタリングする

・磯さんと近藤SWの支援関係が構築され，それを軸に，母親との生活に必要な認知症の介護に関連した社会資源の導入が進んでいる。
・磯さんは，母親の支え手としてより実質的に役割を果たすようになり，これ

11 要介護認定：受診を促すきっかけづくりにも利用できます

要介護認定は，介護保険を利用して介護サービスを利用するときに必要となるもので，市町村に申請します。要介護認定を申請すると，本人の心身の状態に関する訪問による認定調査が行われ，並行してかかりつけの医師に対して主治医意見書の提出が求められます。近藤SWが要介護認定を提案したのは，かかりつけ医がいない磯さんの母親に対し，認知症の専門医の受診を勧め，認知症かどうかの確定診断をしてもらう意図もあったと考えられます。診断が確定したほうが，認知症ケアに関するさまざまなサービスの提供もしやすくなります。

12 医療相談室：総合案内ではありませんが，病院の利用に際し交通整理することができます

磯さんは，「相談室の人に頼んで予約をとってもらう」と言いましたが，U病院の医療相談室が初診予約窓口や総合案内を兼ねているというわけではありません。クライエントの思いに寄り添い，かかわる専門職チームの合意を引き出して問題解決やニーズ充足を図ろうとするならば，各職種や個々の職員の特性だけでなく，ときには院内各部署の役割や業務も熟知し，それらを意識的に活用することが必要となります。そのスキルが，連携調整やネットワーキングの機能として磨かれます。それゆえ，病院の医療相談室は，病院を利用しようとする人や機関との調整機能を果たすこともできるのです。

13 認知症疾患医療センター：都道府県，指定都市が設置する認知症に関する医療提供体制の拠点です

地域での認知症の医療提供体制の拠点として，認知症に関する相談，医療機関等の紹介，鑑別診断と初期対応，かかりつけ医等の研修，地域包括支援センター等との連携，認知症医療に関する情報発信等を行っています。専門医や専任の精神保健福祉士等を配置し，検査体制をもった医療機関に，都道府県や指定都市が設置します。磯さんが通院するU病院に認知症疾患医療センターが設置されていたため，初めてのことが苦手な磯さんにとって，母親の受診に付き添うハードルは大きく下がりました。磯さんが不安になって尻込みしたりせず，積極的な姿勢を示せば，母親も不安にならずに済みます。

までしてこなかった家計の管理などにも関与しようとする自覚が芽生えている。そろそろ障害年金の自己管理を始めてみてもよい時期だ。将来的にお金の管理だけでなく、公的機関から届くさまざまな書類の提出等も磯さんが行うとしたら、**日常生活自立支援事業** ⑯ の利用が考えられる。

・姉への連絡については、まだ具体的な話は出ていないようだ。

母親の要介護認定が下り、合同の面接が設定される

　ある日、近藤 SW から電話があった。母親の要介護認定の結果が出て、磯さんと母親の依頼を受け、**介護支援専門員（ケアマネジャー）** ⑰ を紹介しようと考えているという。私が、「ぜひ近藤さんのような、穏やかな口調で磯さんが安心できそうな人を紹介してください」と伝えると、「仕事上、たくさんのケアマネさんとおつきあいがあるので、適任の人を紹介します」と電話口で笑った。私から、「磯さんの了解が得られたら、一度**一緒に顔合わせ** ⑱ をさせてもらえませんか」と依頼すると、「私もそれを考えていました。久江さんと磯さんも一緒にしましょう」と言った。そして、「そのとき、緊急連絡先ということで、娘さんとの連絡について話してみようと思います」とのことだった。

　翌日、磯さんが事業所に来所した。母親に要介護 2 の通知が届いたという。ケアマネジャーを紹介してもらい、私も顔合わせに同席することは、近藤 SW から聞いているとのことだった。私は、磯さんを面接室に招き、「他には何か聞いていませんか」と尋ねた。磯さんは、少し考えて、「緊急連絡先をどうするかって」と言った。「お姉さんのこと？」と聞くと、「そう」とうなずく。「どう思いますか」と聞くと、「あんまりしてほしくない。もう関係ないし」と言う。私は、「そうですか……。じゃあ、とにかく同席しますね」と磯さんに伝えた。

磯さんの姉への連絡について考える

　先日の様子から考えれば、たとえ緊急連絡先だとしても、母親は姉を連絡先とすることには承諾しないだろう。姉に迷惑をかけたくないという悲痛な思いが伝わってきた。磯さんは、もう関係ないと言っていた。あまり考えたくないようだった。今思えば、同席させてほしいと私は近藤 SW に言ったが、何かできると思ったわけでは決してない。磯さん母子にとって、重くつらい話題だということが伝わったので、その痛みを少しでも受けとめられたらと思ったに

14 要介護認定の代行申請：地域包括支援センターで申請の支援が受けられます

　高齢者世帯では，手続きの煩雑さがハードルとなって，必要なサービス等に到達することができないことがしばしばあります。地域包括支援センターでは，高齢者世帯の意向を受けて申請を代行することができます。さらに，必要があれば認定調査の立ち会いもしてもらえます。磯さんも，近藤SWに母親の認定調査に同席してもらいました。鷹野PSWは，あえて同席していません。

15 認知症のハンドブック：偏見や誤解を解き，正確な知識を得るためのツールとして有効です

　認知症は誰もがかかり得る病気ですが，何もかもわからなくなってしまっていると見なし，会話や役割から遠ざけてしまうような対応がなされる例がまだまだあります。認知症の症状や，罹患が疑われたらどこに相談に行けばよいか，周りの家族等はどんな対応をすればよいか，生活や介護，医療，社会参加などのニーズに応えられる資源はどこにあるかといった情報がわかりやすくまとめられたハンドブックが，市町村で独自に作成されていたりします。近藤SWから磯さんに認知症のハンドブックを渡して説明したということは，磯さんのことを母親の支え手として認めているということでもあります。

16 日常生活自立支援事業：社会福祉協議会で行っている権利擁護の事業の一つです

　日常生活自立支援事業は，障害等があって，日常生活を維持するために必要な情報や手続きを適切に理解し判断し実行することが難しい人に対し，福祉サービスの利用の手続きや，日常生活に必要な金銭の出し入れ，預金通帳の預かり，住宅契約更新や役所への各種届出，商品購入に関するクーリングオフ等の手続きを手伝ってくれる制度です。社会福祉協議会の専門員が支援計画を作成し，その内容に沿って生活支援員がサポートしてくれます。サービスを受けると利用料がかかります（生活保護受給者は無料）。

　磯さんが，これから金銭管理等を練習することでどこまでできるようになっていくのかは未知数ですが，母親に成年後見人をつけるという話がすでに出ているので，母親に預けておくわけには早晩いかなくなるでしょう。そうなったときに，必要であればこの事業を利用できるだろうと鷹野PSWは想定しています。

過ぎない。

磯さん宅でのケアマネジャーとの顔合わせの面接

　近藤 SW から紹介されたケアマネジャーは，磯さん母子とも私とも気さくに挨拶を交わし，介護サービスの利用についてわかりやすく説明した。デイサービスの見学の話題も出て，和やかな雰囲気で進んだ。一段落ついたところで近藤 SW から，「ところで，緊急連絡先はどうしましょうか」という話が出た。母親は硬い表情になり，「娘は嫁いでいる。関係ない」と繰り返した。磯さんは下を向き，押し黙ってしまった。

　私が口を開こうとしたとき，近藤 SW が，「お母さんの様子を，この先もずっと知らされないとしたら，娘さんは，どんな気持ちでしょうね」と母親に向かって語りかけた。母親は答えなかった。すると唐突に，「連絡先知ってるの？」と磯さんが母親に尋ねた。そして，「たぶん，姉さんはお母さんに会ったほうがいいと思う。僕には会いたくないかもしれないけど」と言った。

　磯さんの言葉が転換点になり，母親が折れた。近藤 SW から娘に，磯さんの支えで暮らす母親の様子を伝え，会いに来てもらいたいと打診する方向となった。

磯さん宅から事業所に戻る道のりで考える

　磯さんの姉が実家に寄りつかなかったのは，母親が磯さんの生活が成り立つような世話を一人で背負い，寄せつけなかっただけでなく，姉もそれをよしとしてきたからだ。母親の意向に反して家に足を運ぶことまではしなかった。姉は一体どんな気持ちで離れて暮らしているのだろう。磯さんのことはどう思っているのだろう。

　今回のことは，長年にわたる家族のわだかまりに，重要な変化をもたらす可能性がある。もしも，本当に姉が母親に会いに来てくれるならば，私も同席して，磯さんがどれほど母親の支えになっているかを姉に伝えたいところだ。でも，そこは近藤 SW に委ねよう。近藤 SW は，磯さん親子を見守る支援者として，その役目を果たしてくれるだろう。

17 介護支援専門員（ケアマネジャー）：クライエントに合った適任者を紹介してもらいます

　介護支援専門員（ケアマネジャー）は，高齢者等で介護や生活支援が必要となった人に対し，個々の希望や心身の状態に合わせて介護サービス計画（ケアプラン）を作成し，介護保険サービス等が利用できるように調整を図り，本人や家族の相談に応じる専門職です。数多くの居宅介護支援事業所の中から，どの事業所のケアマネジャーを選べばよいか，実際に携わった経験を蓄積していなければ，なかなか判断することは困難です。そんなとき，地域包括支援センターにクライエントの心身の特性等に合ったケアマネジャーを紹介してもらうことができます。

18 顔合わせの場に同席：所属と名前だけよりも，会っておいたほうが連携しやすくなります

　支援者も人ですから，直接顔を合わせて挨拶を交わしておいたほうが，明らかに距離が縮まります。PSW も他の支援者も，クライエントにとって貴重な人的社会資源です。お互いが有機的に機能できるよう，顔の見える関係づくりが大切です。今回顔合わせをするケアマネジャーは母親の担当であり，磯さんの担当ではありませんが，この先母親が介護サービスを利用し始めれば，磯さんにとっては近藤 SW よりも接する機会が増えてくるでしょう。磯さんに鷹野 PSW という味方がついていることを知っておいてもらうことは，いざというときの連携に役立ちます。

169

その後の経過

　近藤SWから連絡を受け、磯さんの姉は約30年ぶりに実家を訪れ、母親と磯さんに会った。磯さんが母親を支えていることは、近藤SWから伝えられた。姉は、母親だけでなく磯さんの緊急連絡先にもなってくれた。

　母親は、介護保険でホームヘルパーとデイサービスを利用し、磯さんは、日常生活自立支援事業を利用して障害年金を自分で管理するようになった。この事業の生活支援員に相談しながら公的書類の提出をしたり、年金から家計の一部を負担したりしている。並行して、近藤SWの勧めで姉がR市権利擁護センター[19]に相談し、母親の同意のもとに成年後見を申し立てて、（公社）日本精神保健福祉士協会の認定成年後見人である精神保健福祉士[20]が選任された。また、近藤SWの紹介で、同じ団地に住む民生委員[21]が、磯さん親子を団地の行事に誘ってくれるようになった。

　磯さんは、S事業所に通所し、一般就労をあきらめていない。当初は支援者が増えて混乱していたが、磯さんなりに選択し、母親との生活のことは、主にケアマネジャーと生活支援員に相談している。そして、姉がときおり訪ねて来ている。

　これからの支援について

　母親が認知症であることを考えれば、この先、母親との生活がもっと変化していくことは避けられない。私たちは、磯さんがさまざまな支援者を活用して困難を乗り越え、いずれは一人でも生活していけるような備えも視野に入れて、磯さんを見守っていこう。

19 R市権利擁護センター：成年後見制度の利用支援を行っています

社会福祉協議会と行政が設置する権利擁護センターでは，市民に対して成年後見制度の内容や法的手続きについてわかりやすく説明するなど利用支援を行っています。また，成年後見人の選任が必要と考えられる人に申立人となる親族がいない場合に，親族に代わって市町村長が申し立てるための実務も行います。

20 専門職後見人（精神保健福祉士）：精神障害の特性やかかわり方に関する知識や技術を有しています

高齢化とともに成年後見人を必要とする人も増え，弁護士，司法書士，社会福祉士，精神保健福祉士といった専門職が成年後見人等に選任されることが増えています。本人の意思を理解し，それに添った契約行為等を行うことと，公正な財産管理等を行うことが絶対原則で，人材の質を担保するため，職能団体等が一定の基準を設けた認定制度をもち，家庭裁判所へ候補者を推薦しています。

21 民生委員：地域において，住民の立場で相談に乗ってくれる人です

民生委員は，地域住民の立場から，生活や福祉全般にかかわる相談や援助活動を行っている人です。地域の子どもたちを見守り，子育て等の心配ごとへの相談に乗る児童委員も兼ねています。その地域の事情をよく知っていて，一定の要件を満たした人が，厚生労働大臣の委嘱を受けます。

まとめ ▶ ▶ ▶ PSW が前面に出ないかかわり

PSW が仲介して社会資源とつながったのち，その資源をクライエントが活用して生活課題を解決していくには，PSW が後方支援に回ることも必要です。磯さんは，地域包括支援センターの近藤 SW とつながったことで，母親との生活を支えてもらうための介護サービス等を導入することができました。一方，鷹野PSW は，相談支援事業所の田中 PSW とともに，自立心が育ってきた磯さんの助けになるような社会資源の導入も図りました。この過程で磯さんはしだいに家族のキーパーソンとなり，姉との交流再開のきっかけをつくれました。次節では，この取り組みを地域課題に対応できる仕組みへと発展させる礎を築きます。

171

第**4**節 ▶ [創る]

年齢を重ねても，精神障害のある人が安心して暮らしていけるように

事業所での利用者との会話

　しばらく休んでいた60代後半の女性利用者の柳さんが，事業所に現れた。利用者が口々に，「柳さん大丈夫？」「膝の調子はどう？」と声をかけ，柳さんは「ありがとう」と笑顔で返し，「まあ，なんとかね」と言った。

　私からも柳さんに声をかけると，「私も原さんみたいに，ここを卒業してデイサービスに移らなくちゃいけなくなるのかなあ」と心配そうに言った。私は，「そうですね。残念ながら，一生現役で働ける人なんてほとんどいません。<u>ここ</u>[01]に通えなくなったときのことも，一緒に考えていきましょう」と返した。

事業所の高齢利用者支援について考える

　うちでは就労支援に力を入れてきたが，一方で長年利用している人の**高齢化も進んでいる**[02]。柳さんもその一人だ。そういえば原さんはどうしているだろう。原さんのときは，V地域包括支援センターの井上主任ケアマネジャーが親身になってくれた。悪気はないが何でも歯に衣着せずずけずけと言ってしまう原さんを上手に受け入れてくれて，デイサービスの事業所を探してくれた。磯さんのときのT地域包括支援センターの近藤SWも，「精神障害があると聞いて構えてしまったけど，磯さんと出会って，相手の気持ちを想像して普通にかかわればいいんだとわかりました」と言ってくれた。高齢者を支援する人たちにも，精神障害のある人の心強い味方が増えている。柳さんにも，そろそろ紹介する時期だろうか。

R市の自立支援協議会の精神保健福祉部会にて

　隔月開催される**R市の精神保健福祉部会**[03]で，障害福祉サービス事業所の利用者の高齢化が話題に上った。R市では，平成の初めに始まった精神障害者を主な対象とした事業所や精神科病院，市や保健所の連絡会が精神保健福祉部会に移行したということもあって，機関同士のつながりも歴史があり，一緒にイベント

解説 **01**は社会資源, **01**は PSW の視点や技術を解説しています。

01 ここ（就労継続支援B型事業所）：社会資源の利用終了のための支援（退所支援）も行います

　利用者は，さまざまな就労の目的をもって，就労継続支援B型事業所に通所しています。目的を達成して退所していく利用者もいれば，さまざまな事情によって達成半ばで退所となる人や，柳さんのように，加齢によっていずれ退所を余儀なくされる人もいます。退所後のよりよい人生につながるよう，退所支援も丁寧にできる社会資源であることが大事です。

02 高齢化の進行：今，何が課題かを意識することが第一歩です

　精神障害のある人の地域生活や社会参加へのニーズに応えて，住まい，日中活動，就労支援等，地域にはさまざまな社会資源が増えてきました。鷹野 PSW が所属する法人が，小規模作業所を立ち上げ，グループホームを開設してきたのもその一環です。今，S 事業所では高齢化への対応が課題となっています。その課題を意識し続け，対応するために必要な手立てを考えることが，新たな社会資源づくりの発想として重要です。

03 R市の精神保健福祉部会：R市の地域課題を共有し解決を図るうえで活用できる社会資源です

　所属する機関を越えて関係者が集まる連絡会にはさまざまなものがありますが，なかでも障害者地域自立支援協議会は，障害者総合支援法に基づき市町村が設置するもので，障害福祉行政をよりよいものにしていくうえで重要な機関です。各市町村で必要な部会を設けており，その場に参加し，日常実践を通して自覚している課題を話し合い，地域課題として共有し，解決策を模索し施策に反映させていくことはとても大事です。R 市では，精神保健福祉関係機関同士のつきあいが長く，会議以外の交流ももたれているので，部会が適切に機能する素地があるといえます。なお，部会の委員となっている職員の報告を聞く機会を機関内に設け，部会と実践現場との橋渡しができる体制が不可欠です。

を開催したりもする関係である。利用者の高齢化は，この日に限らずときおり話題に上っている。

「精神障害があると，介護保険のデイサービスにとけ込めない人も多いんだよね」「本人たちも行きたくないって言うし」「かといって，送迎までやる余裕はないし」「おたくの法人で，精神障害者向けのデイサービスとかやらない？」などと意見が飛び交った。私は，「地域包括支援センターを味方につけて，高齢者領域の支援者にも関心をもってもらえるといい」と発言し，例をあげて説明した。すると，賛同する意見もあり，今後も継続して考えていく [04] こととなった。

部会のあと，高齢の精神障害者の支援について思いを巡らせる

精神障害の分野の支援者同士の連携はよくできているほうだと思うけれど，他の分野の支援者との交流の機会が少ない。高齢者の介護福祉サービスに携わる人にも，サービスを利用している高齢の市民にも，まだまだ精神疾患や精神障害のある人への誤解や偏見が根強いのも感じる。精神障害者を支援する法人が高齢者向けの事業を立ち上げるのもよいが，一方で，既存の高齢者向けのサービス [05] が精神障害の有無にかかわらず利用しやすく居心地のよいものになるよう，働きかけたほうがよい。

新たな試みを思いつく

ある日，相談支援事業所の田中 PSW との雑談で，「私たちって，精神障害の行政や事業所同士は交流が密だけど，高齢分野のサービスとか支援者には疎いよね」という話になり，「磯さんでお世話になった近藤 SW に来てもらって，学習会 [06] を開くのはどうだろう」「つながりを保っておきたいし」という話になった。

「精神保健福祉部会で学習会ができないか」と話が広がったが，「市内には7か所の地域包括支援センターがある。その中から近藤 SW を指名して来てもらうのは不自然だよね」「部会として公式に派遣要請 [07] するとしたら，R 市の障害福祉課から高齢福祉課を通して地域包括支援センターの連絡会に打診して，講師を派遣してもらうのが正攻法かなぁ」という話になり，「今は，部会でそこまで手続きを踏んでやろうという機運じゃない。一度身近なところで実績をつくってはどうだろう」というところに落ち着いた。まずは法人内で，近藤 SW を招いた学習会を開催する方向で，私から事業所に働きかけることとした。

04 テーマの継続検討：事態を打開する具体策が望まれます

会議ではときどき話題に上るものの，いつも似たような議論で解決策が浮かばず，継続検討ということで終わってしまうテーマがあります。検討課題として認識し続けることは重要ですが，一方で，課題だと認識していることと，実際に打開策を講じることとの間には大きな開きがあります。「困りましたね」と言っているだけでは進歩がありませんし，「行政が率先してやるべきだ」などと言って他人事にしていても進みません。そこから脱し，たとえ小さなことでも，何か具体的にできることを思い浮かべることができれば，その先の展開は変わってきます。

05 既存の高齢者向けサービス：高齢の精神障害者が利用できるよう，分野を横断して連携します

介護保険法は，要介護認定を受けて介護保険サービスが利用できる仕組みを定めており，精神障害の有無による利用制限はありません。クライエントの希望にもよりますが，「精神障害」や精神障害のある「人」に対する誤解や偏見があるからといって，利用を避けたり，利用を断られたときにすぐに引き下がったりするのではなく，理解を求め，利用できる前例をつくっていくことが大切です。それが，地域で末永く暮らせるようにすることにつながります。PSW には，その橋渡しをする役割もあります。

06 外部講師による学習会：内部に風を通すために有効な解決手段です

多くの場合，学習会を1回開催したからといって課題が解決されるわけではありませんが，変化を起こす一つのきっかけにはなります。学習会自体の効果にとどまらず，企画を検討し，組織のルールに沿って提案し，準備を進めていく過程もまた，PSW の周囲に影響を及ぼすことが期待できます。

07 公式の派遣要請：実現したいことを通す工程を考えて作戦を立てます

ものごとを形にしていくとき，自分の裁量で進めていけることは限られています。他者がもっている権限や資源を活用しないと進めていけない場合，組織が意

働きかける順序を考える

　近藤SWに講師の内諾を得るのと，事業所に諮るのと，どちらが先のほうがいいだろうか。施設長も後輩PSWも，普段から高齢化については課題だと認識しているので，企画には賛同してくれると思うけど，施設長はいろいろつきあいもあるから，別の講師の方がよいと言うかもしれない。内諾を得ておきながら近藤SWに講師を依頼しないのは，失礼になる。先に事業所のスタッフミーティングに話を通そう。

企画が形になっていく過程

　事業所のスタッフミーティングで学習会の開催を提案したところ，概ね賛成してくれた。納期があり授産活動を休むのは厳しいので，事業所が閉所している土曜の午後なら開催可能ではないかという話になった。私は，施設長から，講師の人選も含め企画立案を任された。企画書が完成したら，法人の公益事業の位置づけで開催できるよう，法人運営会議に諮ってもらえることとなった。

　早速近藤SWに連絡し，企画について説明して講師を依頼したところ，「いい企画だと思うので協力したいのですが，S事業所の所在地はV地域包括支援センターの管轄です。今後のおつきあいを考えると，**V地域包括支援センターとのつながり**[08]を大事にしてはどうでしょうか」と提案された。そして，「準備運営でよければ，私も喜んで手伝いますよ」と言ってくれた。

　そこで，以前，利用者のことでお世話になったV地域包括支援センターの井上主任ケアマネジャーに連絡をとると，「いいですね。講師派遣の依頼文をいただければ，内部で調整して私が行くことはできますよ」とのことだった。また，「管轄地域のさまざまな事業所さんと交流するのも，高齢者が住みやすい街づくりには大事なので，講師料はいりませんよ」と言ってくれた。

 企画の内容を考える

　さすが，普段から地域づくりを視野に入れて活動している。
　さて，あとは**企画案**[09]だ。盛り込まなくてはならない項目を整理しておこう。
〔企画趣旨〕老後の生活に役立つ備えや知識についての無料学習会

思決定し行動に移すにはどのような仕組みとなっているのか，具体的に理解することが必要です。そのうえで，公式ルートを辿るための道筋を考えるのか，あるいは伝手を用いてルートを短縮するのか等，作戦を練ります。

08 V地域包括支援センターとのつながり：社会資源を「点」ではなく「面」でとらえる視点がネットワークを広げます

鷹野PSWにとって，地域包括支援センターで最も信頼がおけて連携しやすいのは，磯さんを通じてつながりができた近藤SWでしたが，近藤SWは地域づくりを意図した貴重な助言をくれました。V地域包括支援センターに，管轄地域にある社会資源としてS事業所を認識してもらうことによって，相互に活用し合える関係になることが期待されます。個別の支援を通じて「点」でつながった支援者同士が，地域の福祉レベルを上げていくために機関同士の言わば「面」でつながるというのは，発展的で大事な発想です。

09 企画案：提案を通すには設計図が必要です

学習会の企画を事業として実施するには，目的や対象，プログラム，会場，準備体制，費用等について，おおよその見通しを立てておく必要があります。そして，提案にあたっては，提案相手の傾向をふまえ，否決されてしまわないような企画案を作成することが大事です。また，簡潔にまとめた企画書をツールとして用意すると，口頭で説明するよりもはるかに検討がしやすくなります。

10 運営委員（運営委員会）：企画を成功に導くための組織です

単発の事業であっても，企画を実現するにあたり，検討と準備を重ねていく必要があるときは，担当者でその場限りの話し合いをするのではなく，運営委員会という組織を構成することが非常に有効です。準備にあたり，どんな要素を検討したり実際に進めたりする必要があるのか，どこまで進んで何ができていないのか等を運営に携わるメンバーが共有しながら準備を整えていきます。その際は，運営委員会記録を残しておくことも必要です。

〔対　　象〕法人内各事業所の利用者，その家族，職員
〔講　　師〕V地域包括支援センターの井上主任ケアマネジャー
〔会　　場〕土曜の午後，S事業所の作業フロアを使用
〔運営委員❿〕S事業所の職員，田中PSW等の希望する人を募る
〔費　　用〕ポスター・チラシ・資料印刷等事務費

学習会開催準備

　その後，完成した企画書は，法人運営会議で承認され，準備が始まった。講師に決まった井上主任ケアマネジャー，近藤SW，田中PSW，私で打ち合わせを行い，タイトルは，「いくつになっても生き生きと暮らそう～知っておきたい老後の備え～」となった。内容は，①介護予防，②R市やR市内の事業所，市民団体等が行っている高齢者向けのサービスの紹介，③地域包括支援センターの利用方法，④介護保険制度の紹介とした。手作りポスター⓫を法人内の各事業所に貼り，利用者にはチラシ⓬を配り，家族にも紹介してもらった。口コミ⓭で他の事業所の利用者から参加希望があり，運営委員会で検討し参加を承認した。

学習会開催

　当日は，利用者，家族，職員も含め，38人が参加した。井上主任ケアマネジャーの説明は，資料もあってわかりやすく，ユニークな語り口で，質問にも丁寧に答えてくれて好評だった。終了後，井上主任ケアマネジャーと近藤SWは，精神障害があると差別されるのではないかといった質問も出たことを振り返り，当事者や家族の発言⓭を地域包括支援センターに戻って報告したいと言った。

学習会を終えて

　初めての試みだったが，大成功だった。利用者も家族も，熱心に話を聞いて積極的に質問していた。職員にも新たな発見と刺激があったと思う。それと，井上主任ケアマネジャーや近藤SWに，精神障害のある人や家族と接し，私たちの事業所のことも知ってもらう貴重な機会となった。今回の成果は，報告書⓮を作成して施設長から法人運営会議に報告してもらうだけでなく，R市の精神保健福祉部会でも報告しよう。

11 手作りポスター・チラシ：視覚化して宣伝する効果があります

講演会などのイベントを企画すると，参加者を募ることが課題となりますが，せっかく有意義な企画を立てても，それを必要とする人に情報が届かなければ意味がありません。情報を届けるにあたって効果的なものの一つが，ポスターやチラシです。タイトル，講師，日時，場所，費用，主催者，趣旨説明が簡潔に掲載され，目を引くようなデザインであることが理想です。

12 口コミ：実は広げる力をもっています

講演会などのイベントの広報手段として，軽視できないのが口コミです。今回鷹野 PSW が企画したのは法人内の学習会でしたが，法人外にも情報が伝わっていました。魅力的な企画であれば，それを必要とする人の口から口へと伝わっていきます。

13 当事者や家族の発言：既存の認識を改めるきっかけになります

利用者や家族，法人の各事業所職員向けの学習会でしたが，講師の井上主任ケアマネジャーと近藤 SW にとっては，質疑応答を通じて精神障害のある人の生の声を聴く機会となりました。精神障害があると差別されるのではないかと心配しているということは，高齢分野のサービス利用に壁を感じているということです。それを聞いて 2 人は，自分たちがなすべき課題を感じ取ったのでしょう。このことは，今回の学習会の効果の一つであり今後の R 市内の精神保健福祉の向上にもつながるものとなります。

14 報告書：事業の継続・改善のために必要なツールです

事業を単発で終わらせないためには，事業の実施で終わるのではなく，成果を振り返り，報告書を作成して必要な方面に報告するところまで行うことが不可欠です。報告書があれば，それが前例となるので次に行うときに大いに参考になり，実施機関や関係者にも印象づけられます。適切な評価を報告書に記載するには，参加者にアンケートをとっておくことも重要です。

地域包括支援センターからの見学要請

　2か月後，近藤SWから要請があった。精神疾患のある人がいる高齢者世帯も多いので，R市内の地域包括支援センター職員の研修として事業所を見学させてほしいという。市内の7か所の地域包括支援センターが集まる会議でこの間の学習会を報告したところ，一度見学したいという声があがったのだという。見学希望は，施設長を介して法人運営会議でも承認が得られた。

　当日は，7か所の地域包括支援センターから各2名と，R市の高齢福祉課の職員も来所した。法人の各事業所を利用者の説明で案内したあと，私から，R市内の精神障害者を主な対象とした障害福祉サービス事業所について，R市の予算で精神保健福祉部会が作成した紹介パンフレット[15]を用いて説明した。

これからの展望

　個別支援を通じた支援者同士のつながりが，相互交流を推進し，広がっていく。このような草の根の実践活動が，精神障害にも対応した地域づくりや仕組みづくりにつながっていくのだろう。見学会のことも，次回の精神保健福祉部会で報告しよう。地道な積み重ねが大事だ。

15 紹介パンフレット：全容がコンパクトにまとまっているのがメリットです

　クライエントのニーズに応える社会資源が存在していても，情報が届かないと利用できません。社会資源を説明するにあたり，文字や図や写真は，人々の理解を助けるとても有効なツールです。どんなときにどのように使える社会資源がどこに存在するか，フローチャートやマップ等を用いて一目でわかるようなパンフレットを作成することができれば，社会資源の利用へのハードルが大きく下がります。

まとめ ▶ ▶ ▶ 地道な活動は文化を変える力がある

　個別支援によって構築できた関係を活用し，身近な場所で小さな社会資源の創出を繰り返していく方法も，組織や地域の文化を変えていくことにつながっていきます。鷹野 PSW が，所属する法人を動かして学習会を企画実施したり，近藤SW が，市の高齢福祉課を動かして見学会を企画実施したことは，市全体の精神保健福祉の関係者と高齢者介護の関係者の協働へと発展する端緒となります。さらに鷹野 PSW がこれらを報告書にまとめ，障害者地域自立支援協議会の精神保健福祉部会でも報告しようと考えているのは，異なる領域の協働という新たな資源開発のための活動といえます。

第4章

法を活用した退院支援とソーシャルアクションの展開

事例：海堂 PSW（精神科病院勤務）

本事例の舞台

▶ クライエント情報，主な登場人物

咲さん：31歳女性。小学生のときに両親は離婚。高校卒業までは母親と2人暮らしをしていたが，高校卒業後に統合失調症を発症する。以後，母親への暴力や友人との金銭トラブルなどを繰り返していた。ある日，母親の元を勝手に飛び出し，近くのサポート住宅へ入所するも集団生活に馴染めず，アパートでの単身生活を開始する。その後，異性間でのトラブル等から病状を悪化させては入退院を繰り返している。友達は多いほうではないものの，仲良くしていた一人の友人との間で今回トラブルが起きてしまう。収入は障害年金（2級）と生活保護を受給。精神障害者保健福祉手帳2級を所持している。

咲さんの母親：咲さんにとって唯一の家族。過去のいきさつから交流はほとんどないが，根は優しく，咲さんの将来を心から憂いている。

主治医：精神保健指定医の一人で海堂PSWとは比較的よい関係である。

咲さんの受け持ち看護師：海堂PSWにとても協力的な存在。

岡﨑相談支援専門員：咲さんの退院を応援する。咲さんの住所地のある地域の相談支援事業所の相談員として，ピアサポーターを活用しながら咲さんの退院支援に従事する。

海堂PSW（筆者）：W病院の医療相談室に所属するPSWであり，室長の役職に就いている。

▶ PSW所属機関の情報：設置母体・規模・定員数

　300床の精神科単科の病院で，設置母体はグループホーム2か所や就労継続支援B型事業所，訪問看護ステーションを有する医療法人である。医療相談室には，精神保健福祉士8名が勤務し，地域の基幹病院としてさまざまな疾患の患者を受け入れている。

▶ 地域特性

　Z市は人口100万人の政令指定都市。主要産業は観光業やサービス業であり，サービス業の業種別の従業者数の構成比をみると，医療・福祉業が最も多く，次いで宿泊業・飲食業，生活関連サービス業・娯楽業と続いている。近年ではIT

関連企業が集積し，Z市のIT産業は主要製造業を上回る規模になり，県全体の
およそ8割のシェアになっている。しかし，中心部以外は過疎化が激しく，高齢
化率や生活保護受給率は全国平均を上回るなど深刻な問題となってきている。交
通機関は複線での地下鉄が発達し，ほかにJRやバス，路面電車などがあり，市
民の足は恵まれた環境にある。

　精神保健福祉関係の特徴として，30の精神科病院に4000床の病床があり，そ
の多くのベッド数に加えて長期入院者の地域移行が当市全体の喫緊の課題となっ
ている。退院請求や処遇改善請求件数はほかの都道府県と比較して少ない。また，
グループホームや高齢者施設，相談支援事業所や就労支援機関は人口対比上では
他都道府県に比べて圧倒的に少ない。

▶ あらすじ

第1節　退院請求という資源活用を想起するものの，クライエントのニーズ のアセスメントを優先させる

　自分の財布のお金がなくなったのは友人のせいだと決めつけた咲さんは，深夜
にその友人を喫茶店に呼び出した。一方的な言いがかりをつけたところ，友人も
反論したことで2人の間にトラブルが発生，咲さんは興奮して友人に掴みかかっ
て殴りつけ，警察の介入により当番病院だったW病院を受診。当直医（精神保
健指定医）の診察により入院が必要と診断されたが，本人の同意が得られず，ま
た同意者となり得る唯一の家族である母親と連絡がつかなかったため，即日応急
入院となる。翌日には母親と連絡がつき医療保護入院へと切り替わる。咲さんと
海堂PSWの出会いは入院2日目の保護室内であり，最初は挨拶程度のかかわり
だけであった。入院3日目には精神症状がようやく治まったので，咲さんの身体
拘束は解除されたが，隔離は継続されていた。しかし，海堂PSWは保護室で咲
さんとの面接を開始する。咲さんは入院当初から入院には納得していない。一貫
して退院したい旨を繰り返し主張しており，海堂PSWは咲さんの思いをただひ
たすら傾聴し受容する。入院4日目には，主治医が入院継続の必要性を再び咲さ
んに伝えるものの，咲さんは納得せず，退院することを要求し続けている。海堂
PSWは，この時点で「退院請求」の制度活用を思い描くも，現段階では病院と
して取り組むことがほかにあるのではないかと思い留まり，まずは咲さんのアセ
スメントを重視する。

第2節　制度を上手に活用するために，丁寧な調整を意識する

　咲さんは，入院時の医療保護入院に関する説明を断片的には覚えていた。入院5日目，「退院できる制度」があったはずと海堂PSWに尋ねたことから，海堂PSWは「退院請求」の制度活用の意思表示であると受け取る。海堂PSWは，再び咲さんに制度説明を丁寧に行い，スムーズな申請と早期の意見聴取を実現させるべく支援を開始する。その際，咲さんの「退院したい」という気持ちに寄り添うことを最も大切にする。申請に対する咲さんの意志は固く，早速その日の夕方に電話で退院請求を申請する。後日，咲さん本人や家族（母親），主治医に「意見書」が送付されてくる。海堂PSWは，意見聴取日が早々に設定されるよう審査会事務局へ能動的に働きかけていく。

第3節　クライエントに寄り添いながら，制度を積極的に活用する

　退院請求のための意見書を送付した後，正式に意見聴取日が決定する。初回の電話による申請から14日後のことである。意見聴取日当日，咲さんは少しハイテンションのまま聴取に臨んだ。海堂PSWは，その一連の様子を遠くから見守った。聴取終了から1週間後，「現在の入院形態での入院継続が妥当」との審査結果が咲さんに届けられた。咲さんは怒りを隠せず，また海堂PSWもその申請までのプロセスや結果の伝達方法に疑問を強めた。海堂PSWは，請求による退院は叶わなかったものの，「医療保護入院者退院支援委員会」を利用して咲さんの退院支援を進めていく。並行して，相談支援事業所の相談支援専門員やピアサポーターを含めた支援者とのつながりを形成し，法を活用した退院支援が本格的に始動していく。

第4節　かかわりを振り返りながら，ソーシャルアクションを展開する

　海堂PSWは，先の退院請求や退院支援委員会の結果を咲さんと一緒に振り返るなかで，制度上の不備にあらためて気づき，その是正を図ろうと画策する。海堂PSWは，すぐにできることから具体的な行動に移していくことを思い立ち，今回の咲さんとのかかわりやこれまでの経験のなかから退院請求に関する制度上の課題を抽出し，それを「意見書」としてまとめ上げることにする。海堂PSWは，多くの仲間の知恵を借りながら咲さんとのかかわりを振り返りつつ，実施可能な等身大の「ソーシャルアクション」を展開していく。

PSWの着目ポイントと社会資源活用の意図

精神科病院の海堂PSWは，精神保健福祉法に基づき人権を尊重した適正な医療を提供すべきだと考え，患者の立場に立って，その推進役を担おうとしている。

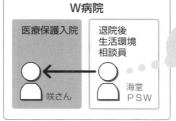

海堂PSWは，入院を不当だと訴える咲さんの気持ちに寄り添い，入院の必要性を理解できるよう更なる説明努力に加えて，精神保健福祉法を社会資源として活用することとし，法に規定された退院請求の支援を開始した。

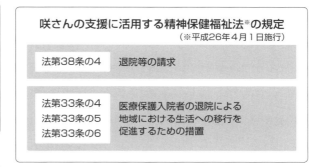

退院請求に基づく審査が迅速に行われるよう，院内の調整と審査会への働きかけを行う一方で，医療保護入院者の早期退院促進の措置として，地域援助事業者の紹介に着手した。

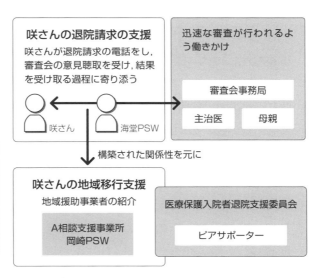

退院請求の審査結果は医療保護入院妥当との判断だったが，支援過程を通じて構築された咲さんとの信頼関係を元に，地域移行支援を行った。

精神医療審査会のあり方について仲間のPSWから情報収集し，体制強化について，県の精神保健福祉士協会を活用して制度の改正を求めるアクションを開始した。

第1節 ▶ [浮かべる，絞る]

退院請求という資源活用を想起するものの，クライエントのニーズのアセスメントを優先させる

入院した翌日の朝，担当精神保健福祉士であることを伝える

　「咲さん，初めまして。**精神保健福祉士**[01]の海堂と申します。これから咲さんの入院中の困りごとや退院のお手伝いをさせていただきますのでよろしくお願いします」と**保護室**[02]で拘束されている咲さんに挨拶した。咲さんは，「うるせー，誰だおまえ！　早くこれを取れ！　痛いんだよ」と拘束帯を外すようにと怒鳴り散らしている。「痛いですよね……。すみません，私では外すことができないので，咲さんが痛いので外してほしいと話しているということを先生にお伝えしますね」と言い残して私は看護師と共に保護室を出た。

> 　**初回面会時の状況から，咲さんの苦痛に思いを馳せる**
>
> 　拘束されているクライエントと接することはPSWとして何年経験を積んでもつらい。でも，この隔離や拘束が妥当なのかどうかを吟味する視点も精神保健福祉士には大切だ。**行動制限最小化委員会**[03]でその是非が検証される前に病状が落ち着いて，早く隔離や拘束が解除されたらいいんだけど。主治医には本当に今も拘束が必要なのか尋ねてみよう。

咲さんへの挨拶の数時間後，入院手続きを支援する

　入院時は母親とは連絡が取れなかったため応急入院とせざるを得なかったが，翌日には連絡が取れたのですぐに病院へ来てもらった。主治医は，咲さんをもう一度診察したが入院の同意は得られなかった。そこで，昨日の経緯を**母親**[04]に伝え，今もまだ咲さんの興奮は強く医療及び保護が必要な状況であること，そして本人同意が得られないことを説明し，母親から入院への同意を得て入院形態を医療保護入院へと切り替えた。医師と母親の話が終わると，私は別室にて母親に対して入院に関するさまざまな手続きを説明した。加えて，これまでの咲さんの生活状況を確認し，母親の思いや意向を伺い，今後の方向性などを話し合った。

解説 **01**は社会資源，**01**はPSWの視点や技術を解説しています。

01 精神保健福祉士：クライエントの入院時から精神保健福祉士はかかわりを始めます

　精神保健福祉士は，「社会資源を活用する職種」であると思われがちですが，精神保健福祉士自身もまたクライエントが利用できる社会資源の一つです。海堂PSWは，非自発的な入院をした咲さんにとって自身が有効な資源であろうという思いで，入院直後の咲さんに挨拶にいきました。

02 保護室：保護室（隔離室）はその使われ方が重要であり，その必要性や有用性をクライエントと共有することが理想です

　精神科医療の現場では，保護室（隔離室）という治療空間を本人の生命や財産を守るために使用することがあります。その意味では，保護室もクライエントにとっての社会資源の一つといえるかもしれません。しかし，今の咲さんにとって保護室は強制的に入れられた場所でしかありません。そのことによる人権侵害を生じさせず，実際に咲さんの治療に有益となるように，海堂PSWは治療環境を把握し，必要に応じて多職種に働きかける必要があります。

03 行動制限最小化委員会：精神保健福祉士は委員会の開催時だけでなく身体拘束等による人権侵害について常に考慮しています

　行動制限最小化委員会は，院内での審査機関であり，構成メンバーには医師，看護師，精神保健福祉士が含まれ，医療保護入院等診療料の算定基準として月1回以上の開催が必要です。隔離及び身体拘束の必要性や妥当性及びその最小化について検討することとされており，権利擁護の視点をもつ精神保健福祉士が委員会に参画していることで，これらをより厳しくチェックすることが可能となります。保護室の咲さんは乱暴な口をきいてはいますが，拘束帯でベッドに括りつける必要性が本当にあるのか，海堂PSWは委員会の開催を待つことなく医師に尋ねてみようと考えています。

04 母親：非自発的入院への同意が家族間の不和を招かないように留意します

　医療保護入院の同意を巡っては，実際の精神科医療の場面ではしばしば家族間葛藤（対立）に発展することがあります。咲さんも強制的に入院させられたこと

母親の情報から咲さんの入院前の生活状況をアセスメントする

　母親からの一方的な情報だけで判断してはいけないが，母親に対して繰り返された暴力行為や友人との金銭や異性間でのトラブル，サポート住宅[05]の強制退去など，咲さんの入院前の生活状況がわかってきた。母親はこれまで相当な苦労をしてきたようだ。今後は多くの支援者とのつながりをつくり，母親の不安を取り除いて母親と咲さんの距離を縮めていくことが必要になる。まずは本人やこれまでに咲さんとかかわった関係者から情報収集する必要がありそうだ。私が「退院後生活環境相談員[06]」に選任されたことは，咲さんの病状がもう少し落ち着いたらお伝えしよう。

入院3日目，拘束解除の情報を得て咲さんに会いに行く

　病棟の看護師から咲さんの拘束が解除されたという連絡を受け，私は別の仕事を終えた後で病棟に伺う旨を咲さんの担当看護師[07]に伝えた。その際には，その看護師にも一緒に保護室での面接に立ち会うようアポイントメントを取った。

保護室内での面接において注意すべき点を確認する

　興奮は少し落ち着き，昨日身体拘束は解除されたが病状はまだ安定していないと聞いている。保護室内での面接では特に互いに危険のないよう複数体制で臨むのがよい。一緒に入室してもらうのが，咲さんとのかかわりが一番多くなる担当看護師でよかった。面接では向かい合う位置や態勢などにも配慮しなければいけないな。

看護師と一緒に保護室へ入室する

　担当看護師と2人で保護室に入り，「こんにちは，海堂です」と名乗ると，少し顔をこわばらせた咲さんは，「なぜ入院させられているのか納得できない！ 退院させてほしい！ あなたは私を退院させてくれるんでしょ！」と強く訴えた。私は咲さんの話を頷きながら聴き，自分が「退院後生活環境相談員」に選任されたことを伝え，選任に関する説明文書[08]を渡してその機能や役割を説明した。咲

の苦しみや怒りを，同意した家族の責任であると転嫁してしまうことが考えられます。しかし，咲さんには医療および保護が必要な状態であり，母親の入院への同意がなければ咲さんの生命や財産も守れなかったかもしれません。咲さんがこのことを受け入れるには時間がかかると思われますが，両者が話し合う機会をいずれ設定することを海堂PSWは現時点で想定しています。

05 サポート住宅：法定施設以外の住居にも着目します

「サポート住宅」という名前がついているので，いわゆる「グループホーム（共同生活援助）」等と混同されやすいですが，咲さんが以前入居していた住居は，障害者総合支援法等の法律には基づかない民間の住宅です。この地域の中にはサポート住宅，サポートホーム，サービス付き住宅，ケア付き住宅など，法定外ではあるものの一般のアパートとはまた違う住居が複数あります。どれも管理人や世話人が常駐する「下宿」に近い存在ですが，それぞれでサービスや支援の内容，食事提供の有無やトイレやお風呂が共同かどうかなど，細かな形態は異なっています。他人との共同生活が営めることが入居の最低条件となりますが，法定のグループホーム等以外にも，その人にあった住居の選択肢を増やしていくためには，地域の中にある住居資源に関する情報を把握していることが重要です。

06 退院後生活環境相談員：咲さんの退院後生活環境相談員としてPSWの本来業務を遂行します

退院後生活環境相談員のおよそ7割強はPSWが担っています（630調査）。退院後生活環境相談員とPSWの業務や求められる社会的な役割に大きな相違はなく，究極的なミッションは，①社会的・長期的入院者の地域移行支援と，②新たな長期入院者（ニュー・ロングステイ）を生まないこと，この二つであるといえます。咲さんには②が必要で，強制入院を余儀なくされた咲さんの退院支援を海堂PSWは退院後生活環境相談員として担うため，入院診療計画書の作成や退院支援委員会の開催に参画していきます。

07 看護師：咲さんが初めて入院する病棟で最も身近な支援者となる看護師との関係を取り持ちます

精神科病院ではさまざまな職種が一緒に働いていますが，数の上で圧倒的に多く，入院中の咲さんと24時間かかわりをもつ職種が看護師です。看護師のなかで

さんは，「だったらここから早く出してよ。やることたくさんあるんだから。入院なんて全然納得してないのに！」と興奮して声を荒らげた。

咲さんが自らの思いをPSWへ訴える意味を考える

咲さんはそもそも入院をとても嫌がっており，診察時から入院したくないと抵抗を示していた。退院したい思いをもつことは当然だけど，私のことを退院に関係する役割を担う職種であると思ってくれている。私は，咲さんの尊厳を保持し，興奮している咲さんの思いを病状とは切り離して聴く存在でなければならない。これは**精神保健福祉士法**[09]にも明記されていることだ。

保護室内で思いを傾聴し，言動の一つひとつを観察する

咲さんの「入院に納得できない」「退院したい」という思いの程度，理由，背景，その後の生活設計などを保護室内で聴いた。入院に納得できない理由として語られた，「自分は病気ではない，勝手に私のお金を使い込んだあいつが悪い。だから私が入院する必要はない」という主張に，咲さんの強い怒りが込められていた。

入院前の生活状況を振り返り，退院するために何が必要か考える

咲さんは，当院へ入院する前は**B病院**[10]への通院や数回の入院歴がある。でも，咲さんはこれまでに地域で十分なサービスを利用していたわけではないようだった。咲さんの同意を得て，前の病院から，特に外来通院中の支援について情報収集したい。また，今後地域でどのような支援が必要になってくるのか，そして，退院して何をしたいのかなどをきちんと把握していく必要がある。今はただ退院したいと繰り返すだけの咲さんだが，できれば退院後の生活について一緒に考えられるような関係性を早く築きたい。

咲さんの主張と思いをただひたすら傾聴する

咲さんは，「お母さん呼んで。お母さんなら助けてくれる」など母親に対する依存や甘えとも思える感情を口にすることもあれば，落ち着いて自分の身辺状況を話すこともある。話していくうちに少しずつテンションが上がって「なんで私

のキーパーソンを見つけ，咲さんが特に話しやすい，あるいは信頼できる看護師との間を取り持っていくことも海堂 PSW は重視しています。クライエントは担当看護師を選ぶことはできませんが，この看護師を効果的に巻き込んでいくことが精神保健福祉士に求められる高度なスキルの一つであり，看護師をどう活用していくかでクライエントへの支援の内容が変わってきます。

08 説明文書：作成する際にはクライエントの状態や状況に合わせて創意工夫します

退院後生活環境相談員の役割を説明するため，この文書には，相談員の機能や具体的な業務内容などが読んで一目でわかるように書いてあります。行政が用意した「ひな型」通りではなく，海堂 PSW はシンプルな箇条書きで文字のフォントを大きくし，さらにカラー印刷をするなどして，咲さんにとっての読み易さを考慮して作成しました。

09 精神保健福祉士法：資格法を遵守することで精神保健福祉士はクライエントにとっての有効な資源となります

精神保健福祉士は，「その担当する者が個人の尊厳を保持し，自立した生活を営むことができるよう，常にその者の立場に立って，誠実にその業務を行わなければならない」とされています（精神保健福祉士法第38条の2）。海堂 PSW は咲さんからの訴えを聴き，この法文を頭に浮かべながら真摯に咲さんの怒りの原因を理解しようと耳を傾けました。

10 B病院の外来通院中の情報：クライエントの過去の支援経過に関する情報を現在の支援の参考にします

病院は最低でも5年間は診療記録を保存します。咲さんの同意を前提としつつ，現在かかわりがなくても B 病院の診療録を活用することは咲さんの支援にとって有効です。

が入院しなきゃならないのよ」「私は病気じゃないのに！」「勝手にお金を使い込んだあいつが悪いのよ！」「看護師が私をいじめるの」「殺されてしまう！」「これは人権侵害だー」などと延々と訴えることもあった。

 咲さんの主張の真意を推し量る

病院に対して随分と不満がある。今は病院での生活を強いられているわけだし，自由が制限されている状況では必然だ。「入院に納得できない」ことは紛れもない事実であり，友人にお金を盗られたうえに強制入院させられたと思っているんだから，本人にとっては深刻な問題に違いない。

入院に至った原因を咲さんがどう認識しているのか確認する

咲さんの状態を見極めながら，入院経過や友人とのトラブルについて尋ねた。咲さんは，友人⑪への暴力については「ちょっとつかんだだけ」「あっちが悪いのに」と自分の正当性を主張し，現在の処遇への不満を述べるだけだった。お金を使い込まれるなど，友人に裏切られたという思いが根底にあり，今はその友人のせいで自分がこのような目にあわされて「憎らしい」，この病院の主治医や看護師も「許せない」と述べた。

 咲さんの言動から，友人との関係について考える

些細なトラブルから暴力に至ったことをどのようにとらえているのか気になる。被害妄想が根底にあったとしても，友人をこんなにも恨むなんて，その友人との間に行き違いや勘違いなど何かしらの原因があったのかもしれない。

入院4日目，入院の必要性を再度説明することを提案する

主治医⑫に対して，咲さんにもう一度入院の必要性を丁寧に説明してほしい旨をお願いした。その際には私も立ち会うことを伝えた。主治医は少し面倒くさそうな表情を見せながらも，「海堂さんが言うならそうしましょう」と言ってくれた。そのまま病棟へ行って看護師長，看護主任，受け持ち看護師らにも同様の内容を伝えているところに，主治医が病棟へやってきて「あら，海堂さんもいら

⓫ 友人：咲さんにとっては仲違いした友人であってもインフォーマルな人的資源になる可能性があります

咲さんと友人の間に何かあったのか，どの程度の関係性なのかはこの時点ではわかりませんが，友人は時に家族よりも大切な存在となることもあります。この友人が今後の咲さんの生活において欠かせない存在であれば，関係修復も視野に入れます。何かトラブルがあったことは間違いなさそうですが，その原因の一部に咲さんの病状が関係しているのであれば，咲さんの病状の回復の経過をみて友人との関係の再構築へ向けたアプローチをしていく必要があります。

⓬ 主治医：咲さんが病気に対する知識を得て，治療の可能性を理解できるよう主治医に医師としての働きを求めます

海堂 PSW は咲さんに入院治療への意欲をもってほしいと考えています。現状の咲さんには病気に対する自覚がないように見えますが，病識欠如は予後の悪さとも関連性が高いことが指摘されています。しかし，病識がもてない理由は，認知機能障害だけではなく心理的な否認，医学的症状への誤った認知，スティグマを伴う社会的立場への反応なども考えられます。海堂 PSW は，咲さんの治療上，医師との間にも信頼関係を構築したり精神医療への信頼をもってもらいたいと考え，主治医から誠実な姿勢で咲さんに病状や治療方針などを説明してほしいと考えているのです。

コラム　失敗談その1：保護室での面接

私が新人 PSW だった頃，保護室でクライエントと1対1で面接したことがあります。看護師からの「今は落ち着いているから一人でも大丈夫じゃない？」とのアドバイスを鵜呑みにして入室しました。面接の終盤あたりで「寂しいから行かないで！」と強い力で腕をつかまれ，まったく離してくれず看護師が駆けつけて騒ぎになりました。看護師が「先生に拘束が必要って伝えないとダメかなぁ」と口走ったのを聞き，「私が悪いんです。拘束はしないでください」とお願いしたことを今でも鮮明に覚えています。保護室で面接する際には細心の注意を払わないと，クライエントに多大な迷惑をかけてしまうということに気づかされた体験でした。

したのですね。時間があるので今から咲さんに説明してみます」と言った。

咲さんへ入院の必要性を伝え続けることの意味を考える

　咲さんはそもそも入院に納得せず、入院時からずっと一貫して拒否している。しかし、今の咲さんは入院時と違い理解力や判断力がまったくない状態とは思えない。病識こそ不十分かもしれないが、今は少しでも聞く耳をもってくれる可能性がある。確かな診断を根拠に、主治医は咲さんに対して入院の必要性を納得いくまで伝えるべきだ。強制入院を余儀なくされている咲さんが、友人のせいで入院させられているのではないことを理解し、病識を獲得するために適切な働きかけが必要だろう。

咲さんに対して主治医が入院の必要性を再度説明する

　私と主治医は2名の看護師と共に保護室に入室した。主治医は入院前と入院時の咲さんの状態を伝え、今も入院治療が必要なこと、退院までにはもう少し時間がかかることを説明し、できる限り早期での退院を目指して治療していくということを伝えた。しかし咲さんは一切納得する様子を見せずに、「何で私が入院させられているの！！　早くここから出して！！　こんなのひどいわ。私が何をしたっていうの。おまわりさん呼んで！」と興奮して主治医につかみかかろうとした。咲さんは看護師に制止され、主治医と私は保護室を退室した。

入院に納得しない咲さんの気持ちに触れ、次の一手を思案する

　主治医の説明は悪くない。咲さんを少しでも安心させるため、早期退院を目指していきたいというこちら側の意思も伝えている。また、咲さんに「退院できない」とは決して言わず、「もう少し病院で休んで気持ちを落ち着かせましょう」と話している。でも、この説明でも納得は難しかったか。咲さんは興奮するとああやって人につかみかかってしまうんだな。警察を呼んでほしいとまで言っていたが、もし咲さんの訴えを受けとめる資源があるとしたら、例えば**弁護士**❽か。あとは、退院を強く主張するとなると**退院請求**❾することも考えられる。入院時に説明を受けているはずだが咲さんは覚えているだろうか。

⑬ 弁護士：精神障害者にとって身近な権利擁護者として弁護士の活用を考えます

弁護士との面会は精神科入院患者の権利であり，制限を受けません。咲さんの現時点での訴えに対して海堂 PSW が紹介できる院外の資源として弁護士を想起したのは，人権擁護のための人的資源としての活用を考えたためです。弁護士のなかには精神保健福祉分野に精通している人も多く，クライエントの立場に立ってその権利を擁護するために尽力します。海堂 PSW は，権利擁護者は複数いるべきであるという視点をもち，弁護士のことを咲さんが活用できる資源としてもよいのではないかと考え始めています。

⑭ 退院請求：退院請求権行使への支援はPSWの最も重要な任務です

本人の「退院したい」あるいは「この入院は不当だ」などの意見を真摯に受けとめ，退院請求手続きに向けた支援をすることは，病院に勤務する PSW の業務です。自分が勤務する病院で行われる治療において，権利侵害を疑ったり第三者機関からの審査を求める患者の支援をしたりすることは，困難が伴うかもしれません。しかし，海堂 PSW は咲さんの言葉や態度に表われている意図を汲み取り，退院請求の制度を資源として使うこともあり得ると考えました。

コラム　警察との連携に関する所感

警察官のなかには，精神障害者のことを「精神錯乱者」，入院のことを「収容」と呼ぶ人がいます。私はこの言葉が嫌いです。また，過去の精神科通院歴や診察券をもっている事実，アルコールや薬物の影響も含む意味不明な言動などに遭遇すれば何でもすぐに「精神科へ」という発想をもつ警察官もいます。警察が介入した事象の背景には何らかの精神症状があるのか，単なる家族間のトラブルが要因とは考えられないのか，そして，それは客観的に判断して精神科受診が最善の対応かなどを慎重に吟味し，本人が望まない安易な精神科受診を防ぐことも重要です。警察官の一方的な判断や情報に惑わされることなく，PSW には毅然とした対応が求められます。警察とのよりよい連携を図るうえでも，PSW は精神科医療に携わるプロフェッショナルとして，「警察官を教育する」くらいの気概と覚悟をもって携わっていかなければなりません。

相談室に戻り、机に向かい深呼吸してカルテを眺める

　病棟を後にした私は一度相談室に戻り、入院に納得できない咲さんにこれからどうかかわるか考えようとパソコンを開き、ケース記録と**カルテ**[15]をあらためて眺めた。

> 🔔 **早期の地域移行支援を想定して使える制度を考える**
>
> 　さて、仕切り直しだ。もう少し粘り強く説得を続けるべきだろうか。でも、今は病状が影響して入院に納得できていないだけという可能性もある。そうであれば治療効果を待つことが望ましいのかもしれない。私は、もう少し咲さんのニーズの把握に努め、退院を見据えた場合に利用すべきサービスが何なのか考えておこう。アパートに戻るなら今後は**相談支援事業所**[16]とつながるほうがいいだろう。

15 カルテ：多職種が記した情報を咲さんとも共有したいと考えています

W病院では電子カルテを導入しており，PSWの書く「ケース記録」である，PSWとクライエントのかかわりの経過も電子カルテに記すことで，他職種との情報共有を迅速に図っています。また，クライエントが「自身の情報」を時系列的に，そして客観的に知ることのできる媒体として活用することもできます。海堂PSWは，咲さんがいずれは自分のカルテを一緒に閲覧し，そのときの自分の病状や様子，医療側が何を考えて治療に専念していたのか等を知ることで，相互のさらなる信頼関係を構築できたらと考えています。

16 相談支援事業所：入院初期から相談支援専門員を紹介することで，幅広い支援体制の構築が期待できます

咲さんはこれまでに「計画相談支援」を利用したことはありません。咲さんが今後グループホームで共同生活をするのか，アパートに戻り何らかのサービスを受けながら単身生活を続けるのか，現段階ではわかりません。いずれにしても，入院初期から相談支援事業所を利用して相談支援専門員とかかわりをもつことは，本人の応援者や理解者を増やすという観点からもメリットがあります。また，退院支援が複雑になる可能性を想定し，「地域移行支援」や「地域定着支援」を活用することも海堂PSWは考えました。ただ，この地域には相談支援事業所は少なく，病院のなかに相談支援専門員が入って活躍する機会もありませんでした。海堂PSWは，咲さんの支援を通して相談支援事業所と病院の連携促進を図り，咲さんの十分な支援体制を入院初期から構築しようと考えています。

まとめ ▶ ▶ ▶ クライエントの主訴を真摯に受けとめる

海堂PSWは，咲さんには入院治療が必要そうだと考えているものの，咲さんの主張を傾聴し，入院への強い抵抗感を受けとめるなかで，まずは主治医の丁寧な説明など院内の資源を活用しようとしました。それでも咲さんの強い退院希望や人権侵害だという訴えに接し，これを真摯に受けとめた場合に活用できる資源として弁護士や精神保健福祉法による退院請求などを思い浮かべました。次節では，PSWの視点に基づき，この請求を支援するために海堂PSWが工夫したさまざまな働きかけをみていきます。

第2節 ▶ ［つなぐ］

制度を上手に活用するために，丁寧な調整を意識する

入院から5日目，咲さん自ら「退院請求」申請の意思を示す

　今朝には興奮も収まったために保護室から一般室へ移ったこと，そして，咲さんが面接を希望しているとの連絡を病棟の看護師より受ける。私は，病棟へ赴いて咲さんと面接を開始した。咲さんは，「海堂さん，退院したいことをどこかに訴える方法ってあるんでしょ。前にそんな制度があると先生が話していたような気がする。それを使えば退院できるんでしょ？」と話した。

退院請求の活用を想起する

　咲さんは入院時にはあれほどの興奮状態にあったのに，いろいろなことを割と正確に覚えている。「退院請求」のことは入院時に診察した医師が**告知文書**を渡して説明するが，興奮状態にあるクライエントは覚えていないことが多い。その意味では咲さんは意外と冷静だったのだろうか。よし，本人の権利として申請できることをここでもう一度詳しく説明しよう。そして，制度を活用するプロセスを通して咲さんとの関係性をしっかり構築し，**退院支援**をしていこう。

退院請求に関する制度説明を行う

　私は，まずは咲さんが昨日の主治医の説明をどのようにとらえているのか確認した。咲さんは，「昨日の先生の話は全く理解できない，納得できない」と話した。また，「私は被害者で何も悪くないのに入院させられている」と穏やかに話した。

咲さんの様子から退院請求申請の必要性を実感する

　咲さんは主治医の説明には納得していない。入院を不当な処遇であるととらえている。昨日までの興奮して警察を呼べといった様子とは異なり，咲さんは真剣に退院を求めている。退院請求や**処遇改善請求**❸の申請支援を考えよう。

解説 **01**は社会資源，**01**は PSW の視点や技術を解説しています。

01 告知文書：咲さんが入院時に受け取った「入院（医療保護入院）に際してのお知らせ」を活用します

　精神保健福祉法に基づき，入院する患者の権利擁護のために，入院形態や行動制限についての説明，患者に保障されている権利として，信書の発受の自由や人権擁護のための代理人との面会の自由があること，退院や処遇改善について指示するよう都道府県知事等に請求できること及びその連絡先窓口と電話番号が書かれています。咲さんがこの文書を渡されたときに診察した医師が行った説明を覚えていたことがわかり，海堂 PSW はこの後の説明でもこの文書を活用しようと考えました。

02 退院支援：PSWの行う退院支援は入院時から始まります

　海堂 PSW は，咲さんが入院したときから退院支援を意識しています。「退院支援」という言葉からは，具体的な社会資源やサービスの紹介，退院先の確保など，退院と直結する支援を思い浮かべがちですが，クライエントとのかかわりのすべてが退院支援となるように意識して実践に取り組むことが重要です。海堂 PSW は，単に制度を活用するだけではなく，今の咲さんのストレングスに着目し，それを活かすなかで主体性の回復を図る支援を行おうとしています。

03 処遇改善請求：現在の処遇への不満が「退院」という言葉として表現されることがあります

　客観的に見ても入院が必要なクライエントから「退院したい」という希望を聞いたときに，多くの PSW は「退院請求」を想起するかもしれません。しかし，退院することだけがクライエントの不満を解消する手段ではなく，現在の処遇が改善されることで納得して入院治療を受け入れることもあります。隔離や身体拘束の解除のほか，閉鎖病棟から開放病棟への転棟，電話の制限，金銭や私物所持の制限・禁止などを緩和することで権利を保障できることもあります。退院だけではなく，クライエントが何に困っていて，何を必要としているのかを吟味し，それを外部に訴える権利があることを伝えることが重要です。

201

でも，申請してから受理されるまで，あるいは実際の審査が始まるまでにはすごく時間がかかったり，手続きが複雑で面倒だったりする。この制度に過剰な期待を寄せたものの，そのギャップに幻滅して途中で申請を諦めてしまわないように，事前にそれらネガティブな側面も伝えておく必要があるかもしれない。

退院請求制度の概要と申請方法を説明する

　今回の咲さんの入院は，精神保健指定医が判断したうえでの入院であること，現在の入院が妥当か否かを別の立場の専門家に審査してもらうことが可能であること，審査結果次第ではすぐに退院できる可能性があること，自分の思いを聴いてくれる第三者が病院にきてくれることなどを伝えた。しかし，申請したからといって必ずしもすぐに退院できるわけではないこと，急ぐようお願いしても審査結果が伝えられるまでには約1か月もの時間がかかってしまうこと，そして申請にかかる一連の手続きは退院後生活環境相談員であるPSWがお手伝いできることも併せて伝えた。

咲さんにとっての退院請求活用のメリットを考える

　咲さんの溢れるような怒りや感情を病院の外に訴えることも可能であり，それが<u>精神医療審査会</u>[04]であるとの視点に立ってこの制度を活用することもできる。そう，この制度を活用したからといってすぐに退院できる可能性は低いかもしれないが，これをうまく活用することで今後の咲さんへの支援展開が変化していくことは十分に考えられる。また，万が一，当院が権利侵害をしているようなら，第三者機関からの目が入ることは望ましいことだ。これは咲さんにとっても主治医や看護師をはじめ当院のスタッフにとっても有効だ。

咲さんが，退院請求申請の意思を表明する

　咲さんは，私が退院請求等に関する一通りの説明を終えると，「申請したい」と言った。処遇改善請求ではなくて，一刻も早い退院を望むので「退院請求」を申請したいと言う。私は，さっそく精神医療審査会事務局のある<u>精神保健福祉センター</u>[05]に電話をするよう伝えた。咲さんは，夕方までに病棟の<u>公衆電話</u>[06]か

04 精神医療審査会：咲さんの権利や人権を保障するために存在する公的機関である審査会に上手にアクセスします

　精神医療審査会は，病院管理者からの定期の報告等（医療保護入院者の入院届，医療保護入院者や措置入院者の定期病状報告書，入院診療計画書，医療保護入院者退院支援委員会審議録など）を審査し，また精神科病院に入院中の人やその家族等から退院や処遇改善の請求があったときに，その処遇が適当であるかどうかについて審議します。今回は，咲さんの医療保護入院の妥当性を審査する役割が課せられます。敷居が高いイメージがありますが，クライエントやその家族が利用できる「権利保障の社会資源」といえます。海堂PSWは，その機能と役割が最大限発揮できるよう，咲さんとともに審査会を活用しようとしています。

05 精神保健福祉センター：審査会事務局としての機能だけではなく，咲さんが活用できる相談機関としても意識します

　精神保健福祉センターは，精神保健福祉法によって各都道府県及び政令指定都市に設置することが定められています。市民を対象に，こころの健康の保持と向上を目的として，精神保健福祉相談を受けています。まだ医療につながっていない一般市民や入院中のクライエントが困りごとを気軽に相談できる機関でもあります。咲さんも入院中はもちろん，退院して地域生活を始めた後にも相談できる機関の一つです。審査会事務局としての機能を兼ねてはいますが，それだけではなく，本来の精神保健福祉センターとしての役割を咲さんに適切に伝えていくことも重要です。

06 公衆電話：外部と直接連絡を取るためのクライエントの社会資源です

　精神保健福祉法では，「電話機は，患者が自由に利用できるような場所に設置される必要があり，閉鎖病棟内にも公衆電話等を設置するものとする」とされています。しかし，その電話がナースステーションの真横にあるなど，会話が筒抜けで使いにくい環境下に置かれている病棟も未だにあります。咲さんの入院した病棟では，ホールから離れた静かな場所に公衆電話が設置されていました。患者が必要以上の通信制限を受けることなく，電話をかける権利が守られる環境が整っているかどうかを吟味する役割もPSWにはあります。

203

らかけることとなり，私は隣に付き添うことを約束した。

 電話するまでに時間を空けようとした咲さんの心情を推し量る

やはり申請を即決した。よほど今回の入院が不当であると感じているのだろう。その場で電話するということにしなかったのは咲さんの冷静さを表しているようだ。電話をかける前にいくつかのアドバイスができるよう夕方までに準備しよう。

相談室に戻り，電話で申請する際のポイントを整理する

私は相談室に戻ると過去の<u>退院請求一覧表（リスト）</u>[07]を元に，別のクライエントの<u>ケース記録</u>[08]を読み直し，スムーズに手続きを進めるための手順や<u>電話で述べるポイント</u>[09]を以下のように整理した。①退院したい旨をはっきり述べる，②すでに入院先の病院の主治医やPSWと「相談済」であることを述べる，③急いで手続きを済ませて欲しいと要請する，④この請求は自分の権利であることをはっきり述べる，⑤この権利を速やかに保障することがそちらの使命だと伝える。

 退院請求を申請する咲さんに対するPSWの姿勢を確認する

申請には誰も反対しないこと，咲さんが当たり前に有している権利であること，入院中の病院を訴えるようにみえるかもしれないが，申請しても入院生活に不利益はないことを伝え，安心して申請できるように支援することが大切だ。とはいえ，手続きには時間を要し，それに伴って心身ともに疲弊してしまうことも考えられる。まずは，電話をかける前にポイントをアドバイスしよう。

その日の夕方，請求申請の電話をする咲さんに付き添う

電話をかける直前，退院請求の窓口である精神医療審査会の担当者に何をどのように伝えればいいか，申請時のポイントをアドバイスした。咲さんは，しばらくして審査会事務局に電話をかけた。最初はゆっくり落ち着いて話をしていたが，途中から段々と感情的になり，最後には怒鳴るような場面も見られた。「だか

07 退院請求一覧表：過去の請求者をリスト化し現在の請求者への支援のヒントを探します

　退院請求の申請が受理され，審査に至ったクライエントの名前，申請日や受理日，意見聴取日，結果通知日，簡単な支援の経過などを記録に残し，いつでも閲覧できるようにリスト化しておくと，退院請求の支援に関するノウハウが相談室で蓄積されていきます。退院請求にかかわる支援は，精神科病院のPSWにとっては割と多く経験している日常業務かもしれませんが，とても重要かつ繊細な側面もあります。海堂PSWは，咲さんに不利益を与えないよう，相談室の過去の経験を丁寧に読み返し，自分の支援のヒントにしようと考えました。このように工夫して作成する一覧表なども，間接的なクライエントの社会資源といえます。

08 ケース記録：クライエントにとっての社会資源となれるよう記録を取っていきます

　PSWにとっての「記録」は，さまざまな意味をもっています。海堂PSWは，咲さんへの支援のヒントを得るべく過去のケース記録を参照しました。咲さんの手続きを円滑に進めるためにも，相談室に蓄積された過去の経験が，この局面では活かせると判断したためです。「記録を書く」という作業は，ある出来事をPSWが自分の視点で再構成するということになります。記録を書くことによって，PSWは自分の仕事の意味づけをし，クライエントに対する理解を形にすることになり，それを読むことで第三者もクライエントやPSWの働きについて知ることができます。すべてのPSWは，記録の重要性を十分に理解し，「記録なき実践は実践にあらず」という谷中輝雄先生（やどかりの里創設者：元日本精神医学ソーシャル・ワーカー協会理事長）の言葉を肝に銘じたいものです。

09 電話による退院請求申請のポイント：申請がスムーズに進むようポイントを整理して伝えます

　電話で自分の意思を明確に伝えるという行為は，一見簡単なようですが，クライエントによってはハードルが高い場合もあります。咲さんが退院請求の申請を希望してから実際に電話をかけるまでには数時間しかありませんでした。海堂PSWは，電話による意思表示がスムーズにできるよう，事前にポイントを整理して伝え，咲さんのプレッシャーやストレスを軽減させようと考えました。自分の過去の経験や他のPSWの記録等から，電話による申請のポイントを整理する

らー，無理やり入院させられているんだって！ 早くここから出してよ。だからさー，今すぐここから出たいんだって！」と次第に声を荒げてしまった。しかし，咲さんの言いたいことはすべて主張できていた。

咲さんの電話対応に付き添い，観察しながら考える

　きちんと自分の思いを主張できている。入院に納得していないこと，退院したい思いを切実に訴えている。しかし，入院までの経過や入院時に何があったのかを聞かれたのか，説明しているうちにいろいろ思い出したようで口調が荒くなってきた。それでも，病院職員には「相談済」であることをきちんと言えたことはよかった。<u>経験上</u>[10]，「まずは主治医や担当のPSWさんに相談してみてください」と言われて二度手間になることがあるが，先にクリアしていることを伝えられて一つ手続きが省けるのでよかった。後日，事務局より確認の電話がPSWにくることが多いが，これも時間のロスだ。こちらから時を待たずして一報入れよう。電話することは咲さんにも伝えて，申請を後押ししていることを理解してもらおう。

正のフィードバックで答え，審査会事務局へ電話連絡をする

　咲さんは電話を切ると，少し顔を赤らめて私を見た。私は「きちんと話せていました。いろいろ思い出してつらかったかもしれませんが，言いたいことを主張できていましたね」と声をかけた。咲さんは少しだけホッとしたような表情を覗かせた。後に文書で<u>退院及び処遇改善請求書の用紙</u>[11]が郵送されてくることを咲さんに伝え，私からも一報入れることの同意を得ると，すぐに相談室へ戻って審査会事務局へ電話した。

審査会から咲さん，家族，主治医に用紙が郵送される

　2日後，咲さんに退院請求の用紙が，主治医には意見を記載する用紙が届いた。このことを把握したと同時に，<u>母親</u>[12]には電話で意見書の用紙が届いていることを確認した。

ことで，咲さんにも役立つ資源となるのです。

10 退院請求支援の経験：PSWの実践知を活用して咲さんの支援に役立てます

PSW がすでに経験し，そこから得た知見は支援に活かせる資源です。海堂 PSW は，これまでの実践のなかで退院請求に関する支援を何度も行ってきています。そして，そこから得られた知見から審査会事務局の対応を事前に予測し，咲さんに伝えることで申請をスムーズに運ぼうとしています。このような PSW がクライエントへの支援を通して得た経験は，次に出会うクライエントのために活かしてそのまま還元できます。PSW の経験の蓄積は，新しく出会うクライエントにとっての資源ということもできます。

11 退院の請求に関する申請書の用紙：咲さんの主張を公式な形であらわすためのツールです

W 病院がある地域では，電話であれ手紙であれ，退院請求の申請が受け付けられると請求者本人には「退院及び処遇改善請求書」，キーパーソンとなる家族と主治医には「退院の請求に関する意見書」が郵送されます。それを記載して審査会事務局に返送し，内容に不備がなければ正式に請求が受理される仕組みです。咲さんにとってこの意見書を書き上げる作業にはそれなりの労力が必要です。一方，咲さんの意見書記載にかかわる一連の支援は担当 PSW にとって重要な権利擁護としての役割です。意見書は理路整然とまとまった文章でなければいけないとか，字が下手だと審査に不利益に働くということはありません。大切なことは，字が下手でも自分の言葉で一生懸命に書くこと，端的にまとめること，文章の作り方につまずいても PSW がサポートできることなどを咲さんに伝えることです。もし，咲さんが「一人では書けない」と言い出した場合には，海堂 PSW は一緒に作成することを念頭に置いていました。

12 母親：唯一の家族であり，関係修復により咲さんを支えてくれる存在になる可能性を考慮します

母親は，咲さんと同じように辛く苦しい気持ちを抱えています。その意味では母親も支援の対象です。現在の両者の関係は良好とはいえません。そのため，今は無理に協力を求めるより，その心情を支持する姿勢をとることで，母親が母親自身の人生を生きる権利を保障しようとしています。咲さんと母親は，お互いが

PSWへの意見聴取がされないことを遺憾に思う

　退院後生活環境相談員にも必ず意見を求める自治体もあると聞いている。本人のこれまでの生活の様子や退院への気持ちを代弁する役割として，本当は担当のPSWや退院後生活環境相談員にも意見聴取をしてほしいところだ。それにしても電話から2日で書類が届くとは，いつもより早い。ただ待つのではなく，能動的な働きかけは効果があるようだ。母親の心情は複雑かもしれない。退院してほしくないと思っているなら，それを率直に表現していい。主治医には早急に意見書を仕上げてもらうことが必要だが，そもそもこのような請求がなされなくてもいいように，咲さんが早く退院できるように治療してもらいたい。それがすぐには叶わなかったとしても咲さんの意向に沿った形での退院に向けた計画的な取り組みを進めることは当院の役割だ。

審査会事務局に電話し，意見聴取日の早期調整をお願いする

　主治医は翌日，咲さんは2日後に，書類を書き上げた。作成に関して私は咲さんに記載のお手伝いをしたい旨を伝えていたが，「自分で書いてみる」という咲さんの言葉を尊重することとした。母親は「翌日には返送した」とのことだった。本人と主治医の意見書が審査会に郵送されていることを確認した私は，この地域はほかより意見聴取までに時間を要していることから，また咲さんの思いから早急に意見聴取がなされるべきと判断し，「1日も早く**意見聴取の日**❸を決めてほしい」と審査会事務局へ電話でお願いした。

早急な意見聴取日決定の重要性を考える

　主治医はすぐに書いてくれた。咲さんも一生懸命に書いたことが文面から伝わってくる。実は相当苦労したと看護師から聞いており，「入院に納得していないこと，すぐに退院したいこと，退院してやらなければいけないことがたくさんあること」などがしっかり書けている。これなら，**審査会の委員**❹の方々に咲さんの思いも伝わるだろう。もう一度審査を早く進めるようお願いしよう。それが咲さんに有利に働くのであれば努力を惜しんではいけない。

お互いにとっての最も身近な社会資源であってほしい，と海堂 PSW は考え，両者の関係調整や双方のストレングスを高めるかかわりを目論んでいます。

13 意見聴取日：権利侵害が疑われる場合は，特に意見聴取日が１日でも早く設定される必要があります

退院請求を申請してから実際に委員が来院して意見聴取を行うまでには地域差があり，数日から十数日かかります。海堂 PSW のかつての経験では，申請後２週間以上経ってから意見聴取が開始されたこともあったため，今の入院が人権侵害だと認識している咲さんの心情を思い，審査会事務局に意見聴取日の設定を急ぐよう要請しました。

14 精神医療審査会委員：委員はクライエントの意見を聴き，クライエントは委員に意見を求めることができます

精神医療審査会の委員は，「精神障害者の医療に関する学識経験者」（精神保健指定医），「法律に関する学識経験者」（弁護士，検事等），「精神障害者の保健又は福祉に関する学識経験者」（保健福祉委員：精神保健福祉士等）とされ，１合議体につき５名です。意見聴取の際には，委員は咲さんの要求を聴くことに徹する役割が求められますが，自分の専門的見地からクライエントに意見を言うことも珍しくありません。その観点からは，咲さんが質問したいことを第三者に聞くことのできるチャンスでもあり，委員を「セカンドオピニオン」として活用することも可能です。来院する委員の職種を事前に伝え，咲さんに「聞きたいことを尋ねてみてはどうか」と勧めることを海堂 PSW は考えています。

コラム　退院後生活環境相談員に向いている職種は？

退院後生活環境相談員の役割は，従来の PSW（精神保健福祉士）が何十年も前から担ってきたものです。この役割を務める職種を新たに法で規定せざるを得なかったのは何故でしょうか。それは，この期待に私たち精神保健福祉士が十分に応えてこられなかった面もあるかもしれません。この認識のうえに立ち，今一度精神保健福祉士に期待されている役割や課題を再考していく必要があります。いずれは，すべての入院患者へ（任意入院含む）退院後生活環境相談員の選任が義務づけられ，退院後生活環境相談員＝精神保健福祉士となるよう尽力することが，日本精神保健福祉士協会として，そして私個人としての目標でもあります。

審査会事務局から意見聴取日の調整のための連絡を受ける

　さらにその2日後，私宛に審査会事務局（精神保健福祉センター）から主治医の日程調整のための電話が入った。私はすぐに主治医に日程を確認し，○月○日と○月○日の2日間であれば主治医の日程が空いている旨を伝えた。さらに2日後，審査会事務局から本人および主治医宛に文書により意見聴取日の連絡が届いた。意見聴取日は○月○日とあり，これは初回の咲さんの電話による申請から14日目の日程となった。

 意見聴取日の決め方・プロセスを疑問に思う

　この地域に限ったことかもしれないが，この電話はいつも疑問に思う。結果として2週間で聴取が開始されるのはいつもに比べれば早いほうだが，主治医の都合を優先して意見聴取日が決定されるのはおかしいのではないか。咲さんの急いでほしい気持ちは，どのくらい反映されたのだろう。権利擁護の対象は咲さんであることを自覚して私は今回かなり積極的に事務局へ働きかけたが，それをしなかった場合，咲さんの思いはもっとないがしろにされたのではないだろうか。ここはPSWの知識と経験が問われてくる場面でもあるかもしれない。

第2節　［つなぐ］　制度を上手に活用するために，丁寧な調整を意識する

まとめ ▶ ▶ ▶　PSW の役割は 1 つだけではない

　退院請求において海堂 PSW が特に留意した点は，咲さん自身による請求を支援すること，そして，それと並行して咲さんが入院の必要性を理解できるように働きかけることです。退院請求や処遇改善請求はクライエントの権利であり誰もが申請することができますが，それを申請せずともよい環境や処遇を提供することも病院の重要な務めであると海堂 PSW は考えています。入院治療に本人が納得していることが治療や支援を有効にさせるからです。この一見矛盾して見える 2 つの働きかけ（退院請求の支援と，入院の必要性の理解への支援）は，同時に進めていくことに意味があり，ソーシャルワークの生業ともいえる「権利擁護」と「説明責任」を同時に果たそうとする姿といえます。葛藤を抱えながらも，海堂 PSW は PSW の役割を果たすことに邁進しています。次節では，こうしたかかわりが別の形で成果をもたらしていきます。

211

第 **3** 節 ▶ [使う, 活用する]

クライエントに寄り添いながら, 制度を積極的に活用する

意見聴取日当日, 咲さんに付き添う

　私は意見聴取の日程や当日の聴取方法, 聴取後の結果の伝達の流れ等については事前に咲さんに説明していた。そして, 意見聴取日当日。私は病棟で咲さんに付き添い一緒に時間を共有していた。委員らが到着したとの一報が私の院内PHS に届くと私は咲さんにそのことを伝え, 事前に確保しておいた外来の面会室に咲さんと受け持ち看護師の 3 人で向かった。審査会側は事務局員 1 名と<u>医療委員 (精神保健指定医)</u> [01] 1 名, <u>保健福祉委員 (精神保健福祉士)</u> [02] 1 名の合計 3 名が来院され, すでに受付のスタッフから面会室に通されていた。

 咲さんの言動に注視しながら, その動向を案じる

　咲さんへの心理面でのサポートは担当 PSW としての重要な役割となる。これをふまえて丁寧に意見聴取に関する流れを事前に説明したところ, 咲さんは真剣に聞き入ってくれていた。「うまく話せるかなぁ」と心配そうな表情を見せていたのが印象的だった。2 名の委員のうちの一人は PSW だ。しかも, この方は私のよく知る先輩 PSW で, 日本精神保健福祉士協会の<u>認定精神保健福祉士兼認定スーパーバイザー</u> [03] でもある。この人なら安心だ。きちんと咲さんの思いを聴いてくれるだろう。咲さんが望んだ機会だし, 溢れる思いを十分に語ってほしい。

母親に挨拶して様子を伺う

　審査会事務局からの指示により, 本人, 家族, 主治医, という順番で意見聴取されることとなった。<u>担当 PSW への意見聴取</u> [04] はされない。私は一度咲さんの元を離れ, 別室で待つ母親に挨拶した。母親の希望により, 本人とは接触しない形で別室での意見聴取が事前に設定されていた。母親からは緊張と不安な様子が伝わってきた。

解説　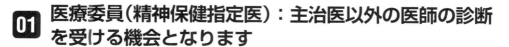

01 医療委員（精神保健指定医）：主治医以外の医師の診断を受ける機会となります

　医療委員は精神保健指定医が担っています。請求者である入院患者の入院までの経緯や入院中の様子，治療の経過や近況をカルテや主治医，関係スタッフから聴取し，医学的な見地から総合的に現在の入院形態や治療上の処遇が妥当か否かを判断します。咲さんからみれば，自分の病状や身体の異変などを第三者的な立場の医師に話すことのできる機会となり，処方されている薬の成分や効能などを聞くこともできます。

02 保健福祉委員（精神保健福祉士等）：非自発的入院中の咲さんに，医療とは別に生活支援の観点から意見を述べる存在です

　保健福祉委員は，平成25年の法改正以降，多くの精神保健福祉士がその任に就いています。精神保健福祉士は「医学的な判断」はしないため，本来は入院治療の必要性の有無について見解を述べる立場にはありませんが，クライエントの社会的背景などを理解して，現在の処遇の妥当性や今後の治療や支援方針について意見を述べる役割があります。咲さんにとっては，病状面だけではなく，これまでの生活の様子や生活上での困難等を聞いてくれる存在となり，権利擁護の視点から病院に対して意見を述べてくれる人的資源です。

03 認定スーパーバイザー：咲さんの権利擁護者となる精神保健福祉士の質を保証するものといえます

　医療や福祉，リハビリテーションや心理系の多くの専門職団体は，団体独自の「認定制度」をもっています。一定程度の研鑽を積んだ資質の高い専門職であることの証ともいえる認定資格で，日本精神保健福祉士協会では「認定精神保健福祉士」「認定スーパーバイザー」「認定成年後見人」の3資格があります。咲さんの保健福祉委員として来院した精神保健福祉士が，この認定スーパーバイザーでもあることから，審査結果に期待がもてると海堂PSWは判断しています。

母親の思いを想像する

　入院手続きの際に母親と話したが，母親は咲さんに対して後ろめたい気持ちを抱いているようだった。一方，これまで散々迷惑をかけられたという思いから，あまり本人とはかかわりたくない，ようやく入院して安心している，最低限の支援しかできないこと等を語っていた。そう考えると，今回の退院請求については退院を反対する立場だろう。

意見聴取開始，咲さんが思いを主張できることを願う

　数分後に戻ってくると，咲さんの意見聴取が始まるところだった。私は同席できないため，咲さんが変に興奮せずに自分の思いを主張できることを願うしかなかった。およそ40分間の意見聴取を経て，咲さんが部屋からでてきた。咲さんは決してすっきりした様子ではなく，むしろ憤っているように見受けられた。私は足早に咲さんに駆け寄り，「どうでした？」と声をかけた。咲さんは「わからない……」とだけ語り，そのまま看護師と病棟へ戻っていった。私は，これら意見聴取にかかる手続きのすべてを見届けようと思い，その場に残って母親の意見聴取を待つこととした。母親の意見聴取はおよそ30分で終わった。

審査後の咲さんの様子に複雑な心境を抱く

　咲さんの思いは審査委員に伝わっただろうか。パッとしない咲さんの表情が気になる。委員から何か言われてしまったのだろうか。それとも自分の用意していた主張が十分にはできなかったのだろうか。

審査後1週間が経過した段階で審査結果が届く

　意見聴取を終えてから1週間後，咲さん本人と病院の管理者である院長の元に審査結果が文書で送付された。請求受理日から，実に21日後のことであった。結果は「現在の入院形態での入院が妥当」とするものであった。しかし「付帯意見 05」が添えられており，「相談支援事業所などの地域援助事業者 06 を紹介し，病院外の事業所等と連携して退院支援を進めてください」との内容であった。

04 担当PSWへの意見聴取：PSWはクライエントの思いを代弁します

　クライエントから意見聴取する委員は2名以上（少なくとも1名は医療委員）とされ，この地域では本人，家族，主治医を対象とします。そのあり方は全国の審査会によって異なりますが，担当PSWへの意見聴取を必須とする自治体も少なくありません。海堂PSWは人権擁護を重視する職種でもあり，咲さんの代弁者となって，その思いを委員に届けたり，生活状況や退院後の支援体制についての情報を伝えることで，付帯意見をもらうこともできるのに，と考えています。

05 付帯意見：退院請求に対する審査会の判断に加えて，具体的な示唆があったため，その活用を考えます

　付帯意見は，必ず付いてくるものではなく，また，強制力はありませんが，「行政の意見」であることから，病院側にとって受け入れられやすいものといえます。海堂PSWは，今後の支援方針とマッチしていることもあり，この意見に則って咲さんを支援する旨を主治医や看護師に伝えようとしました。付帯意見を追い風にして院内での咲さんの退院支援を一層推進できると考えたのです。なお，仮に想定している治療や支援方針と異なる付帯意見の場合も，クライエントにとっての資源として真摯に受けとめて今後の方向性を再検討する必要があります。

06 地域援助事業者：咲さんの退院支援をバックアップしてもらうための連携先です

　地域援助事業者とは，医療保護入院者が退院後に障害福祉サービスや介護サービスを円滑に利用できるよう，入院中から支援を展開する相談支援事業所や居宅介護支援事業所などを指します。咲さんの場合は，海堂PSWは退院後には何らかの障害福祉サービスを活用して地域生活を営むことを想定しています。その場合，相談支援事業所の利用は必至です。また早い段階で相談支援専門員を紹介することで，咲さんの退院と，その後の地域生活を応援する仲間を増やすこともできます。相談支援専門員は，病院スタッフとは違う立場で院内において咲さんとかかわることのできる専門職であり，そのことを適切に咲さんに伝えることで警戒感なく受け入れてもらおうと海堂PSWは考えています。

> **審査結果の迅速な逓送と付帯意見を評価し，今後の支援を考える**
>
> 　意見聴取から1週間，請求受理から21日で結果が届くということは，この地域の平均よりはるかに早かった。咲さんにとって3週間は長いだろうけれど，早急に手続きを進めてほしいとする働きかけが奏功した。でも，結果は「要入院継続」だ。ただ結果のみを伝えてくる審査会が多いなかで，咲さんの退院を後押しする意見が付されたことは評価できる。保健福祉委員である先輩PSWの尽力も大きかったに違いない。さて，付帯意見にあるような相談支援事業所や，付帯意見には付されていなかったが**グループホーム（共同生活援助）**[07]の紹介はすでに選択肢として提示していたのだが，ここから本格的に活用に向けた支援を進めていこう。ほかに訪問看護，デイケアや就労継続支援B型事業所などは必要だろうか。少し吟味しないといけない。

結果を目の当たりにした咲さんの思いを聴く

　私は病棟へ移動して咲さんと面接した。咲さんは当然の反応で「納得できない。自分の思いをあんなに文章に書いて，あんなに話したのに。退院させてくれないなんて。納得できるはずないでしょ」と淡々と語った。私はいたたまれない気持ちになり，咲さんの負の感情を受けとめようとした。

> **憤る咲さんの気持ちを受け止め，今後の支援計画を立案する**
>
> 　やはり，咲さんはショックを受けている。納得できない気持ちは理解できる。日数の早さや付帯意見があることを評価したのは私の立場での思いであり，咲さんにとってはただ数行の文字で，望まない結果を伝えられたに過ぎない。まずは咲さんの怒りや悲しみを受けとめてから仕切り直して前に進んでいこう。でも，請求手続きをしていた頃の咲さんと比較すると，スタッフと退院までの道筋が共有できてきたため入院に対する怒りの熱量は下がっている。審査結果は咲さんにとっては納得できるものではなかったかもしれないが，**退院請求のプロセス**[08]で真剣な姿や思いに触れ，私たちは咲さんをよりよく知ることができ，退院支援するうえでも意味があったと伝えたい。また，咲さんはこれまでには地域で相談支援事業所などの資源につながったことはない。これからまず

07 グループホーム：単身生活で失敗してきた咲さんの状況に鑑み，支援を受けながらの共同生活の可能性を考えます

　海堂PSWは咲さんの退院先として，単身生活でもなく法定外の共同住居でもない，障害者総合支援法におけるグループホームへの入居を思いつきました。これまでの生活状況を考慮し，世話人（専門職）に相談できる環境で生活することが望ましいのではないかと考えたからです。ただし，退院後は同一法人のグループホームへ入居すること，病院のデイケアに通所すること，訪問看護を受けること，といった支援が，本人のニーズとは関係なくパッケージ化され，退院の条件のように位置づけられることがあってはなりません。

08 退院請求のプロセスを評価する：制度利用の過程で得た体験自体に意味をもたせ，その後の支援に活かします

　審査結果は咲さんの納得のいくものではありませんでしたが，申請をしたという事実，特に自分の言葉で意見書を作成し，意見聴取時に自分の思いを述べたこと自体は咲さんの体験として記憶されます。今までのように暴力や暴言で訴えるのではなく，自分の思いを客観的に見つめ直し言語化できたことは咲さんの成長として評価できます。海堂PSWは，新しい対処法を身につけることができたという肯定的なメッセージとしてこれを咲さんに伝えようとしています。

コラム　失敗談2：審査会委員の中立公平性への疑念

　かつて意見聴取にきた委員（医療委員1名と保健福祉委員1名）とは，主治医も私も親しい間柄でした。その2名に主治医と私が挨拶する様子を，請求者であるクライエントに見られていたようで，意見聴取後に，「さっきの先生方は○○先生と海堂さんの知り合いなんですか？」と言われドキッとしました。中立公平を謳う精神医療審査会の委員が，自分が不当に入院させられていると思っている病院職員と知り合いだとしたら，審査自体の信頼性や公平性が疑われてしまいます。「同じ職種なので知っていますが，審査には何の関係もありませんよ」と慌てて説明しました。退院請求にかかわる際は，細心の注意と配慮が必要であることを再認識しました。

初めに相談支援専門員との確かなつながりをつくろう。

審査結果をふまえ，これまでの過程を振り返る

　咲さんの希望が叶わず残念だったものの，私は咲さんが退院請求するに至った決断を肯定的にとらえられることを伝えようと，「咲さんの希望通りの結果とはならずに残念です。とてもつらいですよね」と声をかけた。咲さんは先ほどまでの勢いが沈下したように小さな声で「つらいっていうか，何だかよくわからない。私はまだ退院できないの？」と語った。私は「いいえ，決してそんなことはありません。付帯意見にもあったように，咲さんの退院を応援する外部の方を紹介するので，一緒に退院に向けて歩んでいきませんか？　今回の請求に要した努力を私は近くでずっと見てきました。咲さんの思いは多くの人に伝わったと思います。この審査は終わりではなく始まりであると受けとめませんか？」と投げかけた。咲さんは，少しだけ頷いた。

咲さんのこれからの応援者と退院支援委員会の活用に思い至る

　咲さんはこれまでに障害福祉サービスを利用しないで一人でここまでやってきたが，病状悪化での入退院を繰り返すという悪循環に陥っている。今後の生活を支えるためにも，希望されれば相談支援専門員や**ピアサポーター**[09]とのつながりまで実現したい。入院時に電話連絡はしているが，まだ面会に来ていない**生活保護**[10]の担当者にもそろそろ病院に来てもらっていい頃だ。相談支援事業所に関しては，**A相談支援事業所**[11]にお願いしよう。咲さんの住所地にも近く，その地域では精神障害者の対応に一番慣れている事業所だし，信頼できる相談員もいる。今後は**ケア会議**[12]を開催し，関係者間で支援方針を考えていくことが望まれるが，ちょうどそろそろ入院時に定めた推定入院期間の1か月を迎える。そうなれば必然的に医療保護入院者退院支援委員会を開催しなければならない。いい時期かもしれない。本人，主治医，看護師らに働きかけて，早々に退院支援委員会を開催しよう。

地域援助事業者として，地域の相談支援事業所を紹介する

　数日後，私はA相談支援事業所（地域援助事業者）の岡﨑PSW（相談支専

09 ピアサポーター：似たような生きづらさを抱えた仲間の存在は,咲さんにとって有効な資源になると考えています

　「ピア（peer）」は仲間や同僚という意味があり，ある問題を抱えた当事者が同じ問題を抱える者を仲間の立場で支援することを「ピアサポート」，実際に支援する障害者を「ピアサポーター」と呼んでいます。咲さんは，これまで入退院を繰り返していながら，今回の入院においても病気に対する認識をもっていないように感じられたため，海堂PSWは地域生活を送る当事者の仲間をもってはどうかと考えました。なお，ピアサポーターなら咲さんへの十分な心理的支援ができ，その存在が咲さんの孤独感を和らげてくれることもあるのではないかとも考えています。

10 生活保護：生活保護は経済的な資源としてだけではなく,担当者は人的資源にもなります

　生活保護は最低限の生活費等を保障する制度であり，現段階では働くことのできない咲さんにとっては必要不可欠な社会資源です。生活保護の受給者には必ず担当ケースワーカーが付きます。この担当者はクライエントの生活状況やその他の個人情報を誰よりも熟知する有効な人的資源となります。咲さんの場合，入院時の電話連絡のみでケースワーカーとの病院での面会は実現していなかったので，今後の咲さんの退院先や退院後の支援を検討するうえで，海堂PSWは担当ケースワーカーを交えた協議の必要性を感じています。

11 A相談支援事業所：本人のニーズに沿った相談支援事業所を選定します

　相談支援事業所は，運営主体や人員配置などにより，その特性や特色があります。すべての障害を対象としてはいるものの，事業所によって得手不得手があるのが実際です。咲さんのニーズや今後の方向性に照らし合わせた場合，海堂PSWは，精神障害者の対応に慣れている事業所，退院支援委員会など多くの会議に参加してもらうために比較的病院から離れていない場所にあること，これまでに連携したことのある事業所を選ぶことが望ましいとの理由から，A相談支援事業所の紹介を想定しています。A相談支援事業所は「特定相談支援事業所」の指定を受けているため，咲さんの計画相談支援を実施してグループホームなどのサービス導入を図ってくれる資源であると判断して選定しています。

門員）を病棟へ招き，咲さんと3人で面接した。咲さんは少し強張った面持ちながら，岡﨑PSWへ自己紹介をした後に自分の思いを訴えた。岡﨑PSWは，退院のお手伝いをしたいこと，必要に応じてピアサポーター等を導入できることを伝え，障害者総合支援法の簡単な制度説明を行った。退院請求の手続き中にもこのような方向性の話は咲さんと何度かしていた。そのせいか割と受け入れはよい印象で，咲さんは真剣な表情で岡﨑PSWの話を聞いていた。面接が終わって岡﨑PSWが帰院すると，私は早速<u>医療保護入院者退院支援委員会</u>⓭の開催準備に取りかかった。

> **退院支援委員会への参加が望ましい関係者を思い描く**
>
> 　委員会には主治医（指定医），看護者（担当看護師）以外に誰に参加してもらおうか？ 咲さんにはもちろん参加してほしいし，できれば母親や岡﨑PSWにも入ってほしいので，咲さんと話し合わないといけない。説明で好感触を得ていたピアサポーターにも加わってもらって，本人の応援者を次々に増やすことが理想ではある。

退院支援委員会への参加を促し，必要な参加者を共に考える

　<u>入院診療計画書</u>⓮に記された推定入院期間内の「1か月」が過ぎ去ろうとしていた。私は咲さんに計画書を読むよう伝え，併せて退院支援委員会開催の意義や目的を説明した。そして，私と主治医，看護者以外に参加すべきスタッフを相談しながら決めた。そのなかで岡﨑PSWや生保担当者のほかには，強い意思表示ではなかったものの，「母親」や「ピアサポーター」にも参加してほしい旨が細々と述べられた。その後，A相談支援事業所，生保担当者らに委員会の説明と同時に参加要請をした。この時点で咲さんから病院に対する恨みや現在の入院を不当とする訴えはなくなっていた。

>
> **咲さんが退院支援委員会へ参加することの意義を考える**
>
> 　退院請求の結果への失望や怒りの感情があったものの，それ以降は咲さんとは退院に向けた具体的な話し合いを続けているので，少し前向きな様子がみられている。咲さんが希望する形での退院を実現するためにも「退院支援委員会」

12 ケア会議：多職種が集って協議する機会を有効に活用します

病院ではクライエントの治療内容や処遇方針をスタッフ間で協議する場として，「ケア会議」や「ケースカンファレンス」「症例検討会」や「事例検討会」などが開催されることがあります。ここにはクライエントや家族が参加することが一般的です。海堂 PSW は，咲さんが自分の今後を真剣に考える機会，そしてそのことをリアルタイムにスタッフ間で共有する機会として開催することを考えました。咲さんが自分の治療や処遇，支援内容を決める場に同席して自分の意見を主張できる機会を保障することは，本人のストレングスを高めるばかりか，治療や支援の主体として自らを認識できるきっかけとなり，治療や本人の精神的な健康にも有効です。

13 医療保護入院者退院支援委員会：法律での開催義務に囚われることなく，資源の一つとして効果的に活用します

退院支援委員会では，医療保護入院者に関して，推定入院期間における退院に向けた取り組みについて審議します。精神保健福祉士である退院後生活環境相談員は，誰のために，何のために退院支援委員会を開催するのかを考えることが重要です。法で決められた（推定入院期間の超過による）開催義務の遵守を主目的とするのではなく，退院支援やネットワーク構築のための武器として活用する視点が重要です。咲さんについては，治療方針の検討に加えて，権利擁護の重要性を念頭におき，その声や不安に寄り添うことが大切です。精神保健福祉法による開催義務があることで，本人参加型の会議開催に対する関係職種の理解も進みました。海堂 PSW は，咲さんのストレングスの向上および退院へのモチベーションの維持と増幅を図ろうとしています。

14 入院診療計画書：自身の治療内容を正しく理解してもらいましょう

精神科病院への入院時には，治療者が作成する入院診療計画書が入院患者に渡されます。計画書には，今後の治療の方向性や退院への取り組みが記載されています。咲さんも入院時に受け取ってはいますが，強い興奮状態にあったためその内容が頭に入っていない可能性があります。病状が落ち着いてきた今だからこそ，再び読んでみることで，あらためて自分の病気と客観的に向き合うことが可能に

への参加は重要だ。委員会は，退院後の生活や支援体制を咲さんを中心に考えていく場であり，退院請求とは違った資源，まったく性質の異なる組織やスタッフを用いて退院のためのネットワークを構築していく場であることをしっかり伝えよう。

母親へ退院支援委員会の説明と参加のお願いをする

母親に委員会の説明をし，咲さん自らが母親にも参加してほしい希望をもっているということを伝えたが，「今回の参加は見合わせたい」との回答だった。

 母親の「不参加」を複雑に思う

母親が参加しないという意思を表明したことは仕方ないかもしれない。関係の修復には時間がかかるだろう。でも，咲さん自身が母親の出席を望んだという事実には関係修復への期待がもてる。引き続き両者の関係調整のために間に入って尽力していこう。

退院支援委員会を開催する

〇月〇日，退院支援委員会を開催した。出席者は，本人・主治医（精神保健指定医）・担当看護師・私海堂PSW（退院後生活環境相談員）・A相談支援事業所の岡﨑PSWとピアサポーター・生活保護課の担当ケースワーカーであった。<u>司会</u>❶を担った私は，咲さんの意向や思いを引き出すよう声をかけ，表情や仕草に注視しながらその都度，「咲さんはどう思いますか？」「咲さんの気持ちを聞かせてください」と発言することで，「咲さん主体の委員会開催」に留意しながら進めた。主治医は「まだ怒りっぽいところがあるし，気持ちも不安定だよね。夜はかなり強い眠剤を飲んでいるのに睡眠が不安定でしょ？」と語り，易怒性や感情の起伏，不眠や不安も顕著なことを理由に医療保護入院はまだ必要と判断した。この医師の発言を聞いて，咲さんは一瞬ムッとしたような表情を見せた。何か言いかけたが言葉を飲み込んだ様子だった。ただ，そろそろ任意入院への切り替えを考えていることも主治医より話された。退院後は元のアパートへ帰ることも検討されたが，医師や看護師からは，これまで異性とのトラブルが病状を悪化させていたという前医からの情報もあったため，退院後は<u>女性専用のグループホー</u>

なるかもしれないと海堂 PSW は考えています。

15 司会者：司会者の進行しだいで当事者主体の退院支援委員会として機能させることができます

　病院のケア会議やカンファレンスなどでは，「本人不在」が目立つばかりか，そこに本人がいたとしても本人の発言がないままに終了してしまう会議もあります。しかし，海堂 PSW は，退院支援委員会では咲さんが主体となれるような開催を目指そうと考えています。そのため会議を進行する PSW 自身が咲さんに寄り添う態度を見せ，その意見を引き出しながら，しかし支援者たちにも考えを述べてもらえるようなマネジメントを意識します。そうすることで，病院スタッフをはじめ地域の関係者もそろって自分のことを親身になって考えてくれていることを咲さん自身に実感してもらい，安心して療養してほしいと海堂 PSW は考えています。

16 対象者限定グループホーム（GH）：女性専用やアディクション専門など，特性をふまえてGHを選定します

　咲さんは，これまでに異性とのトラブルが絶えなかったと聞いています。海堂 PSW は，咲さんが女手ひとつで育てられたことも影響して男性との関係性の構築が苦手である可能性を考えました。そこで，男性と適切な距離を取ることや適切な対人コミュニケーション力を養っていく必要性から，そのような支援を GH として提供している女性専用の GH を思いつきました。そこでは，入居者とのコミュニケーションの苦労はあるかもしれませんが，男性とのトラブルを避けつつスキルを獲得できるのではないかと考えています。本人の意向が一番大切ですが，ニーズのアセスメントとともに，本人が知り得ない資源を紹介することも重要です。海堂 PSW は，これまでのクライエントへの支援を通して，あるいは時間があるときには近くの GH や新規開設する GH などを見学して各 GH の特徴を自分の目で見ておくことを大切にしています。

223

ム[16]へ入居してはどうかとの意見が出された。本人もその意見に納得した様子を見せたので，その方向で支援していくことで話がまとまった。

 委員会での咲さんの様子や方針を振り返り，今後の支援を考える

　主治医が咲さんの病状と入院継続の必要性を判断した際，咲さんの顔色が一瞬だけ変わった。何を言いかけたのだろうか。そこで咲さんの発言を引き出したほうがよかっただろうか。でも，言葉を飲み込んだという咲さんの行動には彼女の落ち着きを見出せるし，後でその理由を聞いてみよう。さて，今後の方向性の検討において女性専用のグループホームへの入居という提案が出されたが，咲さんは，それには前向きのようだ。この市内にはちょうど女性専用のグループホームが1か所ある。詳細について調べておこう。今日は疲れただろうから，咲さんとは明日あらためて面接しよう。

　それにしても，咲さん**本人に退院支援委員会に参加してもらう働きかけ**[17]をしてよかった。咲さんにとって私たち病院職員が退院に向けて支援していることも実感してもらえただろう。

17 退院支援委員会の本人参加：病院職員の意識変化も生み出しています

　精神保健福祉法施行規則の規定上は，退院支援委員会は本人が不参加でも開催できます。実際，平成28年度の630調査によると，委員会への本人と家族の参加率はともに約45％でした。海堂PSWは，本人や家族の参加率を向上させようと，他職種とともに参加してもらうための声掛けを行い，院内に本人参加の意義を記したポスターを掲示するなどして，病院全体で本人参加の機運を高めてきました。その結果，1年前は50％以下だった委員会への本人と家族の参加率は，ともに80％以上に達しました。もちろん，本人の意思が強固で不参加を望む場合に強制はできませんが，本人や家族の参加が当たり前になるよう，開催日は本人と家族の都合を最優先し，そこに主治医や看護師も合わせるようになってきています。

まとめ ▶ ▶ ▶ 制度活用のプロセスを支援に活かす

　咲さんは「退院請求」という資源を活用しましたが，望んだ結果には至りませんでした。しかし，海堂PSWは，資源活用のプロセスを咲さん自身が肯定的にとらえ，ストレングスとして獲得していけるようにかかわることで，咲さんとの間に信頼関係を構築していきました。また，地域援助事業者の紹介や退院支援委員会の開催など，法で義務づけられている業務を積極的に活かし，咲さんを中心とした退院支援委員会を開催して支援体制を広げ，咲さん自身にも入院治療への理解が得られていきました。かかわりの端緒は「退院請求」という制度的な資源の活用でしたが，今では退院後の生活の再構築への前向きな意欲を喚起し，次のステージへ向かって歩み始めようとしています。しかし，一方で海堂PSWは退院請求のあり方に関する疑問を募らせ，次節では，PSWとしての具体的な取り組みへと発展させていきます。

第4節 ▶ [創る]

かかわりを振り返りながら、ソーシャルアクションを展開する

咲さんと退院支援委員会を振り返る

　退院支援委員会時の咲さんの気持ちを伺うべく、病棟で咲さんと面接した。「医師から病状に関する意見を言われたときに何か言いかけましたよね？　あのとき本当は何を言いたかったのですか？」と問うと「自分では落ち着いて体調もよくなってきたと思っていたし、最近は怒ってないし、でもまだ入院が必要だなんて言うからちょっとムッとしちゃった。でもみんながいる場だったので我慢した」と少し笑顔を覗かせながらの返答があった。私は「よく我慢できましたね。すごいです」と笑顔で言葉を送った。そして、退院後は女性専用のグループホームに入居する提案があったことをどう考えているか、また、ほかに訪問看護やピアサポーターの支援も受けることについて咲さんに再確認した。咲さんはGHについてはまだわからないが、それ以外はおおむね賛成していることがわかった。私は、加えて院内で**公認心理師**[01]が中心となって行っている**SST（社会生活技能訓練）**[02]に参加して、対人コミュニケーションスキルの獲得を目指していくことを提案した。

> **委員会時の咲さんの思いや行動の変化に着目する**
>
> 　やっぱり我慢したんだ。自分なりに場の空気を読んでの行動だった。興奮して人につかみかかっていた時と違い、これが本来の咲さんの姿なのかもしれない。先日の退院請求のことはどのように認識しているだろうか。今の咲さんなら冷静に考えることができるはず。請求までの仕組み、意見聴取の方法、結果の伝達手段などについて納得しているのか聞いてみたい。私は今の精神医療審査会の制度では、「第三者機関」としてクライエントの権利を守る機能は果たせていないように感じる。

数日後、咲さんに退院請求のことをあらためて尋ねる

　退院支援委員会開催から3日後、咲さんの入院形態が**任意入院**[03]へと切り替わ

解説 ①は社会資源，①は PSW の視点や技術を解説しています。

01 公認心理師：咲さんが自分の感情を落ち着いて表出できるようにする訓練を一緒に担うことを想定しています

　精神科病院には，国家資格はないものの心理学を学び，カウンセリングや各種心理療法を行う職種が臨床心理技術者として勤務しています。このようななか，2017年9月に公認心理師法が施行され，日本で初めての心理技術者に関する国家資格が誕生しました。海堂 PSW は，咲さんの感情コントロールや対人関係の課題に関して，公認心理師による心理的な相談や助言も有効であると考え，院内で公認心理師が中心的に行っているプログラムの導入を思いつきました。

02 SST（社会生活技能訓練）：コミュニケーションスキルの向上により咲さんの生きづらさの軽減を目指します

　SST（社会生活技能訓練）は，医療機関で実施する場合には精神療法の一つとして位置づけられ，入院患者や外来患者を対象に行います。クライエントの生活上の困りごとや悩みをタイムリーに取り上げ，その対処方法を考えて，それを解決する具体的スキルを向上させるための訓練方法で，海堂 PSW もそのスタッフの一員となっています。咲さんは，対人コミュニケーション能力に課題があり，今後は母親や友人などとの関係修復の必要があることから，退院するまでに少しでもコミュニケーションスキル向上の必要性を感じていました。そこで，プログラムを通じて院内に咲さんの応援者を増やしながら支援を実施したいと考え，咲さんに提案しました。

03 任意入院：咲さんが自分の意思で「入院治療」という資源を活用していることを形にあらわしたものといえます

　咲さんの入院形態は，強制入院である医療保護入院から，自分の意思で入院治療を受ける任意入院に変更となりました。「精神科病院での生活は辛いもの」という認識が世間では一般的かもしれません。しかし，自らの精神疾患を治すことを目指し，精神科病院やそこにいるスタッフ，機能などを活用して理想の地域生活を取り戻そうとする方もいます。海堂 PSW の働きかけにより，何度も主治医からの丁寧な病状説明が行われたこともあって，「自分の意思で入退院を決められる」という知識が備わった今，咲さんは，入院時には強く拒否していた入院治療を一つの社会資源として活用し始めていると考えることができます。

り，そのタイミングで再び咲さんと面接した。「咲さん，退院請求の結果について今はどのように受けとめていますか？」「退院請求？ あぁ，あんなに頑張って書いても何もならなかったからね，納得できないし，理由を教えてくれなかったから意味わかんない。でもね，何だかもういいやって思っているの。だって，任意入院になってこのままもうすぐ退院できそうだし，もう少し我慢すればいいかなって……」と話された。私は「そうでしたか……。咲さんがすぐに退院できて，地域で安心して元気に暮らせるように精一杯応援しますね」と返した。

退院請求に対する今の気持ちに触れる

　咲さんの感情は入院時とは大きく違って，今は退院に向けて前向きになっている。でも，咲さん以外にもこれまで多くの退院請求の支援に携わってきたけれど，退院請求の制度を活用しても手続きに時間がかかりすぎることで，手続きの途中の段階で本人が面倒くさくて申請を諦めてしまう人もいた。また，聴取開始前に病状が落ち着いて任意入院に変わっていたり，結果が出る前に回復して退院していたりしたという経験が幾度となくある。不当な入院や隔離，拘束が行われている可能性がわずかでもあるのならば，本来はそれを速やかに審査できる機能をもたなければならないのに。

担当クライエントの過去の退院請求にかかわる記録を読み返す

　私は，過去の退院請求一覧表（リスト）やほかの担当クライエントのケース記録でこれまでに退院請求支援に携わった部分を読み返した。また，退院請求の制度そのものをもう一度熟知しようと，職場のデスクに置いてある**精神保健福祉法に関する専門の文献** 04 を手に取り復習した。さらには，同じ地域で働く他病院の**友人PSW** 05 に電話をかけ，その病院での退院請求の現状を伺うと，今回の当院の場合とほぼ同様の運用がなされていることがわかった。また，咲さんの退院請求にかかわる記録を読み返して，一連の流れを再確認した。

退院請求の課題を整理し，ソーシャルアクションを意識する

　退院請求や処遇改善請求は何度でも行えるが，結果に対する**不服申立て** 06 の制度は存在しない。クライエントにとっては一度下された結果を覆すことがで

04 専門書：専門知識は専門職だけが有するものではありません

病気に関する医学知識，精神保健福祉法や障害者総合支援法などの法律知識，生活を再建していくために用いるソーシャルワークに関する知識などは，日々新たに取り入れ，また実践を振り返りながら理解を深めることが専門職としての責任を果たすために欠かせません。海堂 PSW は，医療機関では欠かせない法知識としてさまざまな専門書を自身のデスクに置き，折に触れて参照するようにしています。さらに，こうした書籍は，クライエントが活用することもできる資源の一つです。特に入院患者やその家族等は知っておく必要のある精神保健福祉法について，必要に応じて書籍を紹介したり中身をかみ砕いて説明したりすることも PSW の重要な役割です。

05 友人PSW：PSWとして働いている友人との情報交換も支援に活かすことができます

仲間の PSW を頼り，その力を借りながらクライエントの支援にあたることは，珍しいことではありません。特に，職場や地域の異なる PSW から，そこでの実態に関する情報を収集することは，自身の視野を広げ，業務の見直しや資源創出のアイデアを得ることにも役立ちます。海堂 PSW は日常的に仲間との情報交換や連携を大切にしています。こうした仲間とのつながりは，各種の研修会や専門職団体の集会等に参加して，積極的に挨拶や名刺交換などをするところから広がったものもあれば，出身大学を同じくする者同士の交流などから派生したものもあります。

06 不服申立て：退院および処遇改善請求の審査結果は覆らないことをふまえ,チャンスを有効活用できるよう支援します

「退院請求」や「処遇改善請求」には，結果に満足できなかった場合に不服申立てをする制度はありません。つまり，精神医療審査会に上申機関は存在していません。何回でも請求できるとはいえ，本人にとって退院請求等は“その時”に使える「数少ないチャンス」です。PSW は，クライエントの主張が正確に伝わるよう，本人の人権を尊重するために最善を尽くして対応していかなければなりません。咲さんは，審査結果にまったく納得していないと言いつつも，不服申立てを望むことはありませんでした。しかし，海堂 PSW は不服申立てができない

きない点は不利益ではないだろうか。また，不当な入院や処遇が実際にあったとしても，意見聴取にここまでの日数を要するような現行の運用ではそれがなかなか顕在化してこない。ここでソーシャルアクションを展開して，少しでも制度改正に向けた機運を高めることはできないだろうか。相談室のほかのPSWにも意見を聴き取り，そして退院請求の課題に対する改善要望を然るべき機関に提出しよう。また，委員として実際に意見聴取してくれた先輩PSWにもその本音を探ってみよう。

制度上の課題について，保健福祉委員や院内PSWに確認する

　私は，退院請求や処遇改善請求に関する手続き上の問題点，審査までの流れや運用上の不備，あるいは制度活用によるクライエントにとってのメリットやデメリット，精神医療審査会のあり方に関する意見などを同じ部署に勤務する複数のPSWから聴取すべく質問項目を列挙した。そして，週に1回開催される<u>医療相談室のミーティング</u>[07]の時間を活用してこのことを皆で話し合った。そのなかで自分が感じている課題はほかのPSWも同様に抱いていることがわかった。さらに，咲さんの審査を担当した保健福祉委員の先輩PSWにも電話で思うところを伺った。予想通り，今の審査会のあり方や退院請求の運用方法，そもそもの法律自体にも課題を感じているとの返答だった。ほかのPSWや委員の先輩PSWも一番の課題として意見聴取までに時間がかかり過ぎていることをあげていた。

本格的なソーシャルアクションを発想する

　咲さんは，退院や次のステップに向けて歩み始めている。この制度に憤りを感じているのは私自身だ。でも，咲さんへの支援を通して気づかされた憤りだし，きっと過去に何度も同じような思いを経験しているからだろう。この自らの思いに一石を投じるべく確かなアクションを実施してみたい。

制度上の課題と改善の要望を「意見書」としてまとめる

　私は，審査会にかかる全国的な仕組みや制度運用を文献等で調べたうえで，退院請求にかかわる咲さんへの一連の支援のなかで感じた制度へ対する意見を文章にまとめて「意見書」を作成した。主たる内容としては，①退院請求にかかわる

点に疑問を抱いています。

07 部署内ミーティング：PSW間での悩みや課題を共有し，部署として考えることがPSW全体の実践知を高めます

　同じ職場に勤務するPSW同士とはいっても，日々の業務はそれぞれが責任をもって行っており，情報共有や意見交換の機会は意識的に設けないと得にくい面があります。部署内でのミーティングなどを行うことで，クライエントへの支援に対する意見交換や情報を共有することが可能になり，PSW間で共通認識をもったり，課題意識を醸成したりすることができます。海堂PSWの所属する医療相談室では，毎日数回のミーティングに加え，週に1回は少し長めの時間を確保したミーティングを設定しています。海堂PSWは，咲さんへの支援を通して感じた制度上の疑問，課題，葛藤などを部署内のPSWと共有しました。一人が抱えている問題を皆で共有し，PSW全員の悩みとして部署全体で背負い，解決策を考えていくために部署内ミーティングを活用しているのです。こうして実践知や経験知を語り紡いでいくことが，各PSWを成長させると同時に部署全体の成熟にもつながっていきます。

コラム　精神医療審査会の運用には地域差がある？

　精神医療審査会の運用には地域差があり，都道府県と政令指定都市を比べても明らかに違います。退院請求を受理してから結果が通達されるまでの期間，委員の選定基準，研修等の有無，意見聴取の方法，そもそもの審査基準なども全国一律の運用ではありません。これでは本当の意味での「権利擁護の最後の砦」にはなりません。もちろん，全国一律な運用であっても形骸化された実態であれば何の意味もありません。ここで最も重要なことは，精神保健福祉士は日本全国の審査会の現状をしっかり把握し，制度の不備がクライエントへ不利益をもたらすのであれば，その是正を求め続けることです。最低限，自分の地域の審査会の体制や選任されている保健福祉委員の実態は知っておく必要があります。

運用や仕組みが都道府県と政令指定都市では異なり，または全国一律ではないこと，②その是正のため，確かな予算を確保し，少なくても同一県内や全国でその均一化を図りクライエントの居住地によって不利益が生じない制度運用に変えてほしいこと，③審査までの手続きが複雑で時間がかかり過ぎること，④結果を簡略な言葉でしか表現しない審査会が存在すること，⑤これらをふまえると現状では精神医療審査会は精神障害者の権利擁護機能を十分に果たせる第三者機関とはいえないこと，等を指摘するものである。そして，それらの是正を求めるべく，⑥十分な予算確保の下での審査会事務局員や審査会委員の増員，⑦それに伴う手続きの簡略化や審査までの期間の短縮，⑧審査結果については詳細な理由を文書で申し添えること，等を要望するものだった。

この意見書をどこに提出すべきかを考える

　私のような一介のPSWの意見書を精神医療審査会の事務局が受け取ってくれるのだろうか。そもそもどこに提出すればよいのだろうか。厚生労働省にいきなり意見書を送っても相手にしてもらえないかもしれない。もう少し身近なところからアクションを始めなければならない。誰に相談すればいいだろう。こんなちっぽけなソーシャルアクションに何の意味があるのだろうか。自問自答は尽きないが，さまざまな地域のPSW仲間に現状を聞いてみよう。そこから何かヒントを得られるかもしれない。

PSWの仲間に退院請求申請にかかわる現状を確認する

　全国にいる知り合いのPSW十数名に電話で相談した。すると，驚いたことに，これまでに一度も退院請求に携わったことのない病院PSWが少なからずいること，退院請求があがったことのない精神科病院があるらしいことがわかった。結局私は，精神保健福祉士の職能団体（○○県精神保健福祉士協会／<u>日本精神保健福祉士協会</u>[08]）に相談し，精神医療審査会を所管する精神保健福祉センターにこの意見書を提出することとした。

小さなアクションの重要性を自分に言い聞かせる

　このような小さな「ローカルアクション」の積み重ねが，制度の変更や改正

08 精神保健福祉士協会：実践上の困難や課題を，全国や都道府県単位のPSWの職能団体に持ち込みバックアップを求めます

　現場で働く精神保健福祉士の数は，医療や福祉に関するほかの専門職種と比較すれば少ないほうです。職場でも決して大所帯であるとはいえない部署も多いかもしれません。その意味でも，各都道府県に設立されている精神保健福祉士協会や全国組織である日本精神保健福祉士協会に入会し，そこで培うネットワークを自分の業務に活かし，自己研鑽を積み重ねることで質を向上させることが，クライエントにとっての有益な資源となるために欠かせません。海堂PSWは，支援に行き詰まったときや複雑な制度を活用するときなど，協会で培った人脈を活かして相談したり対応したりしてきました。今回のようなソーシャルアクションを展開しようとするときにも頼りになる組織だと考えています。

コラム　小さなソーシャルアクション

　「医療保護入院者退院支援委員会（以下，委員会）」への地域援助事業者の参加率の低さが指摘されていますが，独自に予算づけをしてその参加率向上のための取り組みをしている自治体がいくつかあります。その多くは「地域医療介護総合確保基金」を活用して，委員会へ出席する地域援助事業者の交通費等を支出するための経費を病院や事業所に補助しています。私は，そうした取り組みについて全国規模で情報を収集して資料を作成し，自分の所属地域の「自立支援協議会」を活用して，その改善（予算づけ）を自治体に対して要望しました。結果としては，新たに予算づけがされることはありませんでしたが，全国でそのような取り組みをしている自治体があるという事実の把握，予算づけの検討というところまでには至りました。このようなアクションが後に何らかの形で実を結ぶことを期待しています。

につながるかもしれない。賛同してくれる仲間がいることを信じ、いずれ全国規模でのソーシャルアクションとなることを期待して頑張ろう。それがいつか社会を変革し、目の前のクライエントの暮らしやすさにつながるのだとしたら、どんなに小さなアクションでも行動に移すことが重要だ。

精神保健福祉センターとPSW協会に意見書を提出する

　数日後、私は作成した文書を携え、事前連絡のうえ精神保健福祉センターを訪れた。審査会事務局の担当者からは「貴重な意見をありがとうございました」とお礼を言われた。その足で地元の精神保健福祉士協会の事務局の担当者にも意見書を提出し、単独でこのような動きをしていることを報告した。「当協会の理事会で共有させていただき、協会の全国組織である日本精神保健福祉士協会とも連携して一緒にできることを考えていきます」との返答をいただいた。また、各精神保健福祉士協会や都道府県の精神科病院協会の精神保健福祉士研修部会などを通じて、退院請求や処遇改善請求、精神医療審査会に関する現状把握や積極的にそれらの支援に関与していくことの必要性をPSWが認識するために、精神保健福祉法と権利擁護に関する研修会等を今後は積極的に取り入れてほしいという要望書を、後日あらためて各団体の事務局にメールやFAXで流した。

意見書を提出してみて感じたこと

　退院請求や処遇改善請求の支援業務がPSWにとって一般的ではない精神科病院が今も存在している事実には驚愕した。このことをもっと多くのPSWで共有する必要がある。また、<u>厚生労働省の統計資料</u>[09]などを参照することや、PSWが保健福祉委員として関与している精神医療審査会の<u>実態を早急に把握する</u>[10]ことが重要であり、都道府県のPSWの職能団体としてこの制度にどこまで携わっているかを調査する必要がある。これはクライエントの権利擁護をその専門性に据える精神保健福祉士がすぐに取り組むべき課題だ。私一人の力は小さいが、このような動きに呼応して協会が動いてくれれば、それはいずれ大きな力となる可能性がある。ソーシャルアクションとはこのようにして行っていくものだろう。そのことに気づかせてくれて、実際の行動に至る原動力を与えてくれた咲さんには本当に感謝したい。

09 厚生労働省：実践家にとって日頃入手しづらい統計データを活用して自身の所属地域等を客観的に見つめます

　厚生労働省は，精神保健福祉資料（630調査）を中心として国や都道府県単位での様々な統計資料を作成してホームページ上で公開しています。ここには，個人では収集することのできないようなデータが集約されています。全国的な概況を把握することで，職場の実態を俯瞰し，自分の実践や所属地域が全国的に見てどのような水準にあるのかを考えることができます。海堂PSWは時折こうしたデータを眺める習慣をつけており，ともすれば自分の職場や所属地域の実情が平均的であると考えてしまい，狭くなりがちな視野を広げるためのツールとして活用しています。

10 実態把握：精神保健福祉士は「研究・調査・分析」などを行うスキルを養い，そのデータや知見を活用します

　精神医療審査会は非公開の情報も多いためその実態が見えにくい部分もありますが，PSWとして優れた実践家を目指すためには，ある程度「研究」的な視点をもつ必要があります。例えば，海堂PSWは，カルテやケース記録を分析し，そこから実践上の問題点や課題を探り，改善策を検討したり，文献や資料にも目を通すようにしています。研究は研究者だけが取り組むことではなく，PSWも目の前の事象や自分のソーシャルワークを他人が了解可能な方法で説明できなければならないと考えているのです。こうして得られた研究結果をクライエントへの支援や法制度・サービスの改善という形で還元できるという意味では，このようなPSWのアカデミックなスキルもクライエントにとっての社会資源といえるかもしれません。

咲さんのその後

　意見書提出や研修開催の要望というアクションを起こしてから2週間後，咲さんは元のアパート**⓫**へ退院した。女性専用のGHに入居するという選択肢もあったが，実際に見学してみて「私はやっぱり共同生活には向いていないと思う。もう一度一人暮らしでがんばってみたい」という咲さんの強い意思が示された。二転三転しながらも自分で選択をした咲さんの丁寧な自己決定を信頼し，私はその意思を大切に応援する方針を決めた。主治医や看護師，また母親との協議の結果，当院への定期的な通院を継続することを前提に元のアパートへ退院することで皆の賛同が得られた。当面は当院の訪問看護を受け服薬管理を手伝ってもらいながら，A相談支援事業所から紹介があった近くの就労継続支援B型事業所に通って日中活動をすることも決まった。母親とのわだかまりが完全になくなったわけではないものの，退院間際には母親が何度か面会に来て買ってきた生活用品を咲さんに渡すなど，両者の関係回復の兆しもみえている。私は引き続き外来通院をすることになった咲さんの担当PSWとして，彼女の今後の地域生活を見守っていく。

11 元のアパート：咲さんの帰る先を確保しておいたことで，容易に退院日を決めることができます

　生活保護受給者には，入院中も住宅扶助が支給されますが，入院が長期化するとこれは停止となり，場合によっては賃貸借契約を解除しなければならず，住む家を失うこともあります。海堂 PSW は，咲さんが元のアパートに帰る可能性も見越して生活保護担当者に住宅扶助の支給を継続するよう要請し，家賃支払いが滞らないようにしてきました。医療保護入院者退院支援委員会では，GH への入居という案が第一選択肢としてあげられましたが，咲さんの出した結論は元のアパートに帰るというものでした。海堂 PSW は，居住資源である賃貸アパートの利用可能性を想定して，その選択肢を最後まで残していたのです。

まとめ ▶ ▶ ▶ クライエントの声に向き合い，思いを形にする

　海堂 PSW には，これまでに経験してきた退院請求の支援における悔しさや疑問をこのままにできないという思いがありました。そして，咲さんとのかかわりをきっかけにして，アクションを起こすことを決意し，仲間の PSW から情報収集したり，職能団体にも相談したりしながら行動を起こしていきます。退院請求自体は通りませんでしたが，咲さんへの支援が礎となっているという意味では，クライエントの「声を形にする」取り組みであるといえるかもしれません。今回の海堂 PSW のアクションに，咲さんは直接かかわっていませんが，海堂 PSW がためらいや戸惑いを抱えながらもひたむきに行動したのは，当事者である咲さんの無念な思いを社会に発信し，仕組みを変えたいと考えたからにほかなりません。PSW のアクションには，当事者や家族の声や思いを代弁する機能があるといえるでしょう。

第 5 章

慣れ親しんだ人の支援を受けながら一人暮らしがしたい

事例：阪井PSW（自立訓練事業所勤務）

▶▶▶ 本事例の舞台

第5章　慣れ親しんだ人の支援を受けながら一人暮らしがしたい

▶ クライエント情報, 主な登場人物

太さん：20代・男性。両親，弟と同居。大学受験に失敗後ひきこもり。父親に暴力をふるったことがきっかけでD病院（精神科）に受診，統合失調感情障害の診断で入院となった。母親に連れられC事業所に来所したが，面接ではほとんどしゃべらなかった。自宅に退院して以前と変わらない生活を送りたいと発言しているが，実は自宅への退院に不安を覚えている。

太さんの母親：やみくもに太さんをC事業所に連れて行き，すぐに入所ができるかどうか迫るような言動をする。太さんの気持ちを置き去りにした先走った行動をしてしまいがちだが，実は太さんと父親の関係を心配して太さんを守ろうとして退院先を探している。

田川PSW：D病院の勤続9年のPSW。太さんを担当している。

その他の登場人物：D病院の主治医，看護師，C事業所のスタッフ，F相談支援事業所のスタッフ。

阪井PSW（筆者）：C事業所（宿泊型自立訓練）の管理者およびサービス管理責任者。勤続27年の精神保健福祉士（PSW）。突然来所した太さん親子の面接を担当した。太さんは自宅に退院したいと発言しているが，自宅ではなく親元を離れた生活を目指していくのがいいのではないかと思い始めている。

▶ PSW所属機関の情報：設置母体・規模・定員数

C事業所の設置母体は，精神科単科の病院（360床）とデイケア（大規模）と訪問看護ステーションを運営している医療法人である。C事業所はかつての精神障害者生活訓練施設（援護寮）で，現在は自立訓練事業の宿泊型（定員20名）と通所型（定員20名）の指定を受けている。管理者（サービス管理責任者兼務）と生活支援員6名（PSW4名，公認心理師（CP）1名，事務員1名）と地域移行支援員（PSW）1名が勤務している。

▶ 地域特性

C事業所は，自然に恵まれたE市にある。E市の中心を東西に川が流れ，北

部は緑豊かな丘陵と田園風景が広がり1970年代に計画的に開発が進んだニュータウンとなっている。一方，南部は平野が広がり古くから町が拓けたところで歴史的に貴重な町並みが残されている。JRと私鉄が走りバス等の交通網が発達しており，スーパーマーケットなどの大型複合施設もこの南部に集中し，生活のしやすさから単身世帯の数が急速に増えている。E市の人口は約12万人で，高齢化率は28％まで上昇している。丘陵地域のニュータウンの高齢化が近年顕著な課題となっており，老老介護や単身高齢者への介護問題を抱えている。E市には目立った産業がなく，世帯所得は全国平均を下回り，生活保護受給率も全国平均より高く，社会保障費が市の財政を圧迫している現状にある。

　知的障害者の家族会が活発に活動してきた歴史があり，知的障害者への支援が充実している。知的障害者を対象としたグループホーム（GH）は15か所あるが，主に精神障害者を対象としたものは6か所にとどまっている。保健所はあるが，ピアグループや精神障害者家族会等は組織化されていない。精神科は，C事業所の運営法人である精神科病院と総合病院の精神科（50床）の2か所ある。精神科クリニックが駅周辺を中心に3か所，精神科デイケア・ナイトケアを実施している病院が1か所とクリニックが1か所，訪問看護ステーションが9か所ある。就労支援機関も知的障害者を対象とした事業所が多く，精神障害者を対象としたものは就労移行支援事業所2か所と就労継続支援B型事業所5か所があるのみで，地域活動支援センターは1か所しかない。平成26年度から基幹相談支援センターを設置し，障害者自立支援協議会（現・協議会）を運営し始めた。年2回の開催にとどまっているが，相談支援事業所6か所が中心となって地域移行支援部会の設置を目指した活動を行っている。

▶ あらすじ

第1節　制度や社会資源の紹介を行いながら，ニーズを引き出す

　ある日，太さんが母親と一緒にC事業所に来所した。入所相談の面接をした結果，阪井PSWは太さんとの面接を継続することにした。太さんと面接を重ね，制度や社会資源の説明を行い，「太さんが希望する生活とはどんなものなのか」を考えてもらった。同時に，D病院の田川PSWとも連携して支援を進めた。

第2節　クライエントが社会資源につながるように支援する

　面接を重ねた結果，太さんは徐々に気持ちを固め，当初希望していた「自宅に

退院」ではなく，親からの自立を目指していくことを決めた。しかし，いきなり一人暮らしをすることには自信がもてなかったので，一人暮らしができるよう支援している事業所を見学して回った。その結果，C事業所（宿泊型自立訓練）に入所することを決意した。

第3節　クライエントが希望どおりの生活を送れるよう，自立訓練事業を活用する

　C事業所に入所後，太さんは部屋にひきこもりがちになった。C事業所のスタッフが太さんの思いを尊重して見守りつつ，太さんの役割を生み出して自信を回復できるようかかわったところ，太さんは徐々にスタッフや入所者と交流をもつようになっていった。そんなC事業所での生活に慣れてきた矢先に，太さんは病状の悪化が原因で再入院をした。その経験から服薬の必要性を自覚し，退院後の太さんは自ら服薬を心がけた生活を送るようになった。その後1年間病状が悪化することはなく，太さんはC事業所退所後に一人暮らしをしていくことを検討し始めた。

第4節　新たなサービスを創り，クライエントの地域生活支援を継続する

　太さんが思い描いている一人暮らしを送るためには，慣れ親しんだ支援者の継続的な支援が必要であると考えられた。既存のサービスでは太さんのニーズを充足することができないと判断した阪井PSWは，新たなサービスの立ち上げを立案した。そして，基幹相談支援センター等と連携して地域ニーズの診断を行い，C事業所の運営法人に事業計画を提案し，自立生活援助事業を立ち上げて太さんの支援を継続した。

PSWの着目ポイントと社会資源活用の意図

C事業所(宿泊型自立訓練事業)の阪井PSWは,出会ったクライエントが他の社会資源では対応できない課題を抱えているときは,自機関の機能を広げて支援するのがPSWとしての責務だと考えている。

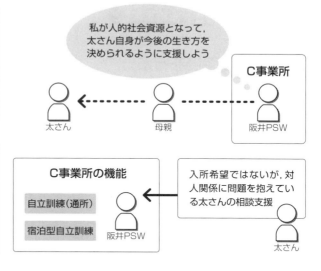

↓

母親に連れて来られた太さんは,入所を希望していたわけではなく,自分の思いを口にすることも容易ではなかったが,阪井PSWは,太さん自身が希望する生活を送ってほしいと考え,相談に乗ることとした。

↓

阪井PSWは,C事業所スタッフの理解を得て面接を重ね,各種社会資源の利用を提案することによって太さんが考える材料を提供した。また,太さんの入院先のD病院の田川PSWと連携し,支援の歩調を合わせた。太さんは,C事業所への入所を希望するに至った。

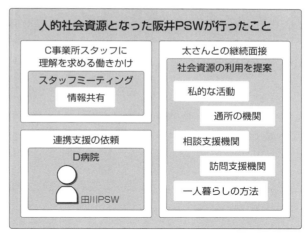

↓

入所後は,見守り支援やニーズに合わせたプログラムの開発などにより,太さんの生活スキルの向上を支援した。退所前には,人と打ち解けるのに時間がかかる太さんに,退所後も慣れたC事業所スタッフが訪問する体制をつくる一方,新規に法定事業の立ち上げを立案した。

↓

太さんのためだけではなく,E市と近隣の地域資源の充足を図るという位置づけで,所属する法人の理解を得て,行政や各機関等と連携し,法人内に自立生活援助事業を新設した。

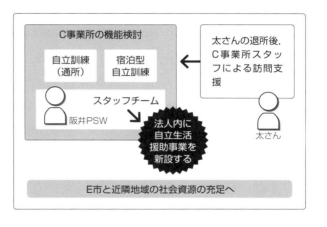

第 **1** 節 ▶ ［浮かべる，絞る］
制度や社会資源の紹介を行いながら，ニーズを引き出す

入所希望の面接を行う

　D病院に入院中の太さんが母親[01]と一緒に入所希望で来所した。太さんは母親に無理やり連れて来られたようで面接場面でほとんど話すことがなく，母親が一方的に話す面接となった。しかし，根気よく太さんに語りかけ続けた結果，面接終盤になって，「僕は家に帰りたい」とポツリと言った。私は，この様子を見て太さんの本音をもっと知りたいと感じた。当事業所に入所希望とは限らないが，太さんの力になれればと思い，主治医等へ問い合わせをすることと，次回の面接日程の約束を交わして約1時間の面接を終えた。

 面接後，太さんのニーズを想像する

　母親は強く入所を希望しているが，太さんの様子からは入所希望が感じられず，退院後の暮らしの希望さえもっているのか疑問が残った。インテークで丁寧に聴取したことをふまえ，入院中のD病院と連携しつつC事業所[02]で面接を繰り返して，太さんのニーズを一緒に探るのがいいかもしれない。
　そのうえで次回の面接では，退院先の選択肢の一つとしてC事業所についてあらためて太さんに紹介してもよいだろうか。居室も今なら空きがある。

 D病院の誰に連絡すればいいか考える

　太さんに同意をもらったので，D病院[03]に治療方針や経過などを問い合わせよう。D病院には3年前に入所受け入れの支援で連携した田川PSW[04]がいる。彼は中堅のPSWで，PSW協会の研修会にも積極的に参加されている。相談室のPSW数も徐々に増えており，後輩の指導も熱心に行っていると聞く。田川PSWに問い合わせて，主治医の治療方針や入所相談に来られた経緯を確認してみよう。そこから太さんのニーズにつながる情報が得られるかもしれない。

解説

01 母親：人物像は第一印象で決めないようにします

太さんを無理やりC事業所に連れてきたり，太さんの話をさえぎって自分の話をしてしまったりする母親なので，太さんに悪影響を与えるように思えます。しかし，この時点では太さんにとってどんな存在であるかは断定できません。阪井PSWは，慎重にアセスメントしようと考えています。

02 C事業所：事業所の中核業務以外の支援を行うこともあります

阪井PSWが所属するC事業所は宿泊型自立訓練事業を運営しており，主な役割は障害者に住居を提供し地域移行できるよう訓練をすることです。よって，利用するかどうかが不明な太さん親子の利用相談にどこまで乗るかは，そこで働くPSWがどこまでを自身の役割と考えているかによって決まります。入院先のD病院や相談支援事業所が太さんの今後の生活相談や障害福祉サービス利用の相談を行うのが順当ですが，阪井PSWは，太さん親子の切迫した様子から相談に乗る必要性を感じ，また将来的にはC事業所を利用する可能性を考慮して，あえて継続面接を申し出ています。

03 D病院：入院中の病院は今後の太さんを支援するうえで欠かせない連携先です

現在入院治療を提供しているD病院の主治医，看護師，PSW等が有する情報は，太さん親子から聴取できない内容を含み，また太さんを支援するうえでは有意義なものであると考えられます。入院治療の内容や状況に加え，母親が焦って行き先を探している理由や治療の見通しなどを聞きつつ，今後は連携して太さんを支援する機関としてC事業所を認識してもらう必要もあります。

04 田川PSW：チーム医療の調整役となることが多いPSWを窓口にします

阪井PSWは，田川PSWと過去に連携した際，事前連絡の後に本人がアポイントを取って見学に来所したことを覚えていました。その経験から，太さん親子が連絡や紹介もなく突然相談に来た要因は，母親のほうにありそうだと推測して

D病院へ電話連絡を入れる

　田川PSWに太さんと母親から入所相談を受けたことを伝えたところ，田川PSWは「担当は私です。今回は外泊だけの予定だったのですが，突然そちらに伺ったんですね。ご迷惑をおかけしました」と申し訳なさそうに答えた。「いえ，迷惑だとは思っていません。それよりも，太さんには了承を得ていますので，D病院での治療経過や今後の方針[05]を伺えますか。母親が入所を焦っておられるようでした」と尋ねると，田川PSWは「医療保護入院されて2か月が経ちました。任意入院に変わったのでそろそろ退院のことについて考えてくださいというニュアンスで主治医が説明しました。でも，お母さんは「すぐに退院させなきゃ」と受け取ったのかもしれませんね。治療計画では3か月で退院という方針が出ていますが，太さんの希望や状況次第ではその限りではないと考えています。ただ，太さんは考えを話すのが苦手なのか，当院としても退院支援計画が立てにくいと思っていたんです」と答えた。私は，太さんが「家に帰りたい」と言ったこと，だが真のニーズはつかめていないと感じていることを伝え，今後も継続してかかわるつもりであると話した。田川PSWが「C事業所へ退院することも可能ですか？」と尋ねたため，「太さんのニーズがそうであるなら可能です」と返して，お互いに連携して支援することを確認した。

> **電話終了後，事務所で太さんとの関係を築くための作戦を考える**
>
> 　太さんがC事業所を利用するつもりがあるかどうか現時点ではわかっていないが，田川PSWと連携して太さんのニーズを把握することに努めよう。そのためには次回の面接からのかかわりが重要になる。さて，これまでの経過の支援記録[06]を作成して次回の面接の展開を考えておこう。そしてC事業所スタッフ[07]に報告して，情報を共有しておくことも必要だ。

次回面接までの準備

　支援記録を作成し，終業時のスタッフミーティングで太さんに関する相談経過とD病院の治療方針を報告した。3日後，母親から電話があり，次回面接の日程を再確認した。

いますが，決めつけるのではなくきちんと経過を把握しようと考えています。また，D病院の方針変更や主治医の治療方針が影響していないかどうかも考慮し，問い合わせをする相手を慎重に選んでいます。

05 D病院での治療経過や今後の方針：入院形態，治療計画，支援者等を確認します

太さんの治療に関連した情報を収集します。精神科病院では，患者さんが入院した際に入院診療計画書を作成し，患者さん本人や家族に説明することになっています。推定される入院期間，看護計画，リハビリテーション計画，退院に向けた取り組みなどが記入されていますので，その情報を収集することは連携の第一歩です。なお，入院形態によっては外出などが制限される場合もあります。医療保護入院の場合，退院後生活環境相談員が選任され，地域援助支援事業者の紹介などの業務を行うので，その担当者や同意者が誰かなども確認事項です。

06 支援記録：太さんのニーズをアセスメントする際の有用な資源にもなります

約1時間の面接を要約して記録しますが，阪井PSWは太さんの数少ない発言や態度を逐語記録としています。支援経過を追って太さんの発言内容が変化する可能性もあり，当初の言動と比較することもアセスメントにとって有効です。

07 C事業所スタッフ：情報を共有して所属機関の支援体制を整え，利用者の信頼を獲得します

阪井PSWは，自分の不在時や休みの日等に太さんや田川PSWから連絡が入る場合に備え，C事業所のスタッフに支援方針を説明して支援記録の参照を促し，詳しい相談経過やD病院から得た病歴や生活歴などを確認しておいてほしいことを伝えています。こうすることで，スタッフの誰に連絡があっても対応でき，太さんや母親のC事業所に対する信頼感を向上させることにつながります。阪井PSWは，記録や情報の共有によりC事業所のスタッフ全員を太さんの支援に活かそうとしています。

母親との電話を終え，記録を読み返しながら次回の面接の展開を考える

　母親は落ち着いた声だった。外泊からD病院に戻って主治医や田川PSWからすぐに退院しなければならないわけではないと説明を受けたのだろう。先日の面接はほとんど母親の発言ばかりだったが，次回の面接では太さんに語ってもらえるよう協力してくれそうだ。先日の面接終盤ではようやく太さんが心を開いてくれそうな感触があったので，そこに期待しつつ，太さんのニーズがつかめるようにいろいろな社会資源を紹介しながら進めてみようか。

面接序盤。太さんの希望を伺う

　数日後，太さんと母親が来所した。面接冒頭で，田川PSWに連絡を取ったことや治療方針を確認したことを説明した。そして前回の<u>面接の経過のおさらい</u>⓼をしながら，退院後の生活のイメージを話してもらうことにした。「太さんは<u>自宅</u>⓽に退院したいんでしたよね。その後はどんな生活を思い描いていますか？」と尋ねると，太さんは「ええーっと……」と言葉を詰まらせた。母親が「太，思っていることをちゃんと話しなさい」と横槍を入れる。太さんが「うん。ええーと，退院して，<u>部屋</u>❿でゆっくり過ごして，あ，昼間は何かして，それから……」と必死に答えようとするが，母親が「もうこの子は，ちゃんとできないのかしら。お父さんになんて言われるか」とため息をついた。しばらくの間，こんな調子で太さんと母親のやり取りが続いた。

面接序盤。太さんと母親の言動を観察・アセスメントしながら，自宅に退院した場合の太さんの暮らしぶりを想像する

　太さんの希望は具体的じゃないし将来設計も乏しい。前回の面接からそんなに日が経っていないのだから無理もないが，何かまとまりに欠ける感じだ。前回の面接は時間がなく，しかも母親の態度が影響して太さんはうまく話ができなかったのかと思っていたが，そうでもなさそうだ。家庭環境から判断して，自分から気持ちを伝えるという経験に乏しいという可能性が高いか。太さんは考える能力に乏しいのではなく，思いをうまくまとめたり説明したりすることが苦手なように思える。母親は前回とは違い落ち着いて話されてはいるが，とにかく父親との関係を心配する発言が多い。太さんのことを第一に考えた発言

08 面接の経過のおさらい：面接の展開をスムーズにしたり，信頼関係を醸成するために活用します

クライエントが記憶をたどるために，支援記録やPSWの記憶に基づきこれまでの面接経過を共有すると，要点が絞られやすくなり，クライエントのスムーズな発言を誘発することができます。さらに，PSWが面接の経過を記憶していることが伝われば，クライエントにとっては安心感や信頼感が強まります。阪井PSWは，太さんが前回の面接の最後に述べた希望（家に帰りたい）の続きを発言してもらいたいと考え，前回の面接経過を伝えています。

09 10 自宅・部屋：ニーズの明確化のため，自宅や自室が太さんにとってどのような意味をもつ場であるかを考えます

阪井PSWは，太さんが「家に帰りたい」と言っていることや，自分の部屋があることの意味を考えています。太さんにとって，自分の部屋は一番気持ちの落ち着く居場所であり，太さんらしくいられる場所であることは想像できます。しかし，退院後もそこにひきこもった生活を送ることが，太さんの今後の人生にどのような影響を与えるのかを，太さんとともに考えようとしています。

コラム　ニーズに沿った支援をする

初任者のころ，あるクライエントに作業所を紹介して同行見学したのに，利用を決めなかったばかりか，もう私の支援を受けたくないと言って去ってしまったということがありました。私は，心のなかでそのクライエントを責めたり，もう支援しなくてすむと思ったりしていました。1か月ほど経って，その人が障害をオープンにしてアルバイトをしていることを保健所の相談員から聞きました。精神障害者に対する偏見が根強く，障害者雇用が進んでいない時代でしたが，その人は「チャレンジ」していたのです。私は，作業所という社会資源につないだことで「支援したつもり」になっていた自分に無性に腹が立ちました。以来，何をおいてもニーズに沿った支援をしようと心に刻んだ出来事です。

は乏しい印象だ。自宅への退院では，どうしても父親[11]との関係を意識せざるを得ない。太さんはこのことをどう考えているのだろう。父親の顔色を見ながら過ごさざるを得ない環境で，太さん自身が思いどおりの生活をしていくことができるだろうか。太さんにとって自宅や自分の部屋というのは非常に重要な居場所であるとは思うが，家族との関係を考えると親元を離れて生活することを促していいかもしれない。

面接中盤。太さんの望む生活とはどのようなものか探る

「ところで，太さん。外泊中にお父さんと話はされましたか？」と聞いてみると，太さんは「話してません」と即答した。「お父さんの望みどおりにしなきゃいけないと意識しすぎて，太さんが本当に望んでいるような生活[12]ができていなかったということはありませんか？」と尋ねると，太さんがしばらく黙りこんだ後に「……そうですね。お父さんは僕が何もしていないから。だから，お母さんにあたるんだと思います」と落ち着いた声で答えた。私は「だったら，自宅に退院した後に仕事[13]を探したり大学受験[14]をやり直したりするということを考えてはどうですか？」と聞いた。太さんが「え？ 仕事？」と眉間にしわを寄せた。私が「はい」とうなずくと，「そんなのまだ無理です」と太さんは首を横に振った。そして，しばらく考えて「……大学受験はちょっと……もう，いいかな。……やっぱり，お父さんの思ってるような生き方はできないかも……」と太さんが語った。そこで「どうでしょう。この状況で自宅に帰って，太さんの思っているような生活が送れそうですか？」とゆっくり尋ねたところ，太さんは「……う，うーん。む，むずかしい，かも……」と言って考え込んだ。

面接中盤。家族関係をアセスメントしつつ，日中サービスの利用意思を確認してみる

就職や大学受験のやり直しという思いはないようだ。父親が言うとおりの生き方はしたくないのかもしれないけど，太さんの夢って何だろう？ 父親と話をしていないところをみると，関係修復はそううまくはいかないようだ。とはいえ，太さんが自宅に退院して今までと同じ生活をしても何も変わらない。例えば，日中の通所系訓練や訪問支援を受けることについて，太さんはどう考えるだろうか。

11 父親：ここまでの情報をふまえ，太さんにとってどのような存在なのかを考えます

　これまでの面接から，父親が太さんに何らかのプレッシャーを与える存在である可能性を阪井PSWは考えています。ただ，父親とは面識がないため，太さんや母親の言葉を鵜呑みにしないよう自らを戒めています。また，父親が今後の太さんの人生の転機に重要な役割を担ってもらえる存在かどうかによっても支援の展開が変わると考えています。

12 本当に望んでいるような生活：社会資源につなげる前に夢や希望を把握し，支援ニーズを確定させます

　阪井PSWは，太さんのニーズを想像し，それを充足するために必要な社会資源は何かを考えようとしています。この時点では，自宅に退院することで起きる問題が，父親との関係不和ではないかと推測しているため，太さんの退院後の日中の過ごし方や父親との摩擦から生じるストレスの避け方を提案し，太さんの苦しみを軽減できればと考えています。

13 14 仕事・大学受験：若者が日中過ごす場として一般的に考えられるところをあえてあげて，反応を引き出します

　「仕事」や「大学受験」というキーワードは父親を象徴するものだと阪井PSWは考えています。そこであえて父親に関する質問をして太さんの反応を見ることで，太さんと父親の関係性をアセスメントし，太さん自身も気づいていない思いを引き出そうとしています。太さんのニーズに沿った社会資源だと思っているわけではありませんが，あえて質問することで，太さんがやりたくてもあきらめている思いや，太さん自身で自分の可能性を閉じ込めてしまっているということがないかどうかもアセスメントしようとしています。

面接中盤。社会資源の情報提供を行い，反応をみる

「どうすれば太さんが思っているような生活ができると思いますか？」とゆっくり尋ねると，太さんは「……わかりません」と言ってうつむいた。「じゃあ例えば，退院したばかりの人が日中に通う場所とか訪問相談を利用するのはどう思いますか？」と提案してみると，「それはどんなものですか？」と太さんは興味をもたれた。そこで，地域活動支援センター[15]や自立訓練事業，就労支援に関する事業[16]などの説明をした。また，精神科訪問看護やホームヘルプサービス[17]，保健所や指定特定相談支援事業所[18]の相談機関などの説明もした。一度にたくさん説明したせいか，太さんは混乱気味に「よくわかりません。でも，外に出かけるのは嫌だな」とだけ答えた。

面接中盤。太さんが望む生活とはどんなものか思い巡らせる

　自宅から外へ出る意識は薄いようだ。やはり自分の部屋が一番落ち着くのだろう。それに，訓練事業所に通って父親との距離をとったとしても，それは本当に太さんが望む生活だろうか。太さんは，父親からのプレッシャーを感じることなく自由に暮らしたいと思っていないだろうか。「いきなりは難しい」と言われるかもしれないが，自宅を飛び出して住むことや，そこで支援を受けながら生活することを提案したら，どう反応するだろう？　太さんの本当の気持ちが少しでもつかめるかもしれない。

面接終盤。自宅以外の生活を提案してみる

「自宅から飛び出して，一人暮らしを始めるっていう方法もありますね」といたずらっぽく尋ねてみると，「えー，一人暮らしですか？」と太さんの声が揺らいだ。「そうですね。一人暮らしの方法[19]はいろいろありますよ」と言って，住み込みで働く，社宅のある会社に就職する，賃貸マンションに住むなどの方法を説明した。「いきなり，そんなの無茶です」と太さんははっきり答えたので，「それなら，入所系の事業所[20]を利用してみるという方法もありますね。グループホーム（GH）を利用するとか」とさらに提案してみた。太さんは「ええぇー」と困惑したような表情を浮かべ，また下を向いてしまった。

15 地域活動支援センター（地活）：日中の過ごし方について多様なイメージをもってもらうために紹介します

　障害者等が創作的活動や生産活動をしたり，社会との交流の促進等を実施する施設です。地域の実情に応じ，市町村からの委託や補助金を受けた民間事業所によって運営されています。精神障害者が多く通う「地活」のほとんどは，精神保健福祉法内の精神障害者生活支援センターが母体となっています。阪井 PSW は，太さんに日中過ごす場の選択肢があることを伝えるためにあげています。

16 就労支援に関する事業：太さんに働きたい気持ちがあるかどうかを測る意味を込めて，ひとまずあげています

　就労のための場を提供する事業と，就労に向けた訓練や就職支援を行う事業があります。これまでの太さんの言動からは，就職に前向きとは思えませんが，阪井 PSW は，将来的な利用を視野に入れて情報を提供し，現時点での太さんの利用ニーズを探ろうとしています。

17 精神科訪問看護やホームヘルプサービス：自宅に支援者である第三者が入ることで,父親との関係性にも介入できる可能性を考えます

　訪問看護とは，主治医の指示に基づき，看護師や精神保健福祉士が居宅を訪問して，療養上の世話または必要な診療の補助を行うことです。また，精神障害者へのホームヘルプサービスは，食事の準備，掃除などの家事援助のほかに話し相手などもあります。この時点で阪井 PSW が太さんに情報提供したのは，太さんが将来的な生活設計を考えるうえでの一手段・情報という思いもありますが，太さんの精神疾患や障害を理由とした支援者が在宅に訪問することで，親子関係に関与できる可能性も想定しているからです。

18 指定特定相談支援事業所：障害者総合支援法における制度の仕組みや利用手順に関する知識を提供します

　障害福祉サービスを利用するには，指定特定相談支援事業所の支援を必要とします。太さんも母親も障害福祉サービスを利用したことはないため，ここで阪井 PSW は障害者総合支援法の仕組みに関する知識を提供しています。

面接終盤。太さんのニーズをアセスメントしつつ，面接の終わり方を考える

思い切って「自宅に帰らない」という方法を提案してみたが，やっぱり「無茶」という表現で否定された。今は考える余裕がないのかもしれない。そこに，<u>たくさんの情報</u>[21]が一度に入り混乱させてしまったか。自宅を飛び出して生活するというこれまで太さんの考えになかったことを提案したので，今日の面接はここまでにしよう。少しゆっくり考えてもらうのがいいだろう。

面接終了。要点をまとめ，次回へつなぐ

「今日はたくさんの資源について話し過ぎて，少し混乱させてしまいましたか？ まとめると，自宅に戻って生活を続けるか，それ以外にも，自宅ではない場所で新たに生活を始めるという選択肢もあるのではないかと私は思います。でも，今すぐに決めなくてもいいですよ。これは太さんの人生なので，太さんにしっかり考えてもらいたいと思っています。私は太さんがどんな生活をしていきたいのか，まだちゃんとわかっていません。次の面接でもそのことを話し合いませんか」と提案した。太さんも同意され，次回の面接日を決めて，帰られた。

面接後の事務所で。面接を振り返り，太さんの障害特性を考え，次回のアプローチ方法を検討する

「家に帰りたい」という言葉を掘り下げて聴いてきたが，太さん自身にも自分がどんな生活をしていきたいのかがよくわからないのかもしれない。でも，太さんに考える力がないとは感じられなかった。病気や障害が理由で考えつかないのではなく，経験や社会参加の機会が乏しいからではないだろうか。あるいは，漠然とした不安や自分の希望を言葉にするおそれみたいなものもあるのかもしれない。親元から離れて社会経験を積むことが，太さんの考えの幅を広げる手立てになるように思う。次回の面接では太さんがどんなことを考えたか聞かせてもらい，ゆっくりでいいので太さんの選択肢を広げられるように話し合おう。太さんが一人暮らしをイメージできるような資料も用意しておこうか。母親の態度の変化も含めて今日の面接の内容を記録しておこう。田川PSWには次回の面接予定と社会資源の紹介をしていることを伝えておこう。

19 一人暮らしの方法：多様な選択肢があることを伝えます

地域にある居住の場はさまざまです。阪井PSWが紹介したもの以外にも，会社や大学の寮，アパート，集合住宅，一戸建て，公営住宅など，多種多様な形態があります。自宅に帰る以外に選択肢がない太さんに対して，阪井PSWは多様な選択肢を提示し，太さんに視野を広げてもらおうとしています。

20 入所系の事業所：太さん自身が主体的に考えられるよう情報提供します

前回の面接では母親の意向が強く表明されましたが，阪井PSWは，太さん自身がどのような生活を望むのかを考える手助けをしようとしています。そこで，生活の場の一つとして入所系事業所について紹介したり，GHのような共同生活についてどう思うか，その際に食事や家事の支援を受けたいか，それとも一人でチャレンジしたいかなどを提示し，具体的に考えてもらおうとしています。

21 たくさんの情報：クライエントが興味・関心をもつことからはじめます

C事業所があるE市の地域特性を十分に吟味しながら，さまざまな資源や制度，情報を紹介し，太さんのニーズを把握しようとしている段階です。この時点では，たくさん情報にふれることで太さんが興味や関心をもてることを教えてもらうことを重視しています。

まとめ ▶▶▶ クライエントのニーズから始める

阪井PSWは，やっと口を開いた太さんの一言を大事に受けとめました。急に訪れた利用希望の親子を丁寧に受け入れ，相談の趣旨が明確にならないうちは容易に資源（自職場であるC事業所）に結び付けないところに，アセスメントを重視した姿勢や「社会資源はニーズを充足するために活用するもの」という阪井PSWの価値観が表れています。そして，太さんが入院中で，両親との関係性にも課題があることを感じとり，阪井PSWは太さんの状態を入院先に問い合わせたり，面接を繰り返す提案をしたりしています。次節では，こうした一見お節介にも見えるかかわりが，太さん自身による資源活用の意思表明を引き出します。

第2節 ▶ [つなぐ]

クライエントが社会資源につながるように支援する

田川PSWへ報告

翌日，田川PSWに太さんとの面接の経過と次回面接の予定を伝えた。田川PSWは主治医と共有し，お二人から面接の感想などを聞いておくと約束した。

 次回面接までの間に，面接の展開や確認することを考える

次の面接では，太さんの**夢や今後の生活についてイメージできるような資料**[01]も使ってみよう。何度か面接を重ねて総合的に太さんのニーズをアセスメントしていきたい。今後の人生のことを簡単には決められないはずだ。自分の好きなことを考えたり本音を口にできるようにするために，前回提案した以外の社会資源にも紹介できるものはないだろうか。仕事，大学，一人暮らし，福祉サービスなどを話したが，居場所やお金などについてはどうだろう。**利用できる制度**[02]を調べておこうか。

面接（2回目）。生活のイメージの具体化を進める

1週間後，太さんと母親が来所面接を行った。事前に準備した**パンフレット**[03]を渡し説明した後，「太さん，退院後の生活のイメージは湧いてきましたか？ たくさんのことを紹介しすぎて混乱させたのではないかと，少し心配になっていたんです」と聞くと，太さんは「……まだ，ちゃんとは考えて，ないです」と小声で答えた。「そうですよね」と相槌を打ち，言葉を待った。しばらくして太さんは「もし一人暮らしをすることになったら，どうしたらいいかわかりません」と話された。母親が話に割って入ることはなく，その後も太さんがとつとつと話された。面接終了後，振り返りながら支援記録を作成した。

 面接2回目終了後。記録をまとめながら，太さんのニーズをアセスメントする

太さんが考え込んだ末に発した言葉が「一人暮らし」についての不安だった。

解説 **01**は社会資源，**01** は PSW の視点や技術を解説しています。

01 夢や今後の生活についてイメージできるような資料：発想を豊かにするためのツールとして活用します

同年代の人との交流がなく，固定した価値観の両親のもとにいる太さんは，自分がどのような人生を歩みたいのかを自由に連想したり，理想の生き方をしている人と接したりする機会などが乏しいと考えられます。そこで，阪井 PSW は，C 事業所を巣立った人々の手記や，障害のある当事者のリカバリーストーリーの書物を用意し，太さんの柔軟な発想を引き出そうとしています。

02 利用できる制度：フォーマルなものからインフォーマルなものまで何でも利用する発想をもちます

精神障害者の地域生活支援においては，お金にまつわること，医療，住居，友人関係，仕事や役割などの生きがいなどの多様な要素を大切にしながら利用できる資源を検討します。太さんの場合，例えば，障害年金の受給申請や公営住宅の入居条件を調べるなど，将来的な経済的自立の可能性も視野に入れて制度の活用可能性を検討します。また，太さんが昔やっていたこと（過去），今はあきらめていること（現在），そして太さんの将来の夢（未来）など，時間軸を追ってニーズをアセスメントすることで，活用する社会資源の多様性が増します。

03 パンフレット：機関の概要を簡便に伝えることができるツールです

パンフレットなどのツールを使用すると，クライエントや他機関の支援者などに簡便に所属機関の概要を伝えることができます。言葉による説明だけではなかなか理解しにくいクライエントに対しては，図やイラストなどを使って説明すると理解が深められます。太さんにも，精神障害のある人の自立に向けた生活訓練をよりよく理解してもらうために C 事業所のパンフレットや E 市にある他の事業所の資料を準備しました。

まず，太さんが「一人暮らし」について話されたことが重要だ。私の問いかけをきっかけにして，これからどんな生活をしたいかを考えたり，自宅に帰れるかどうかという不安も含めて気持ちの揺れを抱えているのかもしれない。前回の面接では自宅の外への意識は薄いように見えたが，ニーズを明確にするためにも，太さん自身が「不安」を「希望」に言い換えられるようになるとよい。そのきっかけとして，次の面接では，少し踏み込んで自宅外での生活や一人暮らしの可能性を話題にしてみよう。病院と方針が違うといけない。田川PSWともすり合わせをしておこう。

田川PSWから問い合わせの電話を受ける

田川PSWに電話しようとした矢先，面接経過の問い合わせが入った。私は，太さんに迷いや気持ちの揺れがあるように思えることを伝え，D病院での支援状況を尋ねた。すると，数日前の診察で太さんが「家に帰れないかも」と主治医にこぼしたことや担当看護師に「退院せずにこのまま居ようかな」と言い出しているという。退院先に関して太さんがどう感じているとみているか質問すると，田川PSWは「母親の話では父親が体裁を気にした発言をしているそうで，太さんもこのことを母親から聞いていると思います。それが太さんの心境に影響しているかもしれませんね」と答えた。次回の面接で自宅以外や一人暮らしも選択肢として提示してみようと思うと伝えると，田川PSWは「主治医と私も，これまでの家族との関係を考えると自宅以外に退院する選択肢もありではないかと話していました。一人暮らしがベストかどうかはわかりませんが，太さんに提案して考えてもらうのはよいことですね」と答えた。そこで，次の面接で自宅以外の退院先についてどう思っているかを尋ねていくことにした。

田川PSWとの電話後，次回の面接の進め方を考える

太さんが主治医や看護師に思いを話していることはよい変化だ。<u>主治医</u>04はきちんと治療方針を出す人で，担当<u>看護師</u>05も太さんのことを思いやってかかわってくれている。C事業所に母親が入所相談に来たときはどうなっているのか不明だったが，田川<u>PSW</u>06が要となってスタッフや母親にも働きかけているからこその太さんの変化ではないか。太さんは，「家に帰りたい」と口にしたが，「帰れないかもしれない」とも感じているのかもしれない。田川PSW

04 05 06 主治医・看護師・PSW：支援において連携する医療チームのメンバー間の関係性に注目します

　病院によっては主治医のリーダーシップが過度に発揮され，他の医療スタッフはその指示に従うだけというところもあります。外部機関のPSWとして医療チームと連携する場合，支援の経過によっても連携度合の濃淡は異なり，また経過を追うことで自然と見えてくるものもあります。D病院については，これまでのやり取りからは主治医と田川PSWや他の医療スタッフの関係性がうまくいっていると感じており，連携しやすい病院であると認識しています。このように，専門職としての連携のしやすさや太さんが安心・安全な環境に身を置いているかどうかに目を向けて，必要に合わせ介入することも考えています。

コラム　　そのサービス導入は，本当にクライエントのためになっていますか

　ある土曜日の朝，サービス等利用計画作成の支援をしているクライエントのCさんから「今日は買い物に出かけたいんですけど，行けないんです」と電話がありました。理由は「訪問看護の日なんで家にいないといけない」からだそうです。約束の時間までは5時間あるとのことで，「今のうちに出かけられては？」と助言すると，「待ってないといけないと思うと，外出ができないんですよね。時間が気になってすぐに家に戻ってしまうんです」と。そして矢継ぎ早に「月曜日は毎週診察で，火曜日から金曜日はデイケアに行かないといけなくて，火，木，土の夕方にヘルパーさんが来て，水，土には訪問看護です。毎日毎日予定が入ってて大変なんです」と訴えます。そして「これなら入院しているときのほうが自由でした」と言って沈黙されました。私には返す言葉がありませんでした。計画相談支援でよかれと思って複数のサービスを導入したのに，かえってCさんを苦しめていたことに気づかされたのです。

がいうように一人暮らしがベストかどうかはわからないが，父親との関係も念頭に入れて面接を進めよう。

面接（3回目）。自宅以外での生活を勧める

　3回目の面接に母親の同席はなく，太さんと2人だけで行った。太さんは2回目同様に「どうしていいかわかりません」と繰り返したので，「この前もちょっと言いましたが，自宅以外での生活 [07] について考えてみませんか」と提案してみた。すると，太さんが「そんな，無茶だ」と首を横に振った。「そうですか。じゃあ，別の質問です。太さんはどんな生活を思い描いていますか？」と再度問いかけた。太さんがしばらく考え込んだ後「家には帰れないのかな」と不安な思いを語った。「家でどんな生活をしたいんですか？」と尋ねると，太さんは「よくわからないけど……。部屋でゆっくりするのが理想」と答えた。「そう，太さんは一人で静かに過ごすのが好きなんですね」と返すとこくりと頷いた。「お父さんはそのことをどう思っているでしょう？」と尋ねてみると，「……それは……許せないんだと思います」と，か細い声だがはっきりと述べた。「太さん苦しそうですね」と応じ，その後も私は太さんの気持ちを傾聴することに努め，面接の最後に「これから住む場所は，自宅以外の選択肢もあるんだということについて，ゆっくり考えてみてください」と伝え，今日の面接を終了した。

面接3回目終了後，太さんのニーズをアセスメントしつつ，今後の支援方針を考える

　両親のいる自宅では本心を語りづらいのではないかと考えてC事業所 [08] で太さんのニーズの整理を行ってきたが，希望はまだぼんやりしている。「家に帰りたい」という希望を口にしていたが，奥底には語られていない思いがあるだろう。母親が同席しない場で自宅以外での生活について話題にしたが，太さんはそれも選択肢としてとらえられただろうか。今後も田川PSWと連携して，太さんが思い描く生活に近づけるように支援していこう。

07 自宅以外での生活：社会資源の紹介を前提として揺さぶりをかけます

　阪井PSWは，太さんが想定していることから最も遠いと思われる「一人暮らし」をあえてぶつけることで，太さんの反応を確かめました。「無茶だ」と抵抗したのは予想どおりですが，しばらく考え込んだ太さんが口にした「家には帰れないのかな」という不安は，自宅以外に太さんに選択肢がない場合にはとても大きいものとなります。しかし，阪井PSWは，これまでの面接でいくつもの選択肢を提示し，具体的な生活スタイルも紹介してきたため，不安のなかからも新たな生活にチャレンジしようとする気持ちが太さんに芽生えることを期待しています。このように，社会資源の紹介がクライエントのニーズの把握や思考の整理を支えることもあります。

08 C事業所：病院でも自宅でもなく，また母親が同席しない場所で太さんの本音に迫ります

　太さんの現在の生活圏はとても狭く，ほぼ自宅と病院しかありません。自宅でも父親の顔色を気にしたり，父親との摩擦を避けさせようとする母親がいるため，自室以外には安心できる場がないことも推測できます。現状ではD病院は安心感のある場所かもしれませんが，医療を提供する場ですから具体的な生活のイメージを広げることは難しいと思われます。そこで阪井PSWは，C事業所という地域生活に近い場，自立訓練に励む人の出入りする場で，太さんが自分の新しい生活について考えられたら，という思いをもっています。だからこそ，実際に利用するかが明確でない太さんと何度もC事業所の面接室を使って面接を重ねています。阪井PSWは，C事業所を地域の資源として活用し，地域生活を目指す太さんを支援しようと考えているのです。

田川PSWからC事業所の見学依頼の電話が入る

　田川PSWは「阪井さんとの3回目の面接のあと，太さんの気持ちを確かめました。太さんは『一人暮らしは自信がない』と話され，『阪井さんのいる事業所でも生活できるの？』と尋ねてきたんです。私は，『じゃあ，ちゃんと<u>C事業所を見学</u>[09]させてもらってはどうですか？』と返したら，『見学してみたい』と言われたんです」と少し意外そうに話した。私はうれしい気持ちを抑えつつ，自分の業務予定を確認し，見学の対応可能な日程候補をいくつか提示した。

 田川PSWとの電話後事務所で。太さんの見学に備え，さらにその先の支援方針を考える

　太さんが見学に来たときに不安な気持ちが少しでも和らぐように準備しておこう。それに，太さんはC事業所だけを見学するわけではないはずだ。でもグループホーム（GH）は太さんの自宅近くには知的障害者を対象としたものしかない。それに家族とは<u>一定の距離をおいた場所</u>[10]で支援を受けるほうがいいだろうから，E市街地から離れたGHが候補にあがるだろうか。ともかく，うちの事業所の入所者が日中どんな生活をしているか，太さんがイメージしやすいように資料を用意しておこう。

太さんの施設見学の支援

　その2日後に太さんが母親や田川PSWと一緒にC事業所に来所した。太さんが質問し，それに答えるという流れで面接が進んだ。また，事業所内を案内し，支援方針や特徴などの説明を行った。<u>事業所の5周年に発行した冊子</u>[11]には，特に興味を示したようだった。面接の終わりに太さんが「もしここを利用したいっていう気持ちになったら，連絡してもいいですか」と話された。私は「わかりました。連絡をお待ちしています」と伝え，面接を終了し見送った。

 事業所見学後，事務所にて。太さんが正式に申し込んでくることを想定し，準備しておくことを考える

　太さんたちはほかにもGHなどを見学する予定だし，正式にうちの利用を希望したわけではない。太さんがどのような選択をされるか待つしかないけれど，正式に依頼されることになりそうな気がする。その際は，まず身の回りのこと

09 C事業所（宿泊型自立訓練事業）の見学：本人の意思に基づく利用を前提とした見学を受け入れます

　C事業所（宿泊型自立訓練事業）は，精神保健福祉法内の精神障害者生活訓練施設から移行した事業所で「一人暮らしをしたいが自信がない」という人に対して，居室の提供や，日常生活能力を向上させる支援，生活相談などの提供をしています。太さんは何度もC事業所を訪れていますが，そのサービスや設備についてはパンフレットで見た程度です。今回は太さんの意思で見学することになったため，居室の利用料や訓練メニューであるプログラム活動を具体的に説明し，事業所での生活のイメージをもちやすいよう，タイミングが合えばプログラム活動の実際の様子も見学してもらおうと考えています。そのためには，見学者が来ることを利用者に事前に説明し，了承を得ておくことも大事な配慮といえます。

10 一定の距離をおいた場所：近すぎず遠すぎず，クライエントに合わせた距離感が大切です

　阪井PSWは，太さんと母親との距離が近すぎることで太さんの自立が阻害されているのではないかという懸念を抱いています。家族や支援者などの人的な資源はただ存在していればよいというものではありません。ストレスや環境の変化に脆弱性を示す精神障害者にとって，住む場所など物理的な距離とともに精神的な距離もつかず離れず，ほどよい場所を阪井PSWは重視しています。

11 事業所の5周年に発行した冊子：事業所を利用したのちの自分の姿を重ねてもらおうと考えています

　C事業所に限らず，年中行事や利用者の日常生活などを掲載しながら施設の歩みを記した冊子や季刊誌などが発行されていることは珍しくありません。寄付金や賛助会費で運営するNPO法人などでは，そうした関係者に事業の運営状況を知らせたり，利用者の家族に利用者の姿を伝えたりすることができます。

　阪井PSWは，この冊子を見せることで太さんが事業所での生活への期待を膨らませたり，母親が事業所の運営目的を理解する効果もあると考えています。

からだ。食事の用意や炊事洗濯など家事は一切母親任せだったと言っていたから，実際に太さんがどれだけ家事ができるかは把握する必要がある。経済的な自立についても太さんなりに考えられるよう，一定の期間が必要だろう。太さんには，いろいろな経験をしてほしいな。太さんが希望された場合に備えて，**障害福祉サービス受給者証の申請と認定調査**⓬指定特定相談支援事業所の依頼，個別支援計画の作成などの準備を進めておこう。

田川PSWから利用申し込みの電話が入る

2週間後，田川PSWから電話が入った。「C事業所の見学後，E市内のGHを2か所見学して，賃貸住宅の相談にも行ってみたのですが，太さんは阪井さんのいるC事業所で宿泊型の自立訓練を希望されました。主治医から母親にその方針を説明し，父親の賛同も得られたので，正式にC事業所の利用を申し込みたいと考えています」と田川PSWが話された。私は「わかりました。書面で正式な申し込みをしていただきたいので後日来所してください」と努めて冷静に答えた。そして，利用申し込みなどの書類を確認し，太さんたちの来所に備えた。

利用申し込みを受けた後，事務所にて。入所に向けた段取りを考える

太さんはうちでの支援を希望されたんだ。正直うれしい。太さんの思いに応えられるように努めよう。やるべきことをざっとあげると，こんなところか。
・相談支援事業所にサービス等利用計画（案）を作成してもらう
・市町村の窓口に訓練等給付の障害福祉サービス受給者証の申請と交付
・受給者証交付のための認定調査を受ける
・個別支援計画（案）を作成して**E市障害福祉課**⓭に提出
・体験宿泊
・受給者証が交付されれば，正式な入所手続き
・重要事項説明を行い，正式に契約書を交わす
　早ければ1か月ほどで正式に入所となる。

🔢12 障害福祉サービス受給者証の申請と認定調査：障害福祉サービス利用の流れを理解して支援します

　障害福祉サービスの利用は，市町村へ申請し，相談支援専門員が作成するサービス等利用計画（案）に沿って，支給量が決定される仕組みです。例えば，宿泊型自立訓練の場合は「当該月の日数」，通所型自立訓練は「当該月の日数－8日」のように月ごとの利用日数が決められます。また，自立支援給付には介護給付と訓練等給付があり，訓練等給付のみであれば障害支援区分の決定はありません（参照「認定調査員マニュアル」（厚生労働省））。

　阪井PSWは，太さんが宿泊型自立訓練事業を利用する場合，日中活動として通所型自立訓練を選択するのか，ほかの事業を選択するのかを，太さんの希望に合わせて丁寧に吟味し進めようとしています。なお，訪問調査までに数か月待ちということもあり得るため，太さんがスムーズにC事業所の利用を開始できるよう，適切な時期に申請を支援しようとしています。

🔢13 E市障害福祉課：制度活用を円滑に行うために行政機関の体制にも目を向けておきます

　受給者証発行のためには，事業所が行う訓練内容を書面に示した個別支援計画（案）を市障害福祉担当課に提出する必要があります。E市の場合は，担当課の事務職員が1名体制ですべての発行事務を行っているため，発行時期が滞りがちになるという課題があります。そこで阪井PSWは，日頃からE市の担当課職員と情報交換を行い，手続きが遅滞なく進むよう細やかな配慮もしています。

まとめ ▶ ▶ ▶ 社会資源の紹介で選択肢があることを示す

　阪井PSWは，自職場に限らず多くの社会資源を紹介しています。これは営利目的の営業ではなく，ソーシャルワーカーとしてクライエントにとっての最善を優先し，またクライエントの自己決定を尊重するがゆえの姿勢です。本節では，多くの社会資源を，「選択肢がある」ことを示す目的で活用し，太さんが今後の生き方を自分の意思で決められるように支援しています。多忙な日常業務の傍らで，こうした丁寧なかかわりをすることは容易ではありません。太さんが結果的にC事業所を退院先に選んだのは，阪井PSWの姿勢が太さんの心を動かしたからといえます。それを感じて阪井PSWもうれしかったのでしょう。

第3節 ▶ [使う，活用する]

クライエントが希望どおりの生活を送れるよう，自立訓練事業を活用する

正式な入所申し込みを受ける

太さん，母親，田川 PSW が来所し，正式な利用申し込みを受けた。私は，申込書や主治医の意見書[01]作成を依頼し，体験宿泊[02]をして実際に C 事業所での生活を体験してもらいたいことや，体験宿泊している間に支援計画を一緒に考えたいことを説明した。障害福祉サービス受給者証の申請や指定特定相談支援事業所の選定などの手続きは，太さんから「阪井さんにお任せします」と依頼された。そして，いったん実家に退院してから入所するのか，それとも入所までは入院継続とするのか太さんに尋ねると，「家に帰ると父の顔色が気になるので，このまま入院して，直接 C 事業所に入所したいって考えてます。そのほうが安心です」と答えた。母親と田川 PSW がうなずいて同意した。私は「では，忙しくなりますよ。でも，太さんがそれらの手続きを進めていけるようにお手伝いしていきますので，よろしくお願いします」と伝えて，面接を終了した。

C 事業所利用に向けて，関係機関の役割分担を考える

日ごろから連携している F 相談支援事業所の K さん[03]に太さんの支援もお願いしてみよう。障害福祉サービス受給者証の申請や訪問調査の手続きは病院へ調査に行くだろうから，田川 PSW にお任せしよう。

C 事業所利用に向けての準備

私は，F 相談支援事業所の K さんに太さんの計画相談支援を依頼した。同時に，太さんには C 事業所での宿泊を体験してもらった。太さんは 1 週間に 1 度くらいのペースで宿泊した。そのたびに太さんの生活ぶりをアセスメントし，太さんと相談しながら個別支援計画[04]を作成していった。宿泊時の様子は D 病院や F 相談支援事業所に報告し，連携して支援を進めた。田川 PSW が障害福祉サービス受給者証の申請手続きを行い，E 市の認定調査員が D 病院で太さんの訪問調査を行った。後は受給者証の交付と正式な入所の日程を決めるのみとなった。

解説 📖は社会資源，📖は PSW の視点や技術を解説しています。

01 申込書や主治医の意見書（事業所の任意書式）：支援に必要な情報を得るために工夫します

　これらの書式は，宿泊型自立訓練事業所を利用するために制度上必要なものではありませんが，C 事業所では利用者自身に入所理由を記入してもらいます。事前に面接などで把握している内容と違うことが記されていた場合，そこから話題を展開し，ニーズの再アセスメントにつなげます。主治医には，利用前までの経過や本人の服薬の必要性の理解度や集団生活を送るうえで参考となる情報を記入してもらいます。このように細やかに情報を収集して，支援を行っていきます。

02 体験宿泊：自宅以外の場所で生活したことのない太さんが，実際に生活してみることで不安を軽減します

　体験宿泊は，制度上定められた手続きではなく，C 事業所が独自に設けている仕組みです。実際の居室を使って過ごしたり寝てみたりして，太さん自身が生活できそうかどうか体験する機会です。太さんの不安軽減のねらいがあるのはもちろん，スタッフが太さんのことを知る機会でもあり，太さんと支援者がお互いに「生活できそうだな」と思えるようになることを大事にしています。

03 F相談支援事業所のKさん：太さんがサービスをスムーズに利用できるよう，信頼できる相談支援専門員を紹介します

　F 相談支援事業所は NPO 法人の相談支援事業所で，計画相談支援を積極的に行い，E 市の中核事業所として活躍しています。サービス等利用計画の作成には時間を要するため，太さんのスムーズなサービス利用ができるよう早めに手続きすることを考えています。K さんなら口下手な太さんとのコミュニケーションも丁寧に行ってくれると思われ，信頼できるとみています。

04 個別支援計画：クライエントに理解できるよう書面にし，定期的にモニタリングをして見直します

　相談支援専門員が作成するサービス等利用計画に沿って，C 事業所でも個別支援計画（案）を作成します。サービス管理責任者が太さんの体験宿泊での生活ぶりをアセスメントし，生活支援員や地域移行支援員などの職員からの情報も参考にします。正式入所のときに太さんの同意を得て，支援計画に沿って支援を行い

体験利用中，太さんと話したことをもとに，C事業所での個別支援計画（案）を作成する

　体験利用の目的は，太さんに事業所での生活を送るうえでの安心感と自信をもってもらうことと，適確な個別支援計画（案）を作成することだ。太さんは，今後，宿泊型自立訓練を利用するが，その先の生活をどうしたいかは引き続き一緒に考えていこう。自宅に帰るにしても一人暮らしをするにしても，家事・調理などの身の回りのことや，生活費や服薬の自己管理も自分でできるように支援していこう。太さんもその能力を身につけたいと希望していた。自信がないことやできないことはスタッフに相談したり<u>他の入所者</u>**05**にも頼ったりしながら，太さんの思っている生活ができるようになればいい。

太さんがC事業所に入所

　太さんは4回の宿泊を体験し，退院してC事業所に入所する意思をはっきりと示した。私は太さんと母親にC事業所利用に関する<u>**重要事項説明**</u>**06**を行い，太さんと<u>**契約書**</u>**07**を交わした。かかわり始めてから約4か月後（正式に入所の申し込みを受けてから1か月半後）に，太さんがC事業所に入所した。

 太さんが入所した後，これまでの太さんへの支援経過を振り返る

　太さんは，家に帰りたいのに母親に連れてこられて，ほとんど話をしない状態から始まったが，面接を重ねて徐々に太さんとの支援関係をつくれた。田川PSWやD病院のスタッフとのよい連携も後押しになった。今後も太さんはD病院に通院するので，この連携関係を活かして支援しよう。

入所後の太さんへのかかわり①

　太さんの担当者は<u>**生活支援員のMさん**</u>**08**になってもらい，定期面接をして家事や生活費のやりくりなどを個別に支援していくこととした。しだいに太さんは「一人暮らしも目指してみようかな」と言うようになり，それに合わせ「一人暮らしの勉強会」「SST（社会生活技能訓練）」「料理教室」「病と障害の勉強会」などの<u>**訓練プログラム**</u>**09**を行うことにした。しかし，入所後2週間が過ぎた頃から，

ます。その後はモニタリングを行い，3か月から6か月ごとに個別支援計画を見直して新しく作成し直し，支援を継続していきます。

05 他の入所者：地域の「ご近所さん」の手助けを活用する発想の獲得を目指します

C事業所には太さんと同じように自立訓練をしている入所者がいます。阪井PSWは，この人たちにも太さんへの支援に加わってもらいたいと考えています。同じ事業所内で生活する「ご近所さん」でもある人たちと，お互いに助け合うことで役割をもち，仲間をつくることができます。また将来的にC事業所から地域生活に移行した後にも地域の「ご近所さん」に頼りながら生活する術を身につけてもらうことも想定しています。

06 重要事項説明：契約に関する説明をクライエントの障害特性に合わせて行います

重要事項説明は契約に関する重要事項を消費者に対し説明することです。例えば保険契約や住宅の賃貸契約などが一般的です。社会福祉の業界でも措置から契約に移行した後，利用者に対して重要事項説明をする機会が増えています。太さんは契約能力はありますが，契約書に記されているような文言での説明では，理解しきれず不安感を抱くことが予測されます。そこで，太さんにわかる言葉を用い，太さんが知りたいと思っていることに合わせた説明を行うよう配慮します。

07 契約書：利用者と支援者の間で意識づけを明確にするスタートであり，この先，本当の意味での契約関係を結ぶ努力をします

サービス利用の契約書を交わすことは，これから目標に向かってお互いに努力していこうという意識づけの明確化を促します。C事業所では，通常版とルビ版の2種類を用意しており，太さんが理解しやすいほうを選んでもらうことができます。ただ，契約締結すれば，それで信頼関係が構築されるというわけではありません。契約書は手続き上で必要な書面に過ぎないことに留意します。

08 生活支援員のMさん：クライエントとスタッフの関係性に配慮して担当者を決めます

C事業所に配置される人員には「サービス管理責任者」や「生活支援員」「地域移行支援員」などがあります。サービス管理責任者は所定の要件を満たし研修

太さんは自宅と同じように，部屋にひきこもりがちになった。「あまり人と深い付き合いはしたくない。一人だけで生きていきたい」と言って，事業所の訓練プログラムをほとんど利用しないまま時間だけが過ぎた。

入所1か月後，太さんの生活スタイルを見てアセスメントし直す

太さんの希望にそって支援計画を立てたのに，ニーズを見誤っていたのだろうか？　かかわりながら再アセスメントしよう。<u>アセスメント票</u>❿も見直そう。

入所後の太さんへのかかわり②

　私たちは太さんの思いを尊重し個別相談中心の<u>見守り支援</u>⓫を行った。太さんの生活リズムに目配りと気配りをし，食事，服薬，清潔保持など身の回りのことをどう行っているかをアセスメントしていった。生活支援員のMさんは，定期面接で食事や服薬，清潔，掃除，洗濯，生活費のやりくりなど太さんが困っていることを見つけると，助言したり手伝ったりした。3か月たってもプログラム活動に参加しようとしなかったため，私たちは母親や田川PSWから再度<u>情報</u>⓬収集し，太さんが関心を示しそうなことを再検討した。そして太さんが中学生のころにやっていた卓球を一つの手がかりにし，<u>卓球大会</u>⓭を計画することにした。企画の段階から，太さんには卓球のルール解説や試合形式のアドバイスをお願いした。太さんは初め嫌がっていたが，スタッフの知識不足を見かねたのか，ルールを教えてくれ「試合がたくさんできる総当たり戦のほうが楽しい」と提案してくれた。私から大会では審判をやってほしいと依頼すると，引き受けてくれた。太さんは大会の準備から当日の審判まで多くの場面で活躍し，試合でも圧倒的な強さで優勝。入所者やスタッフから賞賛の声がかけられた。

　卓球大会後，太さんは徐々に訓練プログラムに参加するようになった。ある日，週に1回の入所者ミーティングに出席すると「兄ちゃん，卓球強かったな」と入所者のRさんが太さんに声をかけた。太さんは照れながらも「ありがとうございます」と答えた。そして，このミーティングには毎週出席するようになった。

卓球大会開催の効果をモニタリングする

単に卓球をするだけでなく，卓球大会というイベントを太さんの支援に活か

を修了する必要がありますが，生活支援員にはそうした要件はなく，いわゆる国家資格をもっていなくても配置することができます。太さんの担当スタッフは，体験宿泊時の関係性や専門的な知識をもつ精神保健福祉士の資格を所持していることを考慮して，阪井 PSW は M さんが適任であると判断しました。

09 訓練プログラム：グループの力動を活用したプログラムで，生活の仕方を身につけられるようにします

　C事業所では，個別支援に加えて，勉強会形式の学習による知識の習得を促し，日常の中でその知識を応用した生活を送ってもらうことで，自立に向けた力量を高めるプログラムを提供しています。訓練中には失敗から学習する機会を保障し，体験的に生活の仕方を身につけていくことを支援します。さらに，グループの力動を活用したプログラムでは，太さんは，他の参加者の助言を聞くこともでき，互いの工夫を紹介しながら支え合い，各自のもつ力を引き出すことができます。なお，阪井 PSW は，プログラムを運営すること自体が目的にならないように，利用者のニーズに適っているかを常に意識しています。

10 アセスメント票：クライエントの希望や目標と現状の生活との「ズレ」をアセスメントし直します

　各自治体がアセスメント票を WEB サイト等で公表しています。多くの評価項目がありますが，すべてを埋める必要はなく，各利用者にとって本当に必要な項目を選択して活用するとよいでしょう。阪井 PSW は太さんについて，食事を「とることができているか」ではなく，もう一歩踏み込んで「どのようにとっているか」という観点から見るようにしています。「できる」「できない」で能力を評価するのではなく，「している」「していない」で必要な支援を検討しています。

11 見守り支援：太さんは「失敗から学ぶという経験」を保障されています

　自立訓練においては，面接や電話による相談や助言，解決方法の提示，同行，代行などの直接的な支援だけが有効なわけではありません。太さんの能力を信じて太さんがどう決断してどう行っていくのか，もしくは行わないのかを見守ることも自立のためには有効な場合があります。例えば，ゲームに夢中になり月末に生活費が不足して食べることに困ったときに，生活をどう立て直していくのかということを，太さんから相談があるまではあえて見守ることもあります。

271

せないかという発想でかかわったことがよかったのだろう。指導者として私たちに卓球を教え試合形式を考えるという役割[14]をもってもらえたので，太さんの自信獲得にもなったと思う。他の入所者からもプレイ中に自然と声がかけられたのもよかった。これをきっかけに入所者とも交流しやすくなり，人間関係の構築やコミュニケーションの練習を自然と行える環境ができてきた。

病状が悪化しつつあるときの太さんへのかかわり

　太さんは卓球大会後に訓練プログラムに参加するようになったため，個別支援計画を見直し，太さんの希望する生活に合わせた支援を3か月ほど順調に実行した。しかし，その2か月後，太さんの病状が悪化した。食事をとらなくなって頬がこけ，生活費のやりくりもうまくいかなくなったため，私が入院を促し，母親が同意者となってD病院に医療保護で再入院した。

　入院後すぐの面会は太さんに断られたが，入院2週間後の面会では「すみませんでした。薬を飛ばし飛ばしに飲んでたんです」と服薬をおろそかにしていたことを正直に打ち明けた。「飲まなくてもいけるかなぁと思って試してたんですけど……。やっぱり無茶でした。退院したらちゃんと飲もうと思います」と自ら約束した。太さんを交えたカンファレンスを経て約2か月後に退院し，太さんはC事業所での訓練を再開した。

太さんの病状が悪化しつつあるとき，ソーシャルワーカーとしてどうすべきだったか振り返る

　医療保護入院に至るまでは，太さんは「大丈夫」と言って支援を拒否していた。その言葉をどの程度（どんな状態に回復するまで）信頼したらいいのか常に不安で，帰宅後もさまざまな悪いことを想像してしまった。そのような悪い想像は非現実的だと経験的にもわかっていたが，そういうなかでスーパーバイザー[15]と話せたのは有意義だった。太さんの自己決定を尊重するという大原則はあるものの，緊急的かつ命にかかわるようなときで倫理的に許される場合，太さんの命をまもるために入院を促すことは必要な支援だとあらためて思った。覚悟を決めた後は揺らぐことなく支援できたと思う。今回のことを通して，結果的には太さんとの信頼関係が強くなったように思う。さて，個別支援計画をつくり直して，クライシスプラン[16]も考えておこう。

12 情報：支援の段階に合わせて必要な情報は，その都度収集します

アセスメントのために集める情報は，PSW によって取捨選択されたものですが，それだけで足りないと感じた際，新たな情報を得ることが支援の行き詰まりを打開する糸口となる場合があります。しばらくは見守りを続けた阪井 PSW ですが，太さんが幸せそうには思えず，生き生きとしている感じがしないことを支援の課題と感じ，太さんの興味・関心事をきっかけに変化を促したいと考えました。そこで，母親や田川 PSW を情報源として，太さんの性格，趣味，嗜好，学校や自宅での様子，父親や弟，友人との関係などをあらためて聴取しています。

13 卓球大会：クライエントが力を発揮できる機会を創出します

事業所は年間計画のもとに運営されていますが，時には急遽イベントを企画する柔軟性も利用者の支援を適切に行うためには必要です。阪井 PSW は，太さんの生き生きとした姿を引き出すことを目指してスタッフと検討を重ね，入所者全員参加による卓球大会を開催することを発案しています。これをきっかけに，人と交わる意欲を太さんにもってもらうことを狙っています。

14 役割：クライエントの役割をつくり，それを任せることで支援に活かします

支援者のみでイベントを企画実施することは簡単です。しかし，阪井 PSW をはじめ C 事業所のスタッフは，太さんの強みを活かすイベントを企画するからには，その力を存分に発揮できるような「仕事」や「役割」を設けようと考えました。ここでは，太さん自身の参加意欲を引き出すことが目指されています。

15 スーパーバイザー（SVR）：ソーシャルワーカーとしての自己点検を手伝ってもらいます

ソーシャルワーカーには，専門職として生涯にわたって学び，質の向上に努める責務があります。スーパービジョン（SV）が有効なのは初任者のときだけに限りません。阪井 PSW は太さんの支援に悩み，信頼できるスーパーバイザー（SVR）として，日本精神保健福祉士協会の認定 SVR に連絡を取り，契約を結びました。SVR は，都道府県の精神保健福祉士協会でも紹介している場合があ

退院後から約1年の太さんへのかかわり

　退院後も太さんの生活は相変わらずだったが，一緒にクライシスプランをつくり，自ら服薬を心がけ，その後1年間近く，病状を悪化させることなくC事業所で訓練生活を送った。私たちは「入所者ミーティング」「SST」「料理教室」「病と障害の勉強会」などプログラム活動で支援し，そしてD病院と連携して太さんの病状安定のための支援も行った。「病と障害の勉強会」で太さんは自分の病気について学習し，また他の参加者の服薬の失敗談を聴いて，自分の体験を振り返っていた。「SST」では他の入所者のやっている方法や提案を聞いて実際に練習してみることで，少しずつ自分の思いを伝えられるようになっていった。また，SSTの時間以外にも生活支援員のMさんを相手に頼まれ事の断り方や，電話の受け答えの仕方などを練習した。このようにして太さんはC事業所で生活経験を積み「ここを出るときは，一人で暮らしてみたい」と希望するに至った。

入所後約1年10か月の支援経過を振り返り，退所後の一人暮らしの支援のあり方を考える

　定期的に個別支援計画のモニタリングを行い，そのたびに目標や支援内容を太さんとすり合わせてきた。太さんも四季を通じて生活したことにより，季節感に合わせたやり方をいろいろと身につけている。「食べること」「生活費のやりくり」「病状の安定」「身の回りのこと」については，太さんなりのやり方で今後も生活していけるだろう。これまで太さんは，SSTで対人スキルやコミュニケーションの取り方を学んだり，<u>C事業所の入所者やスタッフ</u>[17]と挨拶を交わし会話することで自然に人づきあいの方法を学んできている。しかし，「相手が何を考えているかわからない」「自分がどう振る舞えばいいかわからない」と言って，行動に今ひとつ自信はもてていないようだ。これは今後も継続して支援していくことになるだろうか。スタッフとの関係も，女性スタッフに対する苦手意識は根強く，話せないままだ。太さんは自分のことをよくわかってくれる支援者には心を開けるが，打ち解けるまでに相当な時間がかかる。支援者との信頼関係を築くにはそれなりのプロセスが必要だ。これも今後一人暮らしをしていくうえでの課題となりそうだ。以上のことを考えて，太さんの一人暮らし開始後の支援を考えていこう。

ります。また，身近な精神保健福祉士に SV を依頼することや職場内で仲間と SV を行うこともあります。

16 クライシスプラン：症状の悪化時や危機的な状況に陥ったときにどうしてほしいかを太さん自身にも考えてもらいます

　WRAP（元気回復行動プラン）では，いい感じの調子に大きな混乱が生じ自分ひとりでは対応しきれない状況に陥る事態をクライシス（危機）とよびます。クライシスプランは，危機に陥らないよう，または陥ったときに自身が望む支援を受けられるように予め考えておく支援計画のことです。阪井 PSW は，太さんに主体的に自分の課題に取り組んでもらうために，①クライシスのサイン，②連絡してほしい人，してほしくない人，③助けを必要とすること，④受け入れたり試したい対応と，してほしくない対応，について考えてもらおうとしています。

17 C事業所の入所者やスタッフ：ロールモデルとして，人づきあいの方法を自然に学ぶことができます

　太さんにとって，C 事業所のスタッフや他の入所者・通所訓練利用者はロールモデルとなります。これまでの生活のなかで接してきた人たち（家族，近隣住人，学校関係者，友人など）とは違い，同じ病気や苦しみを抱えている人たちとの出会いや，支えてくれる人たちの生き方を肌で実感できることは，集団生活のメリットといえます。このように生活訓練の場ならではの有用な資源となるために，同じベクトルの目的意識をもった集団となるべく，阪井 PSW をはじめ事業所スタッフは運営方針を共有しています。

まとめ ▶ ▶ ▶ PSW が本来行う支援

　法律や制度は，使い方によってはクライアントの権利を奪うこともあります。本節では，C 事業所の自立訓練事業を利用して，太さんが希望どおり生活することや失敗から学ぶことを阻害しないよう，見守りという支援やあえて待つという支援を行っています。また，太さんの「役割」をつくり，支援されるだけではない存在とすることで，太さんが自信をもてるようにしています。これらは，必ずしも職場から期待される仕事ではありませんが，クライアントの主体性を尊重し，育むという PSW の使命に照らせば，本来 PSW が行うべき支援なのです。次節では，こうした発想が新たな事業の立ち上げに至る経過をみていきます。

第4節 ▶ ［創る］

新たなサービスを創り，クライエントの地域生活支援を継続する

太さんと退所後の支援を一緒に考えるかかわり

　自立訓練事業の<u>標準利用期間</u>[01]は2年間と決められているので，住居探しだけでなく退所後の支援のあり方についても考えていった。精神科訪問看護やホームヘルパーの導入について「病気のことは薬も飲むし大丈夫」「ヘルパーさんって女の人が多いでしょ。やっぱり苦手」と太さんは話した。F相談支援事業所で<u>地域定着支援</u>[02]を受けるという方法は「うーん……話しにくい」。C事業所の通所訓練を延長することについても「部屋に来てもらえるんなら」と言った。これらのことから，「自分のことをよく理解してくれているC事業所のスタッフに訪問支援を受けたい」が太さんの退所後のニーズであることがはっきりした。

太さんの退所後の支援を再検討する

　既存のサービスはどれも太さんのニーズには合わないし，新たなサービス導入は太さんが躊躇している。しかし，太さんは苦手とは言いながらも人間関係を構築できない人ではないので，太さんのもっている能力の自覚を促して新しい支援関係を結ぶことを勧めるのも方法の一つだ。あらためて太さんのニーズを考えると，「C事業所のスタッフが訪問し，継続して支援すること」ということになる。C事業所が継続して支援するには，法人内で<u>新規事業</u>[03]を立ち上げることも視野に入れなければならないだろうか。

スタッフミーティングで継続した支援を検討する

　C事業所スタッフも了承のうえの支援とするために，宿泊型自立訓練の利用終了後もC事業所のスタッフが太さん宅への<u>訪問支援</u>[04]を継続していくことを支援方針としたいことをスタッフミーティングで説明した。スタッフからは支援の必要性について理解が示されたが，期限を決めることと，期限がきた後の支援を想定しておくべきだということが述べられた。さらに，今後も同じようなニーズが出た場合にどうするのかということや，スタッフの過重労働にならないよう考

解説 01 は社会資源, 01 は PSW の視点や技術を解説しています。

01 標準利用期間：利用期限後の支援のあり方を検討します

　自立訓練事業の標準利用期間は2年間（最長3年）と決まっているため，以降の支援は，新たなサービスの導入や次の支援者への引き継ぎを検討します。しかし，阪井 PSW は太さんが新たな支援関係を結ぶことに抵抗していることから，期限で切るのではなく，C 事業所での支援継続を念頭に置き，利用期間の延長や制度の枠を越えた直接支援について検討し始めています。

02 地域定着支援：制度の課題や限界を考慮しながら支援のあり方を検討します

　地域移行支援を利用して精神病院等から退院した精神障害者に対して，円滑に医療機関や障害福祉サービスの支援が受けられるように支援する事業です。自立訓練事業所を退所した後にも利用でき，期間は概ね6か月ですが延長も可能です。C 事業所ではこのサービスを実施していませんが，F 相談支援事業所では実施しているため，太さんが相談支援専門員の K さんと頻繁にかかわっていればスムーズに支援交代を受け入れられたかもしれません。しかし，太さんと K さんのかかわりは希薄で，阪井 PSW はもう少し意図的に接点を作ってくればよかったと反省する結果となりました。

03 新規事業（自立生活援助）：クライエントのニーズや地域特性を考慮しながら支援を創り出します

　精神科病院，障害者支援施設，グループホーム等から一人暮らしへ移行した障害者を対象に，定期巡回と随時訪問や電話等により支援を行うサービスです。この事業を新規に立ち上げると，C 事業所のスタッフが太さんへの支援を継続できる可能性がでてきます。事業所に「ない」サービスを創り出す発想で，阪井 PSW は，C 事業所の新規事業の立ち上げを思いつきました。

04 訪問支援：利用者の支援の必要性に応じて法外, 規定業務外のサービスも柔軟に検討します

　障害者総合支援法においては，個別給付サービスや都道府県による指定事業を行うことが業務の中心になります。ただ，新規事業開設までの期間と，太さんの

慮した事業所運営をしてほしいと求められた。そこで、まだ検討途中ではあったが、新規事業の立ち上げや新たに支援員を雇用し対応していきたいと考えていることを説明した。

> **スタッフとの話し合い後、太さんへの継続的な支援を行う方法を検討する**
>
> 　スタッフから一定の理解を得られたことはよかったが、予想どおり厳しい「条件」を突き付けられた感じだ。さてどう考えていこうか。
> ・制度の谷間とまで言わないが、ニーズに合った支援が無いのが現状だ。
> ・やはり自立生活援助事業の立ち上げを考えよう。
> ・以前から考えてはいたが、実現させていくチャンスは今だろうな。
> ・でも、太さんのためだけに運営するとしていいものだろうか？
> ・この1年以内のC事業所の退所者で<u>この事業に合致する利用候補者</u>**05**は、6名になるな。
> ・新規に人員を雇用しなきゃいけないし、経費がかかる。
> ・<u>運営法人</u>**06**にはどう説明する？　収支は？　十分に運営可能なシミュレーションが成り立つか？
> ・上申書（稟議）を作成して運営法人に提案していく必要があるな。
>
> 　手始めに、法人内の他部署には対象者がどれくらいいるか話し合ってみよう。対象者が把握できれば法人幹部と話し合うときの説得材料になる。それから、E市に同じようなニーズを持った方が潜在的にどれだけ存在するのか<u>基幹相談支援センター</u>**07**と検討して資料の根拠としよう。

新規事業の指定に向けてのかかわり

　運営法人の人事・管理部門の幹部職員にアポイントを取り、新規事業の開設の必要性を説明した。幹部からは経営会議でその是非を検討するので、資料にまとめて提出するように言われた。その後、C事業所のスタッフと一緒に<u>新規事業の基準や報酬</u>**08**などを調べ、新たなサービスとして「自立生活援助事業」を運営する計画を立てた。そして、太さんへの支援だけでなく同じようなニーズをもつ人たちに対して支援していくことができるように、同一法人の他スタッフや基幹相談支援センター等と連携して地域ニーズの診断を行った。

地域生活開始の時期を見比べ，阪井 PSW は C 事業所本来のサービスとはいえない支援をスタッフに提案することを考えました。想定している期間やきちんと組織決定した支援を行うため，スタッフの合意をとる手順を踏んでいます。

05 この事業に合致する利用候補者：新規事業のニーズがどの程度のものかを検討します

　新規事業を立ち上げるには，その事業のニーズ予測を立てる必要があります。阪井 PSW は，太さんという「ひとり」の利用者の支援ニーズを中心に据えて自立生活援助事業の立ち上げを思いつきましたが，組織の長である運営者の承認を得るには，説得力がありません。同事業を求めている人，利用する可能性のある人の数を具体的に示すことで，説得力をもたせることができます。

06 運営法人：法人と連携した支援を行います

　新たに事業を運営するのは容易なことではありません。事業開設までの段取りや必要書類，運営開始後の収支の見通しなど，どの部署の誰に相談すればスムーズに話が進むかを検討しています。C 事業所内でのコンセンサスを得るだけでは，安定した支援が行える事業実施体制とはいえません。運営法人にも理解を求め，協力して太さんや新たな支援対象者のための支援を行う必要があります。

07 基幹相談支援センター：役割や位置づけなどを確認し連携関係を築きます

　基幹相談支援センターは，地域の相談支援の拠点として総合的で専門的な相談業務（身体・知的・精神）を実施しています。また，地域移行・地域定着支援（入所施設や精神科病院への働きかけ，地域の体制整備に係るコーディネート），地域の相談支援体制の強化の取り組み（相談支援事業者への専門的指導と助言，相談支援事業者の人材育成，相談機関との連携強化）などを行います。阪井 PSW は，基幹相談支援センターに協力してもらうことで，より明確に E 市の地域特性や実情を把握し，事業開設のための資料作りに役立てようと考えました。

08 新規事業の基準や報酬：法に基づく事業を運営するためには，相応の知識を習得する必要があります

　新規事業の開設は，一人で成し得るものではありません。阪井 PSW は，C 事

運営法人に事業開設の許可をもらうための上申書(稟議)を作成し,事業開設の準備を進める

　幹部職員とは同期入職で,長年の付き合い。職種は違ってもお互いに法人の発展のために言いたいことを言ってわかり合えているからこそ,経営会議への道筋がつけやすかった。とはいえ,これは経営的にも大きな事業になるから,しっかりと考えなければならない。

　≪上申書(稟議)[09]作成の留意点≫
・伝えるべきことを厳選し,経営者にも理解しやすい内容にする。現場の事情をすべて伝え訴えても効果は薄い。
・経営的に成り立つかどうかはもちろん,数値に表せるものは具体的な数値にして,グラフや表など視覚的な効果も狙って作成する。
・収支は,現状と事業導入後の変化予測がわかりやすいように示す。
・理念や意義,地域にどれだけ貢献できるかという内容も入れる。
　昨今の障害者雇用を念頭に置いて,**ピアスタッフ**[10]を雇い入れるという意見も付記しておこう。時間は限られている。資料を作りながら,**G県の事業担当課**[11]に事前相談の予約を入れて相談しておこう。

新規事業(自立生活援助)の指定に向けた取り組み

　基幹相談支援センター相談員のNさんを訪ね,E市で潜在的なニーズをもっている利用者数を検討した。N相談員によると,自宅やアパートにひきこもりどこにもつながっていない要支援者の相談を受けることが増えているという。精神科病院や入所施設からの地域移行・地域定着支援は年間数件の依頼が入るそうで,自立生活援助の対象となる方をぜひ紹介していきたいとのことだった。その後,隣接する**H市,I市の自立生活援助事業の実施事業者数**[12]や,潜在的なニーズをもっている利用者数についても各市の担当者に推計値をヒアリングした。これらをふまえて,法人へ上申書(稟議)を提出した。上申書(稟議)は何度も内容を確認され,その度に作成し直した。この合間に,太さんとはアパート探しを行った。ある程度めどがついたところで,事前相談の予約を入れたG県の担当課へ,書類を持って事業指定の相談に出向いた。

業所のスタッフが一丸となって障害者総合支援法に規定される基準及び報酬などを勉強することにより，組織全体で自立生活支援事業に対する知識を深めようと考えました。また，思い込みによる間違った理解を防ぐねらいもあります。

09 上申書（稟議）：クライエントに必要なサービスを創り出すための方策を考えます

　稟議は，従業員が会社に伺いを立てたことに対して承認を与える場合に行われます。会議を開く必要がないと考えられる場合（パソコンなどの備品の購入，外部との契約締結，不足人材の採用など）は，書類を回覧して確認を取り，決裁を求めます。今回のように新規事業開設に関する重要事項の場合は，経営会議で検討してもらうための上申書として，理由・目的・予算などの要点をまとめ，承認者が見てすぐに内容が把握できるように作成します。

10 ピアスタッフ：雇用するメリットを考え導入を検討します

　ピアスタッフは実践の場で起こる出来事や同じ場面を，専門職とは異なるクライエントの立場から見ることができ，クライエントと支援者の双方にとって有用な存在となります。自立生活援助事業に導入することで，地域生活を始めたばかりの障害者の生活上の困難に気づいてくれたり，不安に共感してくれたりするためです。ただ，雇用主としては，勤務継続の課題や被支援者として支援する際の労務管理の課題などがあり，躊躇することも少なくありません。阪井PSWは，今回は雇用につながらないとしても，今後の布石として上申書に盛り込んでいます。

11 G県の事業担当課：新規事業の開設準備をスムーズに行うために事前相談を活用します

　新規事業の開設準備においては，事業指定担当者に準備の段取りについて助言をもらったり，申請書類の不備を指摘してもらうなどの事前相談が可能です。県の指定を受けるための申請手続きを円滑に行うために活用できます。阪井PSWは，自分の制度理解が正しいかどうかチェックを受けておくことで，忙しい業務の合間を縫って開設準備をより効果的に進めようと考えています。

新規事業開設のための上申書（稟議）の内容を精査し直し，人員雇い入れの方法を検討しておく

　上申書（稟議）の作り直しは想定の範囲内だ。より充実した内容にするために，ひきこもり支援についての将来的展望も盛り込もうか。自立生活援助の対象ではないが，<u>アウトリーチ支援</u>[13]としてＣ事業所でも行えるようにしていければいいのではないか。先日のＧ県担当課との事前相談の内容を上申書（稟議）にプラスして，事業開設の道筋が見える内容に作り変えれば経営者としても判断しやすくなるはずだ。あとは，人員の雇い入れについて考えておかなければならない。週に20時間働ける非常勤職員を募集する予算しかないので，うまく見つかるか気がかりだ。今は福祉業界にはなかなか人材が集まらない。そこに来てこの労働条件。人が見つからなければ事業の開始ができない。応募してくれる人が広がるように，<u>PSWの養成校の教員</u>[14]への依頼や県の精神保健福祉士協会のWEBサイトへの広告掲載を依頼しよう。

新規事業（自立生活援助）開設の準備をする

　作成し直した上申書（稟議）が通ったと幹部職員から連絡があったので，法人事務職員とハローワークへの採用募集について相談した。Ｃ事業所スタッフには，法人から許可が下りたことと今後の事業申請の見通しを報告した。開設のめどは，早ければ太さんの退所後３か月ほどになると伝えた。よって，太さんの退所後３か月くらいの間，訪問による相談支援をしたり電話等での相談に応じたりしてほしいことをあらためてスタッフに依頼し，承諾を得た。

太さんの一人暮らし開始に向けて

　同時に太さんと住居探しも行った。太さんはＤ病院とＣ事業所のちょうど中間あたりの地域にあるマンションに住むことを決めた。母親にも同行してもらい物件を見学して，賃貸契約した。

事業開設の準備やマンション探し等，同時進行するなかでも一つひとつ丁寧に行うことを忘れない

　それにしても，太さんの住居探しはスムーズに事が運んでよかった。<u>一人暮らしの勉強会の資料</u>[15]を使って太さんに物件をイメージしてもらった成果で，

12 H市，I市の自立生活援助事業の実施事業者数：市町村の事業所情報などで地域の実情を把握します

事業所が乱立することでクライエントの取り合いが起きることも少なくありません。実施事業者の数や所在する市町村に関する情報は，地域精神保健福祉資源分析データベース（ReMHRAD）で検索したり，PSW や相談支援専門員の集まり等での情報収集や利用者の口コミでも得られます。阪井 PSW は，せっかく立ち上げる事業が競合しないよう，地域の実情を把握しようと考えています。

13 アウトリーチ支援：障害特性を熟知して訪問支援を行います

アウトリーチは，元来「手を差しのべること」を意味し，支援が必要であるにもかかわらず自発的に申し出をしない人々に対して，公共機関などが積極的に働きかけて支援の実現をめざすことをいいます。阪井 PSW は，職員の増員を上申するにあたり，ひきこもり状態にある人への支援ニーズにも活かせそうである旨を資料に盛り込み，運営法人の理解を得ることを狙っています。

14 PSWの養成校の教員：教員との連携関係を築き支援の質の向上につなげます

PSW の養成校の教員のなかには実務経験者も多く，また卒業生とスーパービジョンや卒後研修などを通じてつながりを保っている人が少なくありません。職員募集の際に，信頼できる経験者等を紹介してもらうことも期待できます。ほかにもスーパービジョンや所属機関の研修会講師を依頼し，支援者の質を向上させる取り組みに協力してもらうことも有効です。阪井 PSW は，実習生の受け入れを通して構築したつながりを活用し，知り合いの教員に声をかけています。

15 一人暮らしの勉強会の資料：アパートの賃貸契約や各種料金の支払い，日々の食生活や近所づき合いなどの学習に有効です

自立訓練事業の利用者の多くは，訓練終了後に一人暮らしを目指しているため，必要な知識や生活の知恵，スキルなどを習得する必要があります。C 事業所では，こうした訓練を希望する人たちのために定期的に勉強会を行っており，その資料のなかに記載してあった「アパート探しの着目ポイント」「部屋の間取りや必要な家具」「不動産屋でのふるまい方」などが太さんの役に立ったようです。

太さんの希望が具体的にまとまっていたので、不動産会社⓰にもすんなり伝えられた。D病院とC事業所の中間という選択は太さんなりによく考え抜いたと思う。駅にも近いし、一人暮らしの物件も多く、スーパーマーケット、コンビニエンスストア、ファミリーレストランなどがあり、食べることには困らないだろう。D病院から退院された患者さんも多く住んでいる。そして、NPO法人が運営しているJ地域活動支援センター⓱が近くにある。今すぐには難しいかもしれないが、将来的に太さんの支援機関としてつながってほしい。

太さんの一人暮らし開始

太さんは予定どおりに退所して一人暮らしを始めた。週に1回、太さんの希望で生活支援員のMさんが太さん宅に訪問して支援を行った。その後、太さんは順調に一人暮らしにも慣れていき、徐々に仕事や日中に就労訓練を受けることを考えるようになっているとMさんから報告を受けた。

太さんの今後の支援のあり方を想像する

太さんの支援展開を考えるために、自宅に訪問して今後の支援について希望を聞いておこうか。生活が落ち着いてきたら、経済的な自立に向けた支援の必要があると考えていたが、Mさんの報告では、太さんは就労に関心が移っているとのこと。就労関係の事業所につながるという手も考えられるが、太さんに紹介するとしたらJ地活のほかに、ハローワークのLさん、S作業所、障害者職業能力開発校⓲あたりだろうか。太さんに提案できるよう再度調べておこう。就労支援の新規事業をC事業所で併設する方法もあるか？　でもさすがに無理がある。E市にはすでに就労支援事業所が多数運営されている。C事業所は地域生活支援を中心に行っていくのがこの地域に対する貢献だと思う。

自立生活援助事業開設までのかかわり

定年退職して地元に戻ってきた精神保健福祉士のPさんがハローワークで求人情報を見て応募してきた。早速法人職員と採用面接を行うと、労働条件がPさんの事情に合致したこともあって即採用となった。こうして、人員の確保ができたので、当初の予定より早く自立生活援助事業を開設する見通しができた。

16 不動産会社：支援した結果高まったクライエントの能力を説明し，信頼関係を築きます

　かつては，精神障害を抱え，通院していることや生活保護受給中であることがわかると，あからさまに嫌な顔をする不動産会社の社員も少なくありませんでした。C事業所では，根気よく利用者の生活ぶりを説明したり事業所が行っているサービスを紹介するなどしながら，障害に理解を示し偏見をもたずに接してくれる不動産会社を見つける取り組みをしてきました。こうして結んだ不動産会社との信頼関係が太さんの住居探しにも活かされています。

17 J地域活動支援センター：入所中の太さんの生活スタイルから，利用を勧めたい施設を検討します

　地域活動支援センター（地活）は，それぞれがオリジナリティのある活動の機会を提供しています。阪井PSWは，太さんの得意とする卓球などのスポーツや，音楽・パソコンといったプログラムには太さんがなじみやすいだろうと考え，J地活の紹介を思い浮かべました。将来的な就職活動の支援にも期待がもてると見込んでいます。地域の資源のなかから，これまでの観察を通して把握できた太さんのストレングスや志向性に見合ったものを紹介しようと考えているのです。

18 ハローワークのLさん，S作業所，障害者職業能力開発校：段階に合わせて利用できる資源を検討します

　障害者の就労を支援する機関や職種，方法は多様にあります。例えば，一般就労の場合は，ハローワーク，無料職業情報誌，新聞広告，知り合いの伝手などを活用した探し方ができます。障害者手帳を取得し，障害者雇用枠で就労する選択肢もあります。就職前の訓練が必要な場合は，就労継続支援事業所，障害者就業・生活センター，障害者職業能力開発校などを使うことができます。太さんがこの地域に住み続け，「働きたい」と希望したとき，その具体的な内容や太さんの力量に合わせた支援を提供できる機関を阪井PSWは思い浮かべています。

19 見学会：クライエントや関係者にとってわかりやすい宣伝活動の工夫をします

　支援対象者に活用してもらわなければ，せっかく開設したサービスが無意味なものになってしまいます。そのため，情報を明確かつタイムリーに伝える方法と

自立生活援助事業の正式な開設に向けて，利用対象者の募集の方法について検討する

　精神保健福祉士としての実践経験があって好感のもてる人に入職してもらうことができた。早速G県担当課にアポイントを取り，申請書類を再度確認・作成し直して，本申請しよう。早ければ，来月の指定に間に合いそうだ。その後は法人本部にも協力してもらい，<u>見学会</u>[19]を行おう。基幹相談支援センターにも連絡して，センターを通じて自立支援協議会や地域の事業所連絡会での周知広報を依頼しておこう。

自立生活援助事業を開設し，E市の利用者へ支援を行う

　G県担当課に連絡を入れて本申請を行った。そして，1か月後に事業開始の指定を受けることができた。その結果，太さんが退所した2か月後に，C事業所は自立生活援助事業の運営を開始した。Pさんは実務経験者ということもあり，すぐにC事業所の業務にもなじんでいった。太さんへの支援はMさんとPさんが一緒に行った。その後，徐々に支援を担う中心者をPさんに移していった。心配された太さんの拒否反応もなく，太さんはPさんの支援を受け入れた。C事業所には，基幹相談支援センターやD病院からも自立生活援助事業利用の紹介があり，順調に利用者の数を伸ばしていった。

事業開設後の太さんへの支援をモニタリングしながら，新たな支援の展開を想像する

　太さんはPさんの支援を受け入れている。太さんには新しい関係を構築する力がやっぱりあったということだ。自立生活援助事業は1年間だが，その先の新たな支援導入の可能性も広がるな。さて，新規事業のほうは順調だが，利用者数が増えていくと職員を増やす必要がある。そのときこそピアスタッフを雇い入れるように計画してみよう。ピアスタッフを活用した支援がこの業界では一般的になってきていること，法人の障害者雇用率に影響することを理解してもらうためにも，<u>法人内の他事業所の職員を対象とした研修会</u>[20]を企画してみよう。E市のピアサポーターの会とつながっておくのも手だ。養成校でピアサポーター養成にかかわっている先生とも話しておこうかな。

して，法人のホームページを活用したり，地域の広報誌に情報を載せたりすることがあります。今回，阪井PSWは，C事業所のスタッフの顔ぶれや新規事業以外のサービスも知ってもらおうと，クライエントや自治会に案内を出し，見学会を開催することにしました。また，見学会に先駆けて阪井PSWが参加しているE市自立支援協議会のメンバーを対象とした内覧会を開催し，利用者を紹介してもらうことも考えています。

20 法人内の研修会：各事業の役割や特徴を理解してもらい，相互の活用を促進します

　法人の規模が大きくなればなるほど，職員同士の関係は希薄になりがちです。他部門の業務内容や役割に無頓着なまま，目の前の仕事のみをこなすのでは，法人が所有する資源が宝の持ち腐れになってしまいかねません。そこで，部門間，事業所間において，同一法人内ならではの「風通し」をよくする方策として研修会を開くのも有効です。阪井PSWは，クライエントによりよい支援が提供できるよう，ピアスタッフ雇用のメリットを伝えたいと考え企画しました。この機会は，C事業所の新規事業への理解を深め，法人内の他事業所の支援者から支援を必要としている障害者に情報を届けてもらうための作戦でもあります。

まとめ ▶ ▶ ▶ 潜在的なクライエントのニーズを意識する

　阪井PSWは，既存のフォーマルな資源を思いついても，太さんのニーズに沿わないと思われるものの導入は決して行わず，ニーズに沿った社会資源がなければ創造するという発想をもっています。これは一見，太さんにだけ特別な思い入れをもってかかわっているように見えますが，実際には他の利用者への支援経験をふまえ，また現在の地域課題をアセスメントした結果の行動です。そして，新しい資源を創造するために情報を収集し，作戦を練り，根回しも周到に行っています。PSWは，常に目の前の，そして潜在するクライエントのニーズの充足を念頭に置き，制度改善のために働きかけたり，社会資源の開発や創造を行ったりする専門職でもあるのです。

著者紹介

■監修

公益社団法人 **日本精神保健福祉士協会**

■編集・執筆

田村綾子 （たむら・あやこ） 序章, 第1章

聖学院大学心理福祉学部教授，日立製作所西湘健康管理センター非常勤。精神保健福祉士，社会福祉士。医療法人丹沢病院医療福祉相談室長，公益社団法人日本精神保健福祉士協会特命理事・研修センター長を経て現職。日本精神保健福祉士協会副会長・認定スーパーバイザー。一般社団法人日本ソーシャルワーク教育学校連盟理事。

■執筆

上田幸輝 （うえだ・こうき） 第5章

公益財団法人浅香山病院サポートハウスアンダンテ管理者。精神保健福祉士。前身法人が運営する病院の医療福祉相談室，生活訓練施設，地域生活支援センター勤務を経て現職。公益社団法人日本精神保健福祉士協会研修企画運営委員・認定スーパーバイザー。

岡本秀行 （おかもと・ひでゆき） 第2章

川口市保健所疾病対策課。精神保健福祉士。医療法人財団厚生協会大泉病院にて医療相談室，精神科デイケア，グループホームほかに勤務。その後行政へ転身し，福祉部障害福祉課保健所準備室を経て現職。公益社団法人日本精神保健福祉士協会業務執行理事・常任理事，埼玉県精神保健福祉士協会副会長，全国精神保健福祉相談員会理事。

尾形多佳士 （おがた・たかし） 第4章

医療法人社団五風会さっぽろ香雪病院地域連携支援室室長，診療支援部副部長。精神保健福祉士，社会福祉士。医療法人社団慈藻会平松記念病院にて地域生活支援室，訪問看護部ほかに勤務。その後，医療法人社団五風会福住メンタルクリニックにてリワークデイケア勤務を経て現職。公益社団法人日本精神保健福祉士協会業務執行理事・常任理事。

川口真知子 （かわぐち・まちこ） 第3章

公益財団法人井之頭病院連携相談センター長。精神保健福祉士。精神衛生法が精神保健法へ改正されるなどした精神科医療の変革期より，同病院相談室にて長期入院者の地域移行支援等へ従事，現在に至る。公益社団法人日本精神保健福祉士協会機関誌『精神保健福祉』編集委員を初代より務め，2010～2016年に編集委員長。

精神保健福祉士の実践知に学ぶソーシャルワーク3

社会資源の活用と創出における
思考過程

2019年9月20日　発行

監修　　　公益社団法人日本精神保健福祉士協会
編著者　　田村綾子
著者　　　上田幸輝，岡本秀行，尾形多佳士，川口真知子
発行者　　荘村明彦
発行所　　中央法規出版株式会社
　　　　　〒110-0016　東京都台東区台東3-29-1　中央法規ビル
　　　　　営業　　　　TEL03-3834-5817　FAX03-3837-8037
　　　　　書店窓口　　TEL03-3834-5815　FAX03-3837-8035
　　　　　編集　　　　TEL03-3834-5812　FAX03-3837-8032
　　　　　https://www.chuohoki.co.jp/
印刷・製本　株式会社アルキャスト
装幀・本文デザイン　二ノ宮匡

定価はカバーに表示してあります。
ISBN978-4-8058-5568-3

本書のコピー，スキャン，デジタル化等の無断複製は，著作権法上での例外を除き禁じられ
ています。また，本書を代行業者等の第三者に依頼してコピー，スキャン，デジタル化する
ことは，たとえ個人や家庭内での利用であっても著作権法違反です。
落丁本・乱丁本はお取替えいたします。

シリーズ　精神保健福祉士の実践知に学ぶソーシャルワーク

- B5判・314頁
- 定価　本体2,800円（税別）
- 2017年9月発行
- ISBN978-4-8058-5566-9

① ソーシャルワークプロセスにおける思考過程

[監修] 公益社団法人日本精神保健福祉士協会
[編著] 田村綾子
[著] 上田幸輝，岡本秀行，尾形多佳士，川口真知子

ベテランPSWが専門性を発揮する場面を再現

熟達したPSWは実務のなかで何に着目し，そこから何を拾い上げ，どのように考えてどう行動するのか。こうした実践者の「思考過程」に焦点を当て，現場で培われた実践知を解説するシリーズ。第1巻では，クライエントとの出会いや支援経過，電話応対等における思考過程を詳述する。

- B5判・244頁
- 定価　本体2,500円（税別）
- 2017年12月発行
- ISBN978-4-8058-5567-6

② ソーシャルワークの面接技術と記録の思考過程

[監修] 公益社団法人日本精神保健福祉士協会
[編著] 田村綾子
[著] 上田幸輝，岡本秀行，尾形多佳士，川口真知子

面接場面と記録におけるベテランの思考と技術を詳述

精神保健福祉士にとって，上手な「面接」は有効な支援を展開するために不可欠である。同様に，的確な「記録」は業務を十全に遂行するために欠くことができない。第2巻では，実践の質に直結する面接と記録を行う際にベテランPSWが何に着目し，どのように言葉を選んでいるのかを解説する。